死生有命 富贵在天

《周易》的自然哲学

李 零 著

生活·讀書·新知 三联书店

Copyright © 2014 by SDX Joint Publishing Company.
All Rights Reserved.

本作品版权由生活·读书·新知三联书店所有。
未经许可，不得翻印。

图书在版编目（CIP）数据

我们的经典/李零著．—北京：
生活·读书·新知三联书店，2014.1　（2024.9重印）
ISBN 978 − 7 − 108 − 04625 − 3

Ⅰ．①我…　Ⅱ．①李…　Ⅲ．①《论语》－研究②《老子》－研究③《孙子》－研究④《周易》－研究　Ⅳ．
① B220.5 ② E892.25

中国版本图书馆 CIP 数据核字（2013）第 171305 号

书名题签　李零

责任编辑	曾　诚
装帧设计	蔡立国
责任印制	卢　岳
出版发行	生活·讀書·新知 三联书店
	（北京市东城区美术馆东街 22 号）
网　　址	www.sdxjpc.com
邮　　编	100010
经　　销	新华书店
印　　刷	天津裕同印刷有限公司
版　　次	2014 年 1 月北京第 1 版
	2024 年 9 月北京第 16 次印刷
开　　本	720 毫米 × 880 毫米　1/16　印张 85.5
字　　数	873 千字
印　　数	59,001 − 63,000 册
定　　价	298.00 元（全套）

（印装查询：01064002715；邮购查询：01084010542）

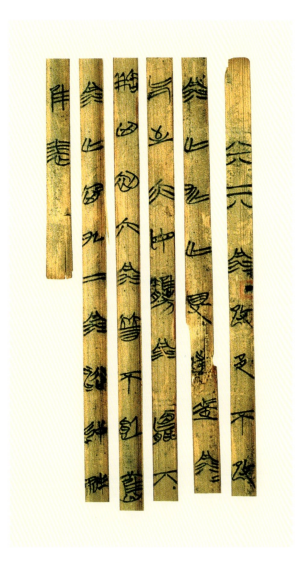

上博楚简《周易》

题　辞

人有两种命：一种是爹娘送的，一种是老天给的。
前者是生命之命，后者是命运之命。
世事无常，古人叫天命。
欲知天命，乃有算命。

中国立教路线图：
校改庙（学校改文庙），医改教（医院改教堂），
知识分子带头鼓噪，人民群众不亦乐乎。
算命、看病，谁也拦不住。

世界杯，看台上全是迷信鬼，
贝利的预言总是落空。
你问《周易》灵不灵，
最好去问章鱼保罗。

目 录

自　序——从打扑克说起···001
写在前面的话···001
《易经》中的占卜术语··038

易经·上经···065

说明··067
乾卦第一(六龙天上飞)···············069
坤卦第二(母马地上跑)···············074
屯卦第三(混混沌沌,万事起头难)·······079
蒙卦第四(朦朦胧胧,人生糊涂始)·······084
需卦第五(下雨天,别出门)···········089
讼卦第六(打官司,有风险)···········094
师卦第七(战争难免死人)···············097
比卦第八(怀柔最为高明)···············101
小畜第九(密云畜雨,泽及邻里)·······105
履卦第十(征夫苦役,如履虎尾)·······109

泰卦第十一(天地相通,上下和谐)·······112
否卦第十二(否极泰来,转忧为喜)·······116
同人第十三(胜利会师,破涕为笑)·······119
大有第十四(得人心者得天下)···········122
谦卦第十五(谦虚使人受益)···············125
豫卦第十六(荒淫使人堕落)···············128
随卦第十七(追捕逃犯)·······················132
蛊卦第十八(父母淫乱)·······················135
临卦第十九(君临天下)·······················138
观卦第二十(俯察万民)·······················140
噬嗑第二十一(酷刑如人肉大宴)·······144

贲卦第二十二（白色最美丽）………… 148
剥卦第二十三（彻底剥夺）………… 151
复卦第二十四（迷途知返）………… 155
无妄第二十五（没有期望，也就没有失望）… 159
大畜第二十六（养牲口是门大学问）… 163

颐卦第二十七（用腮帮子占卜）………… 167
大过第二十八（上梁不正下梁歪）……… 171
习坎第二十九（土牢的原型）…………… 175
离卦第三十（夕阳无限好）……………… 179

易经·下经 …………………………………………… 183

咸卦第三十一（妇女，非礼勿动）……… 185
恒卦第三十二（妇女，从一而终）……… 189
卦第三十三（小肥猪，最可爱）……… 192
大壮第三十四（老公羊，脾气坏）……… 196
晋卦第三十五（旭日东升）……………… 200
明夷第三十六（金乌西落）……………… 203
家人第三十七（家和万事兴）…………… 207
睽卦第三十八（活见鬼）………………… 210
蹇卦第三十九（行路难）………………… 215
解卦第四十（得饶人处且饶人）………… 218
损卦第四十一（损下益上）……………… 221
益卦第四十二（损上益下）……………… 224
卦第四十三（军情紧急，毅然前往）… 227
卦第四十四（娶妇嫁女）……………… 231
萃卦第四十五（聚敛财富）……………… 234
升卦第四十六（登高必自卑）…………… 238

困卦第四十七（动辄得咎）……………… 241
井卦第四十八（改邑不改井）…………… 244
革卦第四十九（革命在于顺天应人）…… 248
鼎卦第五十（器唯求新）………………… 251
震卦第五十一（笑对雷声）……………… 254
艮卦第五十二（控制身体）……………… 257
渐卦第五十三（南来的大雁）…………… 260
归妹第五十四（少女出嫁）……………… 263
丰卦第五十五（妖气蔽日）……………… 266
旅卦第五十六（出门不易）……………… 271
巽卦第五十七（算筹藏在床底下）……… 274
兑卦第五十八（长乐未央）……………… 277
涣卦第五十九（马儿随风跑）…………… 279
节卦第六十（见好就收）………………… 283
中孚第六十一（对酒当歌）……………… 285
小过第六十二（飞鸟过邑）……………… 288

既济第六十三（已经过河）……292　　未济第六十四（尚未过河）……296

易传……301

象上（《易传》之一）……303　　系辞下（《易传》之六）……369

象下（《易传》之二）……317　　文言（《易传》之七）……378

象上（《易传》之三）……329　　说卦（《易传》之八）……384

象下（《易传》之四）……343　　序卦（《易传》之九）……399

系辞上（《易传》之五）……357　　杂卦（《易传》之十）……408

参考书目……416

自　序
——从打扑克说起

"我们的经典",这是最后一本。距离上一本,已经一年多。

去年,我一直在编老师的书:《张政烺论易丛稿》。[1]我必须把这本书编出来,才能写自己的书。

2005年,老师去世后,师母把一个大纸盒交给我,里面放着老师当年在沙滩红楼整理马王堆帛书《周易》经传的遗稿,命我整理。

2005年下半年和2006年上半年,我带我的学生整理这部遗稿,花了整整两学期。我把整理当一门课上,边读老师的手稿,边和学生讨论。我在北大讲《周易》,这是第一次,说是给学生上课,其实是给自己上课。

读老师的书,好像老师就在身边。

2008年4月,中华书局出版了大开本的《马王堆帛书〈周易〉经传校读》。此书是按张先生的手稿影印,排印本是放在《张政烺论

---

[1] 张政烺《张政烺论易丛稿》,李零等整理,北京:中华书局,2011年。

易丛稿》中。后面这本书，早就交稿，中华书局腾出手，派石玉同志编，主要是去年的事。稿虽粗具，但统稿、校稿、配图，很多事，旁人难以代劳，我只能自己干。

去年，师母住进医院，医生说，病很重，恐怕出不来了。我一直在赶这书，希望她能最后看上一眼。

11月10日，中华书局把封面的样图寄给我，我去医院，手捧笔记本电脑给她看，她虽口不能言，但睁着眼。

12月15日，书一出来，我赶紧打辆车，直奔医院，可是等我到了，已经来不及。眼前的她，双目紧闭，处于昏迷之中。我们之间，隔着无声的黑暗。

12月22日，师母走了。

今年4月1日，师母与老师合葬，我把书带到墓地。我只能用这本书祭奠两位老人。书前有篇读后感，是我对老师的怀念。

老师经常用打牌讲占卜。

例如，他说过这样的话：

> 卜筮是人类在无力掌握客观规律的情况下，希望借助于某种符号的变化窥测神明的意向。至于怎样取得和怎样辨认这些符号，卜筮人所用各种方法却都是人为的规定，没有客观规律和逻辑的必然性。就如同许多游戏一样，都是以意为之，我们看各地发掘出许多六博的工具，但是无法恢复其游戏。以象棋或扑克牌来说，不经传授，谁也无法推测出其原有的规则。❶

在这篇小序中，受老师启发，我想跟大家聊聊扑克牌，并从

---

❶《张政烺论易丛稿》，15页。

这个话题，讲讲占卜的原理和心理，或许有助于对《周易》的理解。

《周易》像一副扑克牌。它有六十四卦，好像64张牌。

现在的扑克（Poker）分四种花色：黑桃（Spade，铲子）、方块（Diamond，钻石）、梅花（Club，棍子）、红桃（Heart，红心），每种13张牌，从A到10（A即Ace，代表1），是1－10；另外三张，J（Jack，骑士）代表11，Q（Queen，后）代表12，K（King，王）代表13。四种加起来是52张，外加大小王（Joker，小丑），共54张。

这54张牌，真是变幻无穷，想有多少种玩法，就有多少种玩法。它不光用于游戏，还可配星座、历法，用于占卜、赌博、变戏法。

扑克用于占卜，全靠它的象征意义。每张牌都是一种符码：大小王代表日月，四种花色代表春、夏、秋、冬（各13个星期），52张牌代表一年52个星期，点数相加，得365（四种花色，各91点，大小王各算半点），合一年的天数。

扑克，源自13－14世纪的塔罗牌（tarot）。有人说，更早的来源是中国的叶子戏。❶

塔罗牌，分大阿卡纳牌（Major Arcana）和小阿卡纳牌（Minor Arcana）。大阿卡纳牌为22张，用以算大运。小阿卡纳牌为56张，用以算小运。

小阿卡纳牌分四种花色：杖（Wands）、杯（Cups）、剑（Swords）、星（Pentacles），每种14张牌，分为两组：一组从1到10，为数字牌；一组包括王（King）、后（Queen）、骑士

---

❶ 塔罗牌的起源有埃及说、罗马说、希伯来说、波斯说、印度说、中国说。杜亚泉认为，西方纸牌类似中国的天启马吊牌。参看：杜亚泉《博史》，收入《杜亚泉著作两种》，田建业编校，北京：新星出版社，2007年，175-233页。

（Knight）、侍从（Page），为宫廷牌。这种牌就是扑克牌的前身。两者很像，区别只在没有大小王，多出侍从。

塔罗牌，也是个无所不包的符号体系，同样可配星座、历法、数字、方色，代指天下万物。❶

《周易》用于占卜，和扑克很像，特别是汉代的象数易，更像。我们完全可以仿照扑克牌，把《周易》做成一副64张的扑克牌。

棋牌可用于游戏，也可用于赌博。占卜与赌博同源。赌博是人类最古老的游戏。❷赌博是用来赌运气，现代和古代无异。赌球、赌马、玩股票、玩彩票，甚至选战，道理一模一样。

现在的世界是个大赌场。

好赌是中国的三大恶习之一，虽然称不上国粹。

人类最大的游戏是什么？ 是商业和战争。

孔子说，"赐不受命，而货殖焉，亿（臆）则屡中"（《论语·先进》）。

克劳塞维茨说，"战争在人类各种活动中最近似赌博"。❸

兵不厌诈，商，更不厌诈。"利益趋近最大化"，大诈带动小诈。

今语，钱的别名叫王八蛋（"钱是王八蛋，花了咱再赚"）。《国富论》、《资本论》是现代的《货殖列传》，它们都是研究王八蛋。❹

"钱不能全让王八蛋赚了"，大家都骂王八蛋，大家都想当王八蛋。要当，就当大王八蛋。

❶ 参看云峰《韦特塔罗》，西安：陕西师范大学出版社，2006年，122-123页：塔罗符号对照表。

❷ 参看李零《中国方术续考》，北京：中华书局，2006年，15-20页。案：赌是赌塞，博是六博，博、塞是中国古代的两种棋。

❸ 克劳塞维茨《战争论》，北京：商务印书馆，1978年，第一册，41页。

❹ 亚当·斯密《国民财富的性质和原因的研究》，郭大力、王亚南译，北京：商务印书馆，1972年；马克思《资本论》，中共中央马克思、恩格斯、列宁、斯大林著作编译局，北京：人民出版社，1975年。前者初名《原富》、《国富论》，是市场万能论的经典；后者是批判资本主义的经典。

占卜的原理是什么？是投机。投者，下注也。机者，概率也。下注，冥冥之中，若有神助，最能体现随机性。

"投资"，广东话的发音，让北方佬听上去，就跟"投机"差不多。很多投资家，其实是投机家。孔子有"七十述志"（《论语·为政》）。想不到，骗子也要立志。前一阵儿，电视报道，有一伙年轻人，锒铛入狱，全是金融诈骗犯。他们说，三十要当企业家，四十要当投资家，五十要当教育家，六十要当思想家，七十要当老人家。他们说的"投资家"就是"投机家"。

街头摆副扑克，请路人下注。这种骗钱的主儿有人抓。大家想不到，世界金融业的龙头老大，华尔街的金融大鳄，他们居然也是骗子，而且是最大的骗子。

美国先进，先进到只剩耍钱和玩弹（核弹、导弹，各种聪明弹）。

金融风暴和战争风暴，轮番教育着我们：我们的世界还非常古老。

占卜，最简单的占卜，是胜率、负率各一半，让你猜猜看。如足球开赛前，裁判拿一枚硬币，朝上一抛，这就是"投"，落在地上，一正一反，这就是"机"（概率，也叫几率，正负各50%）。❶你别看它简单，再复杂的占卜也打这儿来。

一正一反，是占卜的辩证法。《周易》的阴阳就是这种辩证法。它的八卦是由阴阳二爻组成。阴阳是一切变化的基础。

❶ 中国的杯珓（音 jiào），拿两个蚌壳（或以竹木代之）往地上扔，视其俯仰，以定吉凶，就是这种占卜。

阴阳是欢喜冤家。"六十四卦，二二相耦，非覆即变"（孔颖达语），分32组，好像我们的上下牙（理论上是16对牙齿），捉对厮打。这是静态的阴阳。

齿轮不一样，它也有牙，齿牙咬齿牙，它会转起来。高级的占卜，一定要转起来。阴阳加五行，五行相生，五行相克，如循环之无端，就是为了让它转起来。

高级占卜，怎么个高法？ 无非是增加变数，增加程序的复杂性。

比抛硬币复杂一点，是掷骰子（骰音 tóu）。骰子，古书亦作投子，今多称为色子（色音 shǎi）。它有六个面或更多面（秦始皇陵园出土的骰子有14个面），每个面上各有点数。面越多越接近球形，可转，可停。增加面，增加点，是为了增加变数。全世界的骰子，样子都差不多。

比掷骰子再复杂一点，是抽签。求签，一把签，分好签、坏签，从上上到下下，还可细分为很多类，每个签各有签诗，吉凶祸福，比例不定，让你随便挑，这是在概率分配上做文章。

更高级，还有式盘，模仿天地运行、历法推步，既有转，也有算。

电脑算命，运算更复杂，但基本原理不变，都是模仿随机性。

美国，唐人街的中国餐馆，吃完饭，照例会送幸运果（fortune cookie），一种烘烤成形的脆皮小饺子。打开幸运果，里面有张小纸条，纸条上的话，多半是好话（或不好不坏怎么解释全都灵的话)。好话才能吸引顾客。

赌场不一样,胜率太高没钱赚,胜率太低没人来,要拿捏分寸。

彩票,胜率很低,低到好像天上掉石头,正好砸头上,别提多巧,但它奖金高,机会面前人人平等,吸引力太大。大家会自动掏腰包,给一人买乐,不乐则已,乐就乐透。

《周易》,"四营而成易,十有八变而成卦"(《系辞上》),八卦相重,可得64卦、384爻、11520策,这也是增加变数,增加程序的复杂性。

《周易》的卦爻辞,好像签诗。

概率,有输有赢,有胜有败。胜败乃兵家常事。商家也一样,赔了赚,赚了赔,没有一定,有哭的,也有乐的。

体育比赛,强队狂胜弱旅,没劲。两强相遇,你死我活,才有看头。当然,最大惊喜还是杀出匹黑马,爆出个冷门,弱旅居然打败强队。

赌博,没有悬念,不叫赌博。赢了想赌,输了更想赌,这才叫赌博。

占卜,有灵有不灵,道理一模一样。

科学讲究重复率,赌博不讲,占卜也不讲。

古代占卜,五花八门,经常打架。卜有三兆,筮有三易,不但三兆会互相打架,三筮会互相打架,卜与筮,卜、筮与其他占卜,也一样会打架。

读《左传》,你会发现,占卜都是不厌其烦,此术不灵换他术，此人不灵换他人，再不行，还可巧辞曲说化解之。

汉武帝聚会占家，问娶妇何日为吉，七家全不同，怎么办？最后，还是皇帝说了算，"制曰：避诸死忌，以五行为主"（《史记·日者列传》）。

后世占卜，以五行为大宗。

五行是选择术的别名。

《易》曰："匪我求童蒙，童蒙求我。初筮告，再三渎，渎则不告。"（《蒙》卦卦辞）

占卜，是为了求取神谕。你给老天打电话，回答可能有好有坏。有人对老天的回答不满意，死乞白赖，不停拨号，老天也烦，干脆挂了。

我们的知识是由"知之"和"不知"共同构成。"不知"远比"知之"多。只要有"不知"，就有猜，就有蒙，我们并未告别占卜。

拉姆斯菲尔德有个著名的绕口令。他说，有些事，我们知道我们知道；有些事，我们知道我们不知道，还有些事，我们不知道我们不知道（节其大义，并非原文）。最近他出了本回忆录，干脆叫《已知和未知》（*Known and Unknown*）。

我不知道他知道不知道，为了杀一个萨达姆，他害死了多少伊拉克人。

中国也有这种绕口令。

《论语·为政》：

　　子曰："……知之为知之，不知为不知，是知也。"

《庄子·齐物论》：

　　齧缺问乎王倪曰："子知物之所同是乎？"曰："吾恶乎知之？""子知子之所不知邪？"曰："吾恶乎知之！""然则物无知邪？"曰："吾恶乎知之！虽然，尝试言之。庸讵知吾所谓知之非不知邪？庸讵知吾所谓不知之非知邪？"

孔子把我们的知识分为"知之"和"不知"两大类，关注点是"知之"。王倪不同。他的口头禅是"那我怎么知道"。他说，你怎么知道我说的"知之"就不是"不知"，你怎么知道我说的"不知"就不是"知之"。

可见"知之"和"不知"是一对大矛盾。

"不知"的事怎么"知之"，古人的回答是占卜。

占卜是对不可预测的事进行预测，与其叫做预测学，不如叫做猜测学。比如拿个碗，把东西扣下边，让你猜猜看，古人叫"射覆"。这也是最简单的占卜。其实，所有占卜都带有这种性质。

占卜是为了拿主意。

凡是情急无奈，无法作判断也要作判断，无法下决心也要下决心，就会想到占卜。

《左传》桓公十一年：

　　楚屈瑕将盟贰、轸。郧人军于蒲骚，将与随、绞、州、蓼伐楚师。莫敖患之。斗廉曰："郧人军其郊，必不诫，且日虞四邑之至也。君次于郊郢，以御四邑。我以锐师宵加于郞,郞有虞心而恃其城,莫有斗志。若败郞师,四邑必离。"
莫敖曰:"盍请济师于王?"对曰:"师克在和,不在众。
商、周之不敌,君之所闻也。成军以出,又何济焉?"莫敖
曰:"卜之?"对曰:"卜以决疑,不疑何卜?"遂败郞师于
蒲骚,卒盟而还。

古人说,"卜以决疑,不疑何卜",凡是明摆着的事,都用不着占卜,凡是需要占卜的事大多无法预料。北京话,叫没辙想辙。

打仗的事,经常是急活。即使有周密的侦察、充分的预案,也还是有很多料不到。事到临头,再聪明的人,也只能把已知、未知搁一块儿,拍拍脑瓜,估摸估摸。估摸不出来,就只好赌一把。

我们必须明白,即使在科学昌明的现代,"不知"也到处包围着我们,远远超出我们的认知能力。"知之"在我们的知识中只是非常可怜的一部分,到处是漏洞。"无妄之灾",随时随地都可能发生,赛先生也拿它没辙。

占卜往往是连续占,连续卜。占卜者倒查记录,往往会把两个前后无关的事串起来,把前面的事叫"因",后面的事叫"果",串联偶然成必然,创造貌似合理的因果链。由于他是倒着查,故谶言多出追述。

历史学家都是"事后诸葛亮"。

《洪范》有言,"三人占,则从二人之言"。三占从二,少数服从多数,这是民主政治的原则,也是占卜的原理。

足球赛，你穿红球衣，多少次都赢了（注意：不一定回回都赢），那好，红色就是胜利的原因。你穿白球衣，多少次都输了（注意：不一定回回都输），那好，白色就是失败的原因。

例外不必管，不管，才能创造灵验。

史、卜同源，即使现在的历史学家，也没摆脱这种习惯。

插队，村里人在水库炸鱼，等我下去捞（他们不会游泳）。每次我去，都炸不上来，一走，就有大鱼漂上来。

真是活见鬼。

人，期望值越高，失望值就越高；期望值越低，失望值就越低。俗话说，"有心栽花花不开，无心插柳柳成荫"，《易》有《无妄》，就是讲这个心理学规律。

赌博，概率的实际分布是一回事，概率的心理分布是又一回事。❶ 心理的变数，在一切对抗性的活动中都不容忽视，因为它会直接影响"临场发挥"。比如运动员，越想进球越不进，情绪就会失控。结果是，形势逆转，本该得到的也失去了。

可见境随心变也不是不可能。

《系辞》说得好：

> 是故君子所居而安者，《易》之序也；所乐而玩者，爻之辞也。是故君子居则观其象而玩其辞，动则观其变而玩其占，是以自天祐之，吉无不利。

《易》是一种精神游戏。它有两种玩法，一种是玩辞，一种

---

❶ 假定胜率、负率各50%，你非赌60%赢，就有10%可能是意外的沮丧。反之，你只赌40%赢，就有10%可能是意外的惊喜。

是玩占。

你选哪一种？

孔子怎么看占卜，耐人寻味：

> 子曰："南人有言曰：'人而无恒，不可以作巫医。'善夫！""不恒其德，或承之羞。"子曰："不占而已矣。"（《论语·子路》）❶

> 子赣曰："夫子亦信其筮乎？"子曰："吾百占而才当。唯（虽）周梁（梁）山之占也，亦必从其多者而已矣。"子曰："《易》，我后其祝卜矣，我观其德义耳也。幽赞而达乎数，明数而达乎德，又（有）仁〔义〕者而德行之耳。赞而不达于数，则其为之巫。数而不达于德，则其为之史。史、巫之筮，乡（向）之来也，始之而非也。后世之士，疑丘者，或以《易》乎？吾求其德而已。吾与史、巫同涂（途）而殊归者也。君子德行焉求福，故祭祀而寡也。仁义焉求吉，故卜筮而希（稀）也。祝巫卜筮其后乎。"（马王堆帛书《要》）

孔子说，他与史、巫同途殊归。他好《易》，是好其中的德，不是其中的占。如果不修其德，把希望全都押在占上，则还不如不占。

他说得多好！

荀子怎么看占卜，也留下两段话：

> 雩而雨，何也？曰：无何也，犹不雩而雨也。日月食而救之，天旱而雩，卜筮然后决大事，非以为得求也，以文之也。故君子以为文，百姓以为神。以为文则吉，以为神则凶

---

❶ 《礼记·缁衣》："子曰：南人有言曰：人而无恒，不可以为卜筮。古之遗言与？龟筮犹不能知也，而况于人乎？《诗》云：'我龟既厌，不我告犹。'《兑命》曰：'爵无及恶德，民立而正事。纯而祭祀，是为不敬；事烦则乱，事神则难。'《易》曰：'不恒其德，或承之羞。''恒其德侦，妇人吉，夫子凶。'"与此是类似的话。

也。(《荀子·天论》)

善为诗者不说,善为易者不占,善为礼者不相,其心同也。(《荀子·大略》)

荀子说,祈雨就下雨和不祈雨也下雨,并无不同。天旱祈雨,不过是例行的仪式。"卜筮然后决大事",只是个仪式。"君子以为文","文"是仪式。占一占,卜一卜,只不过表表愿望,试试运气,并非一门心思,非求个好兆头不可。"小人以为神","神"是灵验,他对老天的期望是有求必应,你不应,他就使劲求。

君子,灵不灵,无所谓,可能反而灵。小人,非灵不可,可能反而不灵。这是君子和小人的不同。所以荀子说"善为易者不占"。

他说得多好!

天有不测风云,人有旦夕祸福。不仅离我们太远的东西,我们左右不了,就是眼跟前的事,又怎么样? 生活,小不顺心、大不如意的事,何止万千。痛不欲生,但求速死,大可不必。

不服输,不认命,可以,但改运,那是谈何容易!如果一切努力都归失败,你将如何面对?

项羽兵败,顾谓诸将曰"天亡我,非战之罪",选择自杀。

王莽,死到临头还嘴硬,"天生德于予,汉兵其如予何"(这话是模仿孔子)。

谭嗣同慷慨赴死,留下绝命辞,"有心杀贼,无力回天,死得其所,快哉快哉"。

生命的最后时刻,他们都想到了"天"。

孔子有个学生叫司马牛,宋国人。他有四个兄弟在宋国作乱,为首者不是别人,正是孔子过宋,企图杀害孔子的司马桓魋。

这事让司马牛羞愧难当。他宁肯漂泊在外,也绝不认这四个兄弟。

"人皆有兄弟,我独亡",痛苦之极,他叹气说——就像一个盲人说,人都有眼睛,为什么我却没有。

子夏安慰他:

> 商闻之矣:死生有命,富贵在天。君子敬而勿失,与人恭而有礼,四海之内,皆兄弟也。君子何患乎无兄弟也。

(《论语·颜渊》)

他说,人能活多长,各有各的命;会不会大富大贵,你自己没法定。❶君子所应做的并不是怨天尤人,而是敬天礼人。只要敬畏天命,与人有礼,四海之内皆兄弟也。

❶ 王充《论衡》对"命"的讨论最多,可参看。

"死生有命,富贵在天",据说是闻之夫子(起码汉人是这么说)。夫子传《易》,至今已 2500 多年(他活着就传《易》)。世皆迷其占,我独爱其辞。

俗话说,尽人事,听天命,如此而已。人只能管人事,管不了天命。听者不过是姑妄听之,听之任之,爱怎么着怎么着,随它去吧。

踢足球,输赢的关键是什么? 技术还是运气,好像不好说。运气当然重要,但你左右不了。我敢说,练球比占卜更重要。穿什么球衣，问什么章鱼，只不过是个大众娱乐而已。

古人说，"圣人不烦卜筮"。（《左传》哀公十八年"君子曰"引《志》）

圣人是什么人？ 是古代的聪明人。

你愿意作聪明人吗？

2011年5月8日写于北京蓝旗营寓所

再说几句：

《易经》，句子很短，给人的印象是朦胧，有想象空间。我喜欢这种朦胧感。朦胧感是一种古风。

古人语短，有如诗歌。一般只有四字（如《诗经》），长也不过七字（如《楚辞》）。老百姓说话也短，短了才能长驱直入，一下钻到你的心里。我喜欢锻炼辞章，删字截句，多余的字一个不要。

有人说，我的文字很精练。其实这都是改出来的，不是为了迎合大众，而是为了回归自然。追慕古风，是为了回归自然。

我理解，思想都是草稿，一天就改多少回。语言的真相也是前言不搭后语。先秦诸子都是碎片体，原因就在这里。我喜欢这种碎片体，年纪越大越喜欢。

写在前面的话

《周易》是本什么样的书？我想把来龙去脉讲一下。

现在，市面上讲《周易》的书真是铺天盖地，热心的读者也人山人海。我不想重复各种老生常谈、胡吹神侃，说此书最最符合科学，处处蕴含哲理，如何灵验，如何神秘，如何放之四海，如何无所不包，如何令各级领导如痴如醉，如何让成功人士神魂颠倒，如何急广大群众之所急，满足他们的各种需要，如何风靡世界，畅销海外，引无数老外竞折腰，想不承认都没辙，中国是电脑的故乡……

下面，我只想讲点简单的事实，供大家参考。

一、《周易》是本讲筮占的书

首先，我要告诉读者，《周易》是一本非常枯燥的书，没有耐心，绝对读不下去。大家哭着闹着，非要读这本书，主要不是因为它有什么引人入胜之处，而是因为古往今来，人类有两个兴奋点，一是算命，二是看病。这书跟算命有关。

人，活得长不长，运气好不好，会不会升官发财，大家最关心。如果有一本书能提供答案，那不跟中彩票一样？占卜，《周易》最古老。大家都说，这书神得不得了。

不错，《周易》和算命有关。它从一开始就是用来占卜。但我们要知道，中国的占卜可不止这一种，而是五花八门，有很多种。你要了解《周易》，首先就要知道，它是讲哪一种占卜，这种占卜和其他占卜有什么不同，在中国的占卜体系中处于什么位置，这就像到超市购物，你要找一下，它是摆在哪家超市哪个货架上。

以前，我多次说过，中国古代的知识分两大系统。研究人，研究人的行为，古人的智慧是凝聚于兵书；研究自然，向分两门，一门叫"数术"，一门叫"方技"。前者是研究天地万物，既包括天文、历算类的科学知识，也包括各种神秘占卜和原始巫术。后者是研究我们的身体，既包括医学，也包括各种祝由术和神仙家说。这两门知识合起来，古人叫"方术"。

方术是中国古代的"自然科学"，不是纯而又纯的科学，而是迷信加科学的"科学"。科学和迷信都研究自然，对象一样，属于同一个知识体系。当时还没有科学、迷信二分法。我们用古人的想法看问题，毫无疑问，这是当年的"科学"。

司马迁为方术立传，有三篇东西：《扁鹊仓公列传》、《日者列传》、《龟策列传》。《扁鹊仓公列传》讲看病，属于方技。《日者列传》、《龟策列传》讲占卜，属于数术。

《周易》讲什么？当然是占卜。但同是占卜，"龟策"和"日者"是两大类。当时的占卜，日者之术讲选择时日，是一大类

（后世的通书、黄历属于这一类）；龟是龟卜，策是筮占，是另一大类。《周易》属于后一类。

比《史记》晚，《汉书·艺文志》据刘向、刘歆的分类，把数术分为六类：

（1）天文，讲占星候气。

（2）历谱，讲历法算术。

（3）五行，讲选择时日。

（4）蓍龟，讲龟卜筮占。

（5）杂占，讲其他占卜和厌劾术（趋吉避凶的巫术）。

（6）形法，讲相术和风水。

筮占属第四类，即蓍龟类。蓍是筮占，龟是龟卜。

首先我们要知道，《周易》的"易"是指筮占。

二、筮占是一种数占

卜、筮是两种非常古老、非常原始的占卜，早期是结合在一起。至少汉以前，一直结合在一起。《尚书·洪范》如此，《左传》、《国语》如此，《周礼》等书也如此。即使汉代，卜法已经衰落，《汉书·艺文志》还把它们列为一类，后世史志也沿袭了这一分类，但两者已经分开。

龟卜和筮占，区别是什么，关系是什么，是个首先需要弄清的问题。

（一）卜

卜是用动物的骨头占卜，用骨头的裂纹求取神谕。❶早期人

---

❶ 英文的 oracle bone（甲骨），直译就是"神谕的骨头"。

类认为，动物的骨头（包括人的骨头）很灵，可以沟通人、神，特别是龟骨，比其他骨头更灵。有趣的是，卜龟本身就叫"灵"。

从殷商卜辞到战国楚简，古人一直把卜龟写成"霝"，即后来的"灵"字。《龟策列传》也把卜龟叫"玉灵夫子"。直到明清，卜龟的别名一直是"玉灵"。

世界上的卜分两种：一种是冷卜（apyro-scapulimancy），凭骨面的自然裂纹定吉凶；一种是热卜（pyro-scapulimancy），凭烧过的裂纹定吉凶。

我国的卜属于后一种。

商周甲骨，占卜前，先要在骨面做钻凿。商人的甲骨是圆形钻、梭形凿，周人的甲骨是方凿无钻。卜人在钻凿施火，背面的裂纹呈一纵一横，"卜"字正好象其形。"卜"这个名字就是这么来的。❶

中国的卜，以卜材论，又分两种：一种起源于西北，用鹿的肩胛骨或牛、羊的肩胛骨占卜，一种起源于东南，用龟的背甲和腹甲占卜。前者比后者更古老。商周时期，这两种卜曾共用过一段。所谓"甲骨文"，就是兼指这两种卜材上的文字。后来龟卜压倒骨卜，取代骨卜，卜才专指龟卜。比如司马迁讲的"龟策"（《史记·龟策列传》）、班固讲的"蓍龟"（《汉书·艺文志·数术略》蓍龟类），就是专以龟卜为卜。汉以来，卜主要指龟卜。

（二）筮

筮和卜不同，不是以动物为媒介，而是以植物为媒介，或结草为占，或折竹为占，或用其他竹木小棍代替之。❷ "蓍"字从艸，"筮"字从竹，文字本身也足以说明其材质。

---

❶ 这种裂纹即卜兆。《周礼·春官·大卜》把卜兆分为三种：玉兆（细纹）、瓦兆（略粗的纹）、原兆（更粗的纹）。

❷ 《楚辞·离骚》有所谓"筳篿"，王逸注："筳，小折竹也。楚人名结草折竹以卜曰篿。"

有一种草，古代很有名，这就是蓍草，学名叫 *Achillea sibirica*，英文叫 yarrow，主要分布于西伯利亚和中国北方。褚少孙说，取蓍草，百茎共生一根，茎长一丈者为上，其次八十茎、茎长八尺，退而求之，满六十茎、茎长六尺也就不错了（《史记·龟策列传》）。

读《龟策列传》，我们可以知道，用蓍草占卜有神秘含义。褚少孙说，汉代有一种传说，"下有伏（茯）苓，上有兔丝；上有捣蓍，下有神龟"，它是把蓍、龟扯在一起。但这种神秘的东西，其实并不神秘。实际上，它只是充当算筹，古人也可以用其他种类的草棍、木棍、竹棍代替之。

古人用竹木小棍当算筹，叫"筹"、"策"、"算"。算筹是最古老的计算工具。计算用这种东西，占卜也用这种东西。❶

卜、筮是商代最重要的占卜，两周时期也如此。商周时期，往往把卦画刻在甲骨上，就是卜、筮并用的证明。

早期，卜、筮并用，一般都是先卜后筮。如果卜、筮发生矛盾，怎么办？《左传》有段话，是讲这个问题：

初，晋献公欲以骊姬为夫人，卜之，不吉；筮之，吉。公曰："从筮。"卜人曰："筮短龟长，不如从长。且其繇曰：'专之渝，攘公之羭。一薰一莸，十年尚犹有臭。'必不可。"弗听，立之。（《左传》僖公四年）

原文说，晋献公要立骊姬为夫人，先卜不吉，后筮吉，两者发生矛盾。献公宁愿相信筮的结果，说还是照筮的结果办吧，因为这更符合他的愿望，但卜人却坚决反对，他说，如果卜、筮发生矛盾，应该相信卜。所谓"筮短龟长"，是说卜比筮更有优

❶ 古人把占卜叫"算"，即能掐会算的"算"。"数术"的"数"就是强调算，但后世的算，主要是天文历算的算。算比卜高级。现代科学也强调算。

先权。

古人说，卜比筮有优先权，可能与卜更古老有关，但原文"短"、"长"并不是说年代短长。

卜与筮谁更古老，要看考古发现。

考古发现，骨卜确实很古老，新石器时代就有，距今5000多年，但龟卜晚，大约商代中期才有。筮占，目前发现的数字卦，年代最早是商代晚期。

卜、筮有三要素，一曰象（卜曰兆象，筮曰卦象、爻象），二曰数（卜不用数，筮曰筮数），三曰辞（卜曰卜辞，筮曰卦辞、爻辞，统称繇辞）。象靠看，数靠算，辞是对占卜的解释和判断。《左传》僖公十五年："龟，象也。筮，数也。"龟主象，筮主数。筮的特点，主要在于算。

筮起于算，可从文字学加以探讨。

《说文解字·竹部》有两种算。一种是算筹的算，"筭，长六寸，从竹从弄，言常弄乃不误也"；一种是计算的算，"算，数也。从竹从具，读若筭"。但秦汉简牍，计算的算和算筹的算往往不分，都写成"筭"。《孙子·计》："夫未战而庙筭胜者，得筭多也；夫未战而庙筭不胜者，得筭少也。多筭胜少筭（不胜），而况于无筭乎！"今本如此，银雀山汉简本也如此。后世"算"行而"筭"废，大家还以为"算"是本字，"筭"是"算"的通假字，这是理解反了。其实，"筭"与"箅"（"筮"的早期写法）很可能是同一字。比如睡虎地秦简《日书》乙种"不可卜筭"，就读"不可卜筮"。二者不但字形相近，读音也接近（筮是禅母月部字，筭是心母元部字）。❶

❶ 睡虎地秦墓竹简整理小组编《睡虎地秦墓竹简》，北京：文物出版社，1990年，248页。参看：李零《唯一的规则——〈孙子〉的斗争哲学》，北京：三联书店，2010年，55页。案：许慎常把存在通假关系的字，按字形分割，强派用法。如他以筭为算筹之算、算为计算之算，就是一个例子。案：筮从巫。巫字的早期写法与王相似。筮字的古文类似箅（见《说文解字·竹部》），史懋壶提到"史懋路筮"，筮作箅，便与算相似。算是篹，篹所从，乃另一字。

"易"是什么意思？古人释"易"，有一名三义之说：易简、变易、不易（出《易纬·乾凿度》和郑玄《易赞》、《易论》）。其实，"易"的本义是变易，指数变、爻变和卦变。其他含义皆由此引申。❶

筮占是以摆弄算筹，排列组合为占，面对的是无穷无尽的变数。古人认为，自其变者而观之，固可称"易"（变易）；自其不变者而观之，也可称"易"（不易）。易数是代码，易象是符号，如果用象数指代天下万物，执简御繁，以不变应万变，则百姓日用不穷，这也是一种"易"（简易）。

总之，筮占是一种数占，它玩的是数。

三、《周易》的源头：数字卦

"易"是筮占。筮占有很多种，《周易》只是筮占中的一种。《周易》之外有易，《周易》之前也有易。

《周易》的源头是什么？传统说法是：上古伏羲画卦，中古文王重卦，下古孔子作《易传》。《汉书·艺文志·六艺略》易类小序（下省称"班序"）叫"人更三圣，世历三古"。

伏羲画卦，指伏羲发明八卦。班序引《系辞》为证。《系辞下》2："古者包牺氏之王天下也，仰则观象于天，俯则观法于地，观鸟兽之文与地之宜，近取诸身，远取诸物，于是始作八卦，以通神明之德，以类万物之情。"这是讲"上古圣人"。

文王重卦，指文王以八卦相叠，作六十四卦。汉人常说"文王拘而演《周易》"，说纣王把文王关在羑里，他在监狱里忧心如

❶《礼记·祭义》"易抱龟南"的"易"是指卜筮者，与《周易》之"易"无关。

焚，发明了《周易》，算出自己要革商朝的命。❶《系辞下》15："《易》之兴也，其于中古乎？作《易》者，其有忧患乎？"《系辞下》17："《易》之兴也，其当殷之末世，周之盛德邪？当文王与纣之事邪？"班序说："至于殷、周之际，纣在上位，逆天暴物，文王以诸侯顺命而行道，天人之占可得而効，于是重易六爻，作上下篇。"更明确以《周易》上下篇为文王所作。这是讲"中古圣人"。

孔子作《易传》，是古代成说，起码汉代的人都这么讲。如《史记·孔子世家》："孔子晚而喜《易》，序《彖》、《系》、《象》、《说卦》、《文言》。"《汉书·艺文志·六艺略》易类小序也说："孔氏为之《彖》、《象》、《系辞》、《文言》、《序卦》之属十篇。"这是讲"下古圣人"。

这三个层次是三笔糊涂账。

第一个层次，是前《周易》时代。古人上穷荒渺，实在说不清，就把发明权推给上古帝王。伏羲是最老牌的帝王，当然有资格。古史传说有这么个套子，不足为奇。

第二个层次，是《周易》出现的年代。《系辞》设问，只是推测，推测它的出现可能在殷周之际。

第三个层次，是《易传》出现的年代。汉人为什么说孔子作《易传》，原因很简单，因为它有很多"子曰"。"子曰"当然指孔子说。此说，前人信之不疑，今人疑之不信。不信的源头是欧阳修的《易童子问》。❷

这三笔糊涂账，都要经受考古学的检验。这里先谈第一个层次。

❶ 见司马迁《报任少卿书》(《文选》卷四一)、汉诗《幽通操》(《太平御览》卷五七一引《古今乐录》等)。

❷ 欧阳修《易童子问》，《儒藏》精华编，北京：北京大学出版社，2009年，第三册，489-491页。

现在研究前《周易》时代，最受关注是数字卦。

数字卦，北宋就有发现，但宋人读不懂。这种卦画，甲骨、铜器、陶器、石器，各种材质的出土物上都有，现在经学者收集，已经超过一百个例子。

数字卦的上限在什么时候，现在还不能讲死，仅就现有发现看，至少可以早到商代，肯定比《周易》早。这种符号，很长时间里，一直是个谜，后经学者反复讨论，特别是由张政烺论证，局面才被打开。❶

现在，多数学者认为，这种数字卦才是筮占的背景。

中国早期的数字卦是用一、五、七、九表示阳爻，六、八、十表示阴爻，除二、三、四被省去（积画为之，竖写则无法分辨，故省去），或隐去（以奇偶之变，藏在其他变数的后面），所有个位数全有，所以我叫"十位数字卦"。它与《周易》不同。《周易》只有九、六之数，今本九用阳爻表示，六用阴爻表示。简帛文本，阳爻一律作一，阴爻一律作八，估计就是从"十位数字卦"变出。后面这种卦也是数字卦，但只用两个数，不用其他数，所以我叫"两位数字卦"。

十位数字卦，战国楚简（如天星观楚简、包山楚简、葛陵楚简和最近发现的清华简）上有，❷四川理县出土的西汉陶罐上也有。❸可见，即使《周易》出现后，它也还在使用，新旧一度并行。

两位数字卦，最后被断连式的阴阳爻代替，年代比较晚。目前最早的发现是：

❶《张政烺论易丛稿》，6-29、44-76页。

❷ 湖北省荆州地区博物馆《江陵天星观一号楚墓》，《考古学报》1982年1期，71-116页；湖北省荆沙铁路考古队《包山楚简》，北京：文物出版社，1991年；河南省文物考古研究所《新蔡葛陵楚墓》，郑州：大象出版社，2003年。案：天星观楚简和清华楚简的有关材料尚未发表。包山楚简，阳爻作一、五，阴爻作六、八。葛陵楚简，阳爻作一，阴爻作六（与王家台秦简《归藏》相同）。

❸ 参看：李学勤《周易溯源》，成都：巴蜀书社，2006年，242-249页。

(1) 乐浪式盘。1925 年朝鲜乐浪遗址王盱墓出土的式盘，上面配有八卦。卦画作断连式，卦位属于宋易所谓的后天卦。此墓，年代在东汉明帝末或章帝前后(约公元 70–80 年)。❶

(2) 熹平石经。原本立于汉魏洛阳城的太学遗址，毁于董卓之乱。宋以来不断有残石出土，上面也有这种卦画。熹平石经刻于东汉灵帝熹平四年至光和六年（公元 175–183 年）。❷

看来，大约到东汉时期，这两种数字卦才最终退出历史舞台，我们才有横画断连的阴阳爻。

关于数字卦，目前学界还有不同意见。十位数字卦，其筮法仍是谜，策数多少，分组如何，肯定不同于《周易》（"大衍之数五十"肯定得不出十个数）。十位数怎么变两位数，也是个谜。张政烺说得好，我们发现的顶多是扑克牌，怎么玩，不知道。问题还要做进一步讨论。❸但毫无疑问，《周易》只是流，不是源。

《周易》和数字卦是什么关系，从理论上讲，可以有两种假设：

一种可能是，两者有关，皆以数占为背景，阴阳爻是从两位数字卦来，两位数字卦是从十位数字卦来。这是张政烺的看法。❹

一种可能是，两者无关，《周易》的阴阳爻与数字是从其他源头发展而来，和数占的大背景没关系。这是金景芳、李学勤的看法。❺

我认为，从筮占源于数占的大背景看，从十位数字卦早于两

---

❶《乐浪五官掾王盱の坟墓》，东京：刀江书院，1930 年，60–62 页，图版一一二。

❷ 马衡《汉石经集存》，北京：科学出版社，1957 年；屈万里《汉石经周易残字集证》，台北：中央研究院历史语言研究所，1961 年。

❸《张政烺论易丛稿》，15–16 页。

❹《张政烺论易丛稿》，6–29、44–76 页。

❺ 金景芳《学易四种》，长春：吉林文史出版社，1997 年，195–196 页；李学勤《周易溯源》，第四章第三节（273–279 页）和第四节(280–284 页)。案：李书第四章第三节，曾发表于朱晓海主编《新古典新义》，台北：学生书局，2001 年；第四章第四节曾发表于中国文物研究所编《出土文献研究》第六辑，上海：上海古籍出版社，2004 年。

位数字卦看，从古本《周易》卦爻的写法仍作一、八看，从断连式阴阳爻出现比较晚看，前说比后说更有说服力。

四、《周易》：孔子选定的经典

中国早期，卜、筮并行，两者都有地区差异。殷人的卜与周人的卜不同，殷人的筮也与周人的筮不同。《周易》，顾名思义，是周人的易。商代有周邦，周代分东西周，西周、东周都是周。

《周易》的周是哪个周，现在的考古材料还无法回答。文献，《诗经》、《尚书》都没提到《易》，我们只能从《周易》本身找内证。

《周易》本身，大部分内容是讲卦象、爻象和吉凶悔吝，没有具体史事可考。但它有八条材料，可资断代：

（1）《大壮》六五："丧羊于易，无悔。"（涉及王亥）

（2）《旅》卦上九："鸟焚其巢，旅人先笑后号咷，丧牛于易，凶。"（涉及王亥）

（3）《既济》九三："高宗伐鬼方，三年克之，小人弗用。"（涉及武丁）

（4）《未济》九四："震用伐鬼方，三年有赏于大国。"（涉及武丁）

（5）《泰》卦六五："帝乙归妹，以祉，元吉。"（涉及帝乙）

（6）《归妹》六五："帝乙归妹，其君之袂不如其娣之袂良。"（涉及帝乙）

（7）《明夷》六五："箕子之明夷，利贞。"（涉及箕子）

（8）《晋》卦卦辞："康侯用锡马蕃庶，昼日三接。"（涉及

卫康叔）

1929年，顾颉刚就是据此把《周易》的年代定在"西周初叶"。[1]这八条材料，涉及五个人：王亥、武丁、帝乙、箕子、康侯。"丧羊于易"、"丧牛于易"，前人读不懂，顾先生考证，是讲有易杀王亥，取其牛、羊。王亥是殷先公，年代最早。"高宗伐鬼方"，高宗是殷王武丁，也比较早。"帝乙归妹"，顾颉刚考证，是殷王帝乙嫁有莘氏女太姒于文王，年代在文王时。"箕子之明夷"，箕子是纣王的叔叔，武王克商后仍在，比较晚。"康侯用锡马蕃庶"，前人不懂，顾颉刚考证，康侯是卫康叔。卫康叔，周公摄政时封卫，年代最晚。[2]最近，清华楚简《系年》披露，康叔初封在"庚丘"，庚丘就是康。[3]

这五个人，前人只知道武丁、帝乙和箕子是谁。其中箕子最晚，正好跨了两个朝代。《系辞》的作者大概就是以箕子定年，所以推测《周易》作于殷周之际，大概跟文王、殷纣的时代相当。马融、陆绩已指出，《周易》爻辞多文王以后事。[4]顾颉刚说《周易》作于"西周初叶"，要比"殷周之际"更准确。

另外，顾颉刚还提到《周易》中的"王"，认为是泛指周王。这也很正确。

《周易》中有19个王字。[5]它们，除"王母"一词是亲属称谓，其他18个王字是什么王，前人有争论。

《周易》提到的"王"，有两处和地名有关，非常重要。一处作"王用享于西山"（《随》卦上六），一处作"王用享于岐山"（《升》卦六四）。朱骏声说，"西山，岍、陇诸山，其尊者为吴

---

[1] 顾颉刚《周易卦爻辞中的故事》，收入《古史辨》第三册上编，北京：朴社，1931年，1–44页。

[2] 参看李学勤《周易溯源》，1–18页。

[3] 李学勤《清华简〈系年〉及有关古史问题》，《文物》2010年3期，70–74页。

[4] 马融、陆绩等人已指出，《周易》爻辞多文王以后事。为了自圆其说，他们不得不发明"四圣"说，即伏牺画八卦，文王作卦辞，周公作爻辞，孔子作《易传》，多出周公。见孔颖达《周易正义》卷首第四论"卦辞爻辞谁作"。

[5] 《坤》六三"或从王事"、《讼》六三"或从王事"、《师》九二"王三锡命"、《比》九五"王用三驱"、《随》上六"王用享于西山"、《蛊》上九"不事王侯"、《观》六四"利用宾于王"、《离》上九"王用出征"、《晋》六二"受兹介福于其王母"、《家人》九五"王假有家"、《蹇》六二"王臣蹇蹇"、《益》六二"王用享于帝"、《夬》卦卦辞"扬于王庭"、《萃》卦卦辞"王假有庙"、《升》六四"王用享于岐山"、《井》九三"王明并受其福"、《丰》卦卦辞"王假之"、《涣》卦卦辞"王假有庙"、《涣》九五"涣王居"。

岳","岐山,歧出之山,在雍州境内,《诗》所云'天作高山'也"。❶"西山"指什么山,固然可以讨论,❷但岐山很清楚,应指今陕西岐山县北的岐山。这是周人的老家。

这两处的王,是否为文王,我不敢说,但毫无疑问,肯定是周王。❸

关于西周,多说无益,我只能讲这么多。

东周时期,情况不一样。当时,《周易》大行,没人怀疑当时有《周易》。

古书引《周易》,《左传》、《国语》,材料最丰富,有22条。❹《周易》这个书名,最早就是出现在《左传》,前后达十次之多。❺《国语·晋语四》也提到这个书名。当时的《周易》,从《左传》、《国语》的引文看,与今本大体相同。

另外,《周易》这个书名也见于《周礼·春官》的《大卜》、《筮人》。在《周礼》中,它与《连山》、《归藏》并列,号称"三易"。

当时,《周易》有三个特点,我们要注意:

第一,《左》、《国》筮例,总是卜、筮并用,这在当时是最显赫的占卜。

第二,当时的占卜,总是先卜后筮,筮不如卜。古人相信,烧龟壳比摆小棍更灵验,也更便捷。

第三,当时的筮占,虽兼用三易,但《连山》、《归藏》,地位不如《周易》。《周易》已取上升趋势,但还没有达到"唯我独尊"的地步。❻

《连山》、《归藏》什么样?二书失传已久,只有少数佚文保

---

❶ 朱骏声《六十四卦经解》,北京:中华书局,2009年,78、200页。

❷《随》上六"王用享于西山",上博本和马王堆本作"西山",但双古堆本作"枝(岐)山"。参看李零《读上博楚简〈周易〉》,《中国历史文物》2006年4期,54-67页。

❸ 这里的"王"虽不必然是文王,但还是以周王最合理,否则不能称为《周易》。文王称王,究竟是在陕西自称为王,还是死后追称为王,两千多年,聚讼不已,这里不必讨论。这里我想指出的是,文王称王无论是否为生称,都无碍后人称之为文王。

❹ 高亨《周易杂论》,收入《高亨著作集林》,北京:清华大学出版社,2004年,第二卷,491-529页。

❺ 见《传》庄公二十二年、宣公六年、十二年、襄公九年、二十八年、昭公元年、五年、七年、二十九年、哀公九年。

❻ 春秋时期有什么占卜、卜、筮的地位和关系如何,可参看刘瑛《〈左传〉〈国语〉方术研究》,北京:人民文学出版社,2006年。

存，难免引起各种怀疑和猜测。1993年王家台秦简《归藏》的出土真是石破天惊。它可以证实，古书佚文还是很有来头，相当可靠。❶虽然，它只是填补了一个空白，但举一反三，却完善了我们从古书得到的印象。

三易的关系是：

（1）它们有相似的揲蓍方法：《周易》用九、六之数，以变为占，《连山》、《归藏》用七、八之数，以不变为占，七、八、九、六都在"大衍之数"的范围内。

（2）它们的卦数也相同，"其经卦皆八，其别皆六十有四"（《周礼·春官·大卜》）。

（3）它们都用阴阳爻，《周易》的三个出土古本（上博楚简本、马王堆帛书本和双古堆汉简本）是以一、八表示，王家台秦简《归藏》是以一、六表示。

（4）《周易》首乾，《连山》首艮，《归藏》首坤，卦序不同，但王家台秦简《归藏》可以证明，它们的卦名有对应关系，相同相近的卦名有相似的爻象。

（5）三易的卦象，其指代和引申的含义也彼此相似。

当然，三易也有差别。差别比较大，主要是卦爻辞。《连山》、《归藏》，人物比《周易》多，很多人物都是传说人物。这些人物，有些固然早于周，但《归藏》居然有周武王、周穆王。可见《连山》为夏易、《归藏》为商易的说法不可靠，三易是平行关系，而不是前后关系。三易并占，就像我们用花色不同的四组牌或几副牌同时打扑克，只是增加了更多的变数而已。❷

我们要注意，《周易》后来居上，压倒卜，压倒其他筮，成

❶ 王明钦《王家台秦简概述》，艾兰、邢文编《新出简帛研究》，北京：文物出版社，2004年，26-49页。案：王家台秦简包括残简394枚，涉及54卦，因为残断严重，简序难以确定。原简已经霉变，迄无报告发表，此文只是介绍。

❷ 参看：李零《跳出〈周易〉看〈周易〉》，收入氏著《中国方术续考》，北京：中华书局，2006年，234-245页。

为声名显赫、唯我独尊的经典，这与孔子的选择有关。六经是选择的结果，当时也有选学。

春秋时代，贵族教育有大变化。老六艺，礼、乐、射、御、书、数，全是训练武士的课程，它看重的是军礼、武德和军事技能的训练。学书与剑，主要是剑，而不是书。申叔时九艺，倒是强调书，但九门课程，里面没有易。❶孔门六艺，诗、书、礼、乐、易、春秋，其中才有易。这种新六艺，不光是六门课，也是六类书。《周易》是孔门六经之一。

孔门的经典，有些是古典，有些是新典。

古典是三大经典：《诗》、《书》、《易》。《诗》是当时的文学经典，《书》是当时的历史经典，《易》是当时的哲学经典。文、史、哲，各一部经典。

新典主要是孔子时代的书。比如《春秋》，和《尚书》不同。《尚书》是古代史，《春秋》是当代史。这样的书，当时很多（申叔时九艺，多数都可归入史书类），孔子选定的是《鲁春秋》。《鲁春秋》是当时的"国史大纲"。还有些书，则和礼、乐有关。礼、乐，也多半是当时的礼、乐。礼、乐之用，在于操演。演礼奏乐，不一定靠书，即便有书，也早不了。《仪礼》的年代不会太早。

鲁为周公之后，周封伯禽于曲阜，"备物典册"存焉（《左传》定公四年）。《左传》昭公二年，韩宣子观书于鲁太史，见《易象》与《鲁春秋》，惊呼"周礼尽在鲁矣"。孔子对这两部书一定很熟悉。❷

孔子学《易》，有明确记载。孔子说，"加我数年，五十以学《易》，可以无大过矣"（《论语·述而》）。❸ 50岁，现在叫中年，当

---

❶《国语·郑语》提到的申叔时"九艺"包括：春秋、世、诗、礼、乐、令、语、故志、训典。这九门课，诗有，令和故志、训典可能相当书，礼、乐也有，春秋也有，世、语是历史，与春秋有关，唯独没有易。

❷ 李学勤认为，《易象》未必指《周易》，而是类似《说卦》的书。参看氏著《周易溯源》，56－63页。案：《易象》是否即《周易》，目前既不能证其是，也不能证其不是。

❸ "易"，《鲁论》作"亦"（《经典释文》卷二四），八角廊汉简《论语》亦作"亦"，都是"易"的另一种写法。参看李学勤《周易溯源》，69-83页。

写在前面的话

时可是老大不小，完全可以叫"老"。这是他出仕的前一年。马王堆帛书《要》和《昭力》都有"孔子老而好易"之说，两者都是放在孔子和子贡的对话中讲。子贡是孔子周游列国时才收的徒弟，他们的谈话，如果可信，时间更晚。司马迁说，"孔子晚而喜《易》，序《彖》、《系》、《象》、《说卦》、《文言》。读《易》，韦（纬）编三绝，曰：'假我数年，若是，我于《易》则彬彬矣。'"他也许听说过类似的故事。

孔子宗周，对《周易》情有独钟。卜筮之书，他只选筮，不选卜；筮有三易，他只选《周易》，不选《连山》、《归藏》。这个选择，意义非常大。从此，才有《周易》独大的局面。

五、《易传》的出现

《周易》经传，经出西周，传出后人，二者有时间差，没问题。问题是，经和传，在思想上是什么关系，有人说一致，有人说不一致。

五经，经传结合最紧密，无过《周易》、《春秋》，如果弃传读经，经必索然无味，让人昏昏欲睡。但《易传》的解释是不是符合《周易》本义，这是另一个问题。

《易经》，古本出土，年代最早，目前是上博楚简《周易》，和今本相当接近，但没有发现《易传》。

《易传》，古本出土，年代最早，目前是马王堆帛书《易传》，只有《系辞》和《说卦》的头两章。

《易传》有"孔子曰"。信者说《易传》是孔子作，根据这三个字；疑者说《易传》不是孔子作，也根据这三个字。其实，这三个字只能说明，《易传》是孔门后学转述孔子的思想，准不准，不敢说，有没有依托，不敢说。我们只能说，孔门后学说，他们是在传达孔子的思想。

《易传》的年代，一定在西汉前，下面有讨论，没问题。但早到多早，不好说。我们的估计是，早，早不过孔子死；晚，晚不过荀子卒。❶孔子死，在春秋末年，下面马上就是战国。荀子活到战国末年，卒年已入秦。大致范围总在战国时期。❷

汉代，五经之立，《易》为先，《易》居群经之首。后世的九经、十三经皆遵而不改。

《汉书·艺文志》著录的《易经》，今文三家，施、孟、梁丘所传皆十二篇。这十二篇都是由《易经》上下篇和《易传》十篇构成。当时所谓的《易经》，都是兼包经传。马王堆帛书《衷》篇，最后一段三引"《易》曰"，皆出《系辞下》16，❸班志引《易》16次，也全部出自《易传》。❹汉魏的古书都这么引。

《易经》分上下篇，自汉已然，今本是上篇30卦，下篇34卦。

《易传》有十篇，也是自汉已然，今本前五篇，插附经内，是分卦而叙；后五篇，则列附经外，形同附录。

《易传》，汉代也叫《易大传》。❺如《史记·太史公自序》引《易大传》，作"天下一致而百虑，同归而殊涂"（出自司马谈《六家要指》），就是《系辞下》5的话。❻这种传，不同一般的传，汉代是当经看待。

《易纬·乾凿度》称《易传》为"十翼"，意思是十篇读

---

❶ 参看李学勤《周易溯源》，94–176页。
❷ 参看杨树达《杨树达文集》:《周易古义》，上海：上海古籍出版社，2006年，1–123页；高亨《周易大传今注》，收入《高亨著作集林》，第二卷，附录一：先秦诸子之《周易》说，714–721页。
❸ 廖名春《帛书〈易传〉初探》，台北：文史哲出版社，1998年，41页。
❹ 《六艺略》引《易》，分别出自《系辞下》(易类小序)、《系辞上》(书类小序)、《序卦》(礼类小序)、《象上》(乐类小序)、《系辞下》(小学类小序)、《系辞上》(此略大序)，《诸子略》引《易》，分别出自《象上》(道家类小序)、《象上》(法家类小序)、《数术略》引《易》，分别出自《象上》(天文类小序)、《系辞上》(蓍龟类小序)、《系辞下》(杂占类小序)、《系辞下》(此略大序)。
❺ 也有学者否定《易大传》就是《易传》，如朱伯崑。参看氏著《易学哲学史》，北京：华夏出版社，1995年，第一册，42页。
❻ 《汉书·郊祀志下》刘向引《易大传》"诬神者，殃及三世"不在今本《易传》内。《大戴礼·本命》："大罪有五：……诬鬼神者，罪及二世"是类似的话。

《易》的辅助材料。汉有十翼是没有问题的。❶

十翼，旧本以《彖上》、《彖下》、《象上》、《象下》、《系辞上》、《系辞下》、《文言》、《说卦》、《序卦》、《杂卦》为序（孔颖达《周易正义》卷首第六论《夫子十翼》引一家说）。❷今本把《彖》、《象》、《文言》插附经文，据说是郑玄根据费氏本改的（《三国志·魏书·高贵乡公髦传》）。❸

这十篇，《彖上》、《彖下》以分析卦象结构为主，兼释卦名、卦义。《象上》、《象下》则通释卦辞（孔颖达叫"大象"）和爻辞（孔颖达叫"小象"）。《系辞上》、《系辞下》具有通论性质，兼说易理、易史。这三种六篇，汉人最重。

其他四篇，都是单篇，先讲乾、坤二卦，再讲八卦，再讲六十四卦，层层递进。《文言》是讲乾、坤二卦，《说卦》是讲乾、坤、震、巽、坎、离、艮、兑八卦，《序卦》是讲六十四卦之序，《杂卦》是打乱这个次序，一对一对讲。

研究《易传》，马王堆帛书《周易》经传不可不读。它包括七篇古书，这七篇古书是由三块帛组成：

（一）第一块是《六十四卦》和《二三子问》

《六十四卦》，相当《易经》，但卦序不同。篇题是整理者拟补。

《二三子问》，是孔子答弟子问，"二三子"有谁，原文没说。此篇有三组问答，所有回答，几乎都是由"孔子曰"加"《易》曰"（或"《卦》曰"）而构成。此篇不在今本《易传》内。篇题也是整理者拟补。

（二）第二块是《系辞》和《衷》

《系辞》，篇题在篇尾，残泐，不分上下篇，包括今本《系辞

❶《隋书·经籍志》有《说卦》三篇河内女子后得说，李学勤已辨其诬，见氏著《周易溯源》169-176页。

❷《史记·孔子世家》提到《易传》，是以《彖》、《系》、《象》、《说卦》、《文言》为序，《汉书·艺文志·六艺略》易类小序提到《易传》，是以《彖》、《象》、《系辞》、《文言》、《序卦》为序，可以佐证。

❸参看刘玉建《两汉象数易学研究》，南宁：广西教育出版社，1996年，上册，353-356页。

❶ 但第 11 章的"子曰"至"吉之先见者也",马王堆本未见。

❷ 但第 16 章"若夫杂物撰德"至"则居(处)可知矣",见于马王堆本。

上》1—15、17—20 章和今本《系辞下》1—8、11 和 18 章,❶ 缺今本《系辞上》16 章("大衍之数"章)和今本《系辞下》9、10、12—17 章。❷

《衷》,篇题是原有(旧题《易之义》)。主要讲六十四卦的主旨和卦德,可以当作读《易》提要。包括今本《说卦》1、2 章和《系辞下》15 章、16 章的一部分和 17 章。

(三)第三块是《要》、《缪和》、《昭力》

《要》,篇题是原有。内容分三部分,第一部分包括今本《系辞下》9、10、12、13 和 16 章的一部分,还有 17 章。第二部分讲"夫子老而好《易》",第三部分论《损》、《益》之道。后两部分不在今本《易传》内。

《缪和》,篇题是原有。内容分三部分,第一部分是孔子答弟子问(答缪和、吕昌、吴孟、庄但、张射、李羊问),第二部分是一组"子曰",第三部分是和卦义有关的故事,也不在今本《易传》内。

《昭力》,篇题是原有。内容分三部分,每一部分都是孔子答昭力问,也不在今本《易传》内。

上述七篇,除第一篇,学者都叫《易传》。但这六篇,只是学易者的丛抄。其中与十翼本有关,只有《系辞》和《衷》、《要》的一部分。这三篇,除两段见于《说卦》,全部见于今本《系辞》,除了没抄"大衍之数五十"章,几乎可以凑成《系辞》的全篇,可见帛书《易传》主要是《系辞》和《说卦》的头两章。其他三篇,不属十翼本。

马王堆帛书《周易》经传,出土地在长沙。抄写年代,至少在汉文帝十二年（前168年）以前，相当早。著作年代，肯定还要早。

孔子以来的易学传授，据《史记·仲尼弟子列传》说，是孔子-商瞿（子木）-馯臂（子弘）-矫疵（子庸）-周竖（子家）-光羽（子乘）-田何（子庄）。❶商瞿是鲁人，馯臂、矫疵是楚人，周竖是燕人，光羽、田何是齐人。传播路线，是以鲁为中心，先南传于楚，再北传于齐。❷馯臂-矫疵是南派的代表，周竖-光羽-田何是北派的代表。子弘，《汉书·儒林传》作子弓。子弓是荀子的老师。

《易传》各篇和南北两派是什么关系，和荀子是什么关系，耐人寻味（注意：齐、楚是阴阳家和道家活跃的地方，荀子曾游学稷下）。

李学勤说，秦不禁易，《易》得独存，但《易传》是儒家书，肯定是禁而复出。帛书是楚地出土，内有《缪和》、《昭力》篇，缪和、昭力是楚人。他推测，帛书《易传》很可能是战国楚人的作品。❸

张政烺，意见不太一样。他为《缪和》写注，于楚人、秦人二说，语存犹疑，但更倾向这是秦人所作，认为缪和问教的"先生"是汉初传易者，作者是秦人。❹这种估计，比较保守，似乎不如前说更合理。

前面，我们说过，孔子时代，《诗》、《书》、《易》是三大经典，❺儒门传记引书，主要是这三种。引《诗》，有"子曰《诗》云"体，引一段孔子的话，引一段《诗经》，互相搭配着讲。引《书》，往往以"子曰"加《尚书》某篇的篇名。引《易》，往往以"子曰"加"《易》曰"。比如《礼记》的《表记》、《坊记》、《缁

❶ 《汉书·儒林传》"子弘"作"子弓"，"矫疵"作"桥庇"，"周竖"作"周醜"，"光羽"作"孙虞"，"子庄"作"子装"。

❷ 《仲尼弟子列传》说，矫疵为江东人，光羽为淳于人，《儒林传》"淳于"作"东武"。江东属楚，淳于、东武属齐。

❸ 李学勤《周易溯源》，325页。

❹ 张政烺《张政烺论易丛稿》，270–272、274、280页。其说有三：（1）"缪和问于先生"下注："此先生不知何人，盖汉初（？）之传易者。"旁有批注"秦？"（2）"其次，秦穆公、荆庄、晋文、齐桓是也"下注："盖秦时人所作。"旁有批注："秦不焚易，易不发展，秦人？楚人？"（3）"西人举兵侵魏野"下注："西人，秦人。称'西'而避'秦'，知是秦时人作。"

❺ 先秦诸子，儒、墨为显。儒、墨盛称《诗》、《书》，这两本书最有名。《易》的名气要相对小一点。比如《墨子》就没提到《易》。

衣》就是如此。有人已指出，这三篇与《易传》最接近。❶的确，"子曰"加"《易》曰"是《易传》文体的一大特点。

《易经》像万花筒，只有几个小石子，摇一摇，就能变出很多花样。它篇幅短，内容抽象，最适合做各种各样的发挥。❷《易传》就是年代最早的一种发挥。此书，从表面看，只是解释《易经》，但同时也是创造，它为《易经》注入了新的生命。

六、易学革命之一：向日者之术靠拢

《易传》的出现很重要，简直是一场革命。这场革命，意义何在？研究思想史的学者喜欢说，是《易传》把占卜变成了哲学。这话不能说不对，但问题是，这种哲学到底是什么哲学。

我国近代有个思维定式，科学、迷信势若水火。占卜变哲学，好像山鸡变凤凰。潜台词是告别迷信。❸

这么说，恐怕有问题。我们要知道，古人讲迷信，太正常，不讲反而不正常。当时的聪明人，顶多也就是强调一下，不要泥于占卜，如此而已。不是告别占卜，而是淡化占卜。当时，占卜有各式各样的占卜，哲学有各式各样的哲学，问题不在占卜变哲学，而在什么样的占卜，通过什么样的途径，变成了什么样的哲学。

更何况，《易经》是个相当开放、绵延不绝的阐释系统，里面既有占卜，也有哲学，占卜和哲学从没有完全分开，也从没有完全统一。占卜不一定是坏词，哲学也不一定是好词。

这里究竟发生了什么，我想提供一条新的思路。我的思路是从占卜本身找原因。中国的占卜，一向是众术分立，适度统一，

---

❶ 高亨《周易大传今注》，收入《高亨著作集林》，第二卷，721页。

❷ 汉代，易卦配时令、配钟律，已经流行，今人也有循此思路作发挥者。

❸ 哲学，和绝大多数现代术语一样，也是西洋引进、东洋包装，经日本转译，融入汉语。词虽是中国词，义却是外国义。咱们中国人，一提这个词，就肃然起敬，以为配称哲学的东西，一定非常理性，非常理论，绝对代表先进，绝对是好东西，不一定。

每个时期有每个时期的体系。它的各个分支，来源不一样，有早有晚，形成共存局面。它们的后续发展，结局也不一样，有生有死，有盛有衰，十个手指头不一般齐，绝不是一种代替另一种。变是整体变，小局服从大局。《周易》既然是讲占卜的书，它的存在要取决于整个占卜体系。大格局变了，它本身也要变。变，首先是从占卜本身开始变。

前面我们已经提到，汉代占卜分六大类。这六大类，其实可以归纳为三大类。

第一类是日者之术，即择日之术。它是从星历之术派生，因而模仿星历之术。一种是用式盘选择，一种是用时令书或日书选择（相当《汉书·艺文志·数术略》的前三类），体系最庞大，内容最复杂。

第二类是卜筮（相当《汉书·艺文志·数术略》的第四类），前面已介绍。

第三类是占梦、厌劾、祠禳、相术、风水（相当《汉书·艺文志·数术略》的最后两类）。

这三大类，怎么排座次，可以反映历史变化。变化的规律是什么？古人有言，"譬若积薪，后来居上"（《文子·上德》、《淮南子·谬称》、《史记·汲郑列传》都有类似的话），原来的大术，后来可能是小术，原来的小术，后来可能是大术。这就像码柴禾垛，先放的堆在下面，后放的搁在上面。

比如第三类，我们从人类学的知识看，巫术色彩最浓，原始时代，肯定最吃香，但在《汉志》中，它是排在最后。

卜筮，商代、两周最流行，我们从文献看，从考古看，其他占卜比不了。但后来的发展怎么样,只能算第二流的占卜。

卜,早先居众术之首,风光不风光?但首先衰落的就是它。

西周甲骨,周原最集中,历年出土,居数量之首,年代主要在殷周之际。东周甲骨,偶尔出土,数量小。汉代更少。《龟策列传》说,汉武帝时,丘子明之属以卜筮射蛊道,和巫蛊一道,被政府当左道旁门打击。汉以后,卜彻底衰落,苟延残喘,一直到清,早就不是以前的卜。历代讲龟卜的书,剩下的主要是宋以来的东西。出土发现,目前最早,只有上博楚简《卜书》。

战国、秦汉,大术是什么?我们从文献看,从考古看,显然是日者之术。这个时期的墓葬,经常随葬竹简。当时,各种实用手册最流行,什么古书最吃香?数术、方技。数术,选择最突出,卜筮比不了。

选择书,从文献看,从考古看,主要分两种,一种是时令,一种是日书。时令书也分两种,一种是四时令,一种是五行令。如子弹库帛书的《四时令》和《五行令》就是时令,九店楚简《日书》和睡虎地秦简《日书》就是日书。日书的发现尤其多。

《史记》把《日者列传》放在《龟策列传》之上,《汉书·艺文志》把五行类放在蓍龟类之上,就是反映这个大趋势。

占卜体系的转变,主要在这两段之间,大变是卜衰,日者兴。卜筮卜筮,卜和筮本来在一起。筮一旦离开卜,将何去何从?

答案是向这个新的中心靠拢,向日者之术靠拢。

《周易》的出土本,现在有三种。上博楚简《周易》是战国文本,卦序同今本,文字内容也大体同今本,没有传。汉代的《周易》,现在有两个本子,一个本子是马王堆帛书《周易》,另一个是双古堆汉简《周易》。

马王堆帛书《周易》，是按乾、艮、坎、震、坤、兑、离、巽的顺序把六十四卦分为八组，❶每组顺序取这八卦中的一卦为上卦；下卦则顺序排列这八卦。这种卦序，不但和今本不同，和上博楚简《周易》不同，和帛书《易传》见到的卦序也不同。这种卦序，显然是为了迎合汉代流行的卦气说，特意设计。因为不同，整理者不敢叫《周易》，最初发表，是叫《六十四卦》（估计是由张政烺定名）。❷

双古堆汉简《周易》，更有趣。它的最大特点是"在卦、爻辞的后边，保存了许多卜问具体事项的卜辞。卜问的事项很广泛，有卜病情、婚嫁、夫妻、产子的；有卜罪囚、逃亡及攻占、军旅、出行的；有卜商贾出入，有求得与否，田渔有获否的；有卜居家吉凶，居官是否升迁的；也有卜雨霁星否的。这些占卜事项吉凶的卜辞为今本和帛书所不见，反而与睡虎地和放马滩秦简《日书》所占卜的语辞类似，与《史记》里由褚少孙增补的《龟策列传》传文中所列卜问事项更接近"。❸ 李学勤说，此书"尽管仍用《周易》经文，和易学是没有什么关系的，只是一种简易的占书。为了区别起见，似乎称之为《易占》更符合其性质"。❹

汉代，什么叫"易学"？这可是个大问题。有人把汉易分为儒门易和数术易，好像有道理，其实很难分。因为汉易的主流是象数，若讲占卜就不算易学，剩下的东西就太可怜。更何况，即使官学，照样讲占候。

汉易大讲象数之学，象数之学讲什么？主要是以卦合历，用于阴阳占候。❺

❶ 其八卦顺序是四阳卦（父-少子-中子-长子）在前，四阴卦（母-少女-中女-长女）在后，属于"乾坤六子"说的排列。参看：张政烺《帛书〈六十四卦〉跋》，收入《张政烺论易丛稿》，北京：中华书局，2010年。

❷ 马王堆汉墓帛书整理小组《马王堆帛书〈六十四卦〉释文》，《文物》1984年3期，1–8页。

❸ 韩自强《阜阳汉简〈周易〉研究》，上海：上海古籍出版社，2004年，45–46页。

❹ 李学勤《周易溯源》，301页。

❺ 放马滩秦简《日书》乙种提到十二律之卦（简244–255），是以卦合历的较早例证。参看：甘肃省文物考古研究所编《天水放马滩秦简》，北京：中华书局，2009年，99页。

孟喜、焦延寿、京房一派，以六十四卦配四时、十二月、二十四节、七十二候，讲飞伏纳甲、六日七分等等。研究出土资料，你会立刻明白，这套把戏，从体系到术语，全都源自日者之术。❶

日者之术，战国就很发达，子弹库帛书《四时令》、《五行令》，九店楚简《日书》和上博楚简《日书》，都是很好的证明。阴阳五行说，无论阴阳，还是五行，都是以这种技术作背景。由于这种技术，战国就有完备的体系，所以我们可以断言，汉易中的日者之术，绝不是源，而只是流。

战国秦汉是日者之术和阴阳五行说大行于天下的时代。上述发现说明什么？说明筮占脱离龟卜，出路是向日者之术靠拢。本来与龟卜匹配的占卜，现在变出了与选择匹配的占卜。

与商代、两周比，这是占卜格局的大变化。

我们要注意，《易传》的出现，正好在这一时期。

七、易学革命之二：阴阳五行说的再创造

易学革命有两个层面，第一层是术，第二层是道。术是占卜，刚才讲过；道是哲学，现在讨论。

学者说，占卜变哲学，不得了，肃然起敬。变出的哲学是什么？大家都说，唯物论和辩证法（就差说是马列主义）。这个说法不准确，根本没有说到点上。

我理解，易学革命，占卜变哲学，不是变成别的东西，而是把《周易》改造，融入阴阳五行说。阴阳五行说，很早就萌芽，

---

❶ 扬雄《太玄经》也以卦合历，创有《太玄历》。

但系统化在战国时期。准确说,这是阴阳五行说的再创造。

阴阳五行说,是讲天地造化的大道理。这种理论,用西方概念讲,只能叫宇宙论或自然哲学。但我们不要忘记,它的根子是星历之学和与星历之学有关的占卜。占卜有很多种,它主要来自选择术。这种理论,出自占卜,又回到占卜,就像血液循环,遍布全身,渗透到它的每一个毛细血管。只要是讲技术的书,谁都离不开它。

没错,我们可以说,它是一种哲学,准确说,是占卜哲学。"哲学"前面加"占卜",一点也不辱没"哲学"。古人是通过占卜来认识世界,科学(天文历算和医学)只是它的一部分。

中国的阴阳五行说,有两个组成部分:

(一)阴阳说

什么是阴阳?简单说,就是光明和黑暗。天底下,阳光灿烂,照见的一面是阳面,照不见的一面是阴面,这就是阴、阳二字的初义。引申开来,则举凡一切矛盾,都可以套这个概念。古人喜欢讲一正一反、一黑一白的辩证法。阴阳就是这种辩证法。占卜,再复杂,也是来自一是一否。钱币有两个面,扔一下,吉凶立定,也是这种辩证法。

《庄子·天下》说,《诗》、《书》、《礼》、《乐》、《易》、《春秋》,这六部经典,只有邹鲁之士、缙绅先生读得懂。它们各有特点。《易》的特点是什么?三个字,"道阴阳"。《系辞上》[5]也说"一阴一阳之谓道",《礼记·祭义》也说"昔者圣人建阴阳天地之情,立以为易"。战国时代,古人都说,《周易》是讲天地阴阳的书。

《周易》讲占卜,数分奇偶,爻分九六(用阴阳爻表示),不但一上来就以乾、坤二卦相对，而且八经卦以天－地、山－泽、雷－风、水－火相对，六十四别卦也是"二二相耦，非覆即变"（《周易正义·序卦》疏），处处都讲二元对立。后人讲卦变、爻变，就是利用这套把戏。

但有趣的是，我们读《周易》，其上下经却没有一字提到阴阳，真正讲阴阳的话，全在传的部分。如《坤》卦的《文言》，《泰》、《否》二卦的《彖辞》，还有《系辞》上下和《说卦》。《易经》不讲天道运行、万物生化，凡是讲宇宙秩序的话，全在《易传》之中。

可见《周易》讲天地阴阳，是靠《易传》。《易传》把《周易》从一种占卜变成另一种占卜，才有这套哲学。真正的哲学是在《易传》中。

（二）五行说

《易传》没有专门讲五行的话。但阴阳、五行相结合，是大势所趋。马王堆帛书的《要》篇提到了"五行"。❶汉易是以阴阳五行讲《周易》。

古人喜欢讲循环论，道理很简单。春夏秋冬，生老病死，生活的经验，本来如此。五行说是一种五元循环的概念。这个概念有如魔方。东南西北配春夏秋冬，凡是四方加中央，都可使用这个概念。古人讲四方变五位，八位变九宫，方色配物，一层层往里加，是个可以无限推广的概念。

五行也有一部经典。古人讲五行，都推始于《尚书·洪范》。《洪范》讲五行，只有几句话，"一曰水，二曰火，三曰木，四曰金，五曰土。水曰润下，火曰炎上，木曰曲直，金曰从革，土爰

❶ 马王堆帛书《要》篇："故易又（有）天道焉，而不可以日月生（星）辰尽称也，故为之阴阳；又（有）地道焉，不可以水、火、金、土、木尽称也，故律之以柔刚……"

稼穑。润下作咸，炎上作苦，曲直作酸，从革作辛，稼穑作甘。"但后人却大做文章。汉代讲《洪范》，前有伏生《尚书大传》，后有刘向《洪范五行传》，都是发挥这个理论。《汉书·五行志》就是根据《洪范五行传》，用五行讲灾异，大到山崩泉涌，小到牛马生病，什么都有解释。这是五行说的经典依据。但我们不要以为，五行说是凭《洪范》的几句话就能创造。

五行说的创造，必须有技术支持，有知识铺垫。这个支持，这个铺垫，不是卜筮，而是选择术。我们要知道，选择术是战国秦汉最大的一种术，历代史志都是放在数术类（或术数类）的五行类。选择书，凤有时令书和日书两大类，上面我已提到。时令，四时令，把一年分为四时，配二十四节气；五行令，把一年分成五段，配三十节气。它们都有复杂的方色配物，越分越细，越推越广，什么都可往里装。日书更把时令细化，日常生活的一切都可往里装，所有占卜都可往里装，简直就是占卜大全。五行说的大本营，其实是这个领域。❶

古人用这两种理论，破圆为方，化方为圆，整合所有的"术"（医书和兵书，也都渗透着这个理论）。这种系统化的理论，就是阴阳五行说。好坏不论，古人是这么讲。

《汉书·艺文志》有两类书密切相关，一类是阴阳家的书，一类是五行类的书。阴阳家在《诸子略》，五行类在《数术略》，两类密切相关。司马谈《六家要指》说，"夫阴阳、四时、八位、十二度、二十四节，各有教令，顺之者昌，逆之者不死则亡"，阴阳家是讲这一套，五行类也讲这一套。我们看五行类，它的前六本书就是以阴阳为名，其中还有《阴阳五行时令》。这两类的区

❶ 阴阳五行说，在中国技术书中无所不在，但缺乏系统论述。集中讨论此说，有隋萧吉《五行大义》。

别是什么？主要是前者多半有作者，可以称为"家"，后者只是一般的技术书，要讲"作者"，无名可考。

过去，我们都以为，阴阳五行说，完全是哲学家的创造，即邹衍的五德终始说一种。其实，根据现有认识，我们应该说，它是无名技术专家和有名哲学家共同创造。我相信，思想不光是哲学家的创造（就像艺术，前面有工匠）。

另外，值得补充的是，研究中国的自然哲学，除了《易传》，除了《洪范》，还有个资源不容忽视，这就是战国道家的宇宙论。比如《老子》就有这方面的高论，郭店楚简《太一生水》就是阐发《老子》的宇宙论。上博楚简《恒先》，还有《淮南子》中的道论，这样的东西，收集一下，还有不少，都是很有哲学味道的东西。

汉代六家，儒、道为显。汉初，道家最吃香。武帝时，儒家大翻身，反居其上。魏晋以来，又往回转。

汉代学术，阴阳近儒，法家近道，各为二家之附庸。儒家是儒-阴阳家，法家是道-法家。法、名、墨消亡后，汉代学术的遗产是儒、道唱对台戏，阴阳沦为数术。

一部易学史，不光是儒经嬗变的历史，象数派的背后有阴阳、数术，义理派的背后有黄老、释道，此不可不察也。

八、易学革命的遗产：象数与义理

《周易》有两种读法，一种主于象数，一种主于义理。象数以占卜为主，《周易》只是工具，往往借题发挥。义理以哲学为主，借阴阳五行讲天地造化、人事休咎，更多是就书谈书，以《易》

解《易》。

《易》本卜筮，先秦易说，都是以象数为主，兼谈义理。自《易传》出，开始有不占之说，义理逐渐突出，于是有两种不同读法。汉以来，易学有象数、义理之争，就是反映这两种读法，来龙去脉，可概括如下：

（一）汉易

通常说的汉易，是指王弼扫象（推翻汉易象数学）前的易学。

汉易有今古之分。今文家宗田何，古文家宗费直。田何是淄川（今山东青州）人，费直是东莱（今山东莱州）人，都是齐人，属于上文说的北派。

今文易是西汉官学。田何是秦汉之际人，为汉易第一人。汉初，田何传易，王同、周王孙、丁宽、服先是第一代。王同授杨何，周王孙授蔡公，丁宽授田王孙，是第二代；杨何授京房（不是下面的京君明）、司马谈，田王孙授施雠、孟喜、梁丘贺，是第三代。《汉书·艺文志》的三家易，施、孟、梁丘，宣帝时立于学官。孟氏易是援阴阳五行说讲《周易》的一派。孟喜倡卦气说，为汉象术易的祖师爷。焦延寿著《焦氏易林》，自称得孟喜之传。焦延寿授京房（京君明），有《京氏易传》。京氏易是西汉象数易的代表，汉元帝时立于学官，对西汉末和东汉早期的易学影响最大。

古文易是私学，主要流行于东汉和魏晋。费直是汉成、哀之际和王莽时人，比较晚。费氏本同中古文本（秘府所藏古文本），号称《古文易》，传者绝少。东汉流行京氏易，费氏易不吃香，陈元、郑众、马融治费氏易，局面才有所改观。马融授郑玄，有郑氏易。郑玄倡互体、爻辰（借自《易纬·乾凿度》），把孟氏易、费氏易和《易纬》捏在一起，兼糅今古，对东汉晚期和魏晋易学影响最大。郑玄提倡古文易，费氏易强调以传解经，是魏晋义理派的源头，但郑玄仍是象数派，荀爽、虞翻也是。

汉易，西汉孟、焦、京，东汉郑、荀、虞，六家都讲象数。但所谓象数，其实包括两种不太一样的解释，一种是以《易》解《易》，主于爻变；一种是借题发挥，借爻变，讲阴阳占候、灾变咎徵，把《周易》日书化。这两种思路对后世都有影响。

（二）宋易

郑玄之后，王弼扫象，借老说易（除道教，还有佛教的影响），纳《周易》于玄学，是风气使然。❶他的义理是玄学的义理。这是一大转折。从此，象数之说才归于沉寂。

宋易，虽以义理为主流，但并非不讲象数。宋易也有象数派和义理派，只不过概念与以前不同。宋易所谓象数是图数之学，所谓义理是理学家的理。

宋易象数派，源头是华山道士陈抟。陈抟以图解《易》，源头是《周易参同契》、道教炼丹术。陈抟以《先天太极图》、《龙图》、《无极图》授刘牧、李之才，而有各种"数学"和"图学"。周敦颐发明太极图说，邵雍创先天学，是这派的代表人物。他们喜欢玩图，不断创造各种易图，后人也把这种学问叫"图书之学"（图是河图，书是洛书）。

宋易义理派，源头是胡瑗。此派讲义理，上承王弼注，但反对以玄解《易》。宋易所谓义理，与王弼不同。胡瑗以下，程颐讲理，张载讲气，各有所主，也有很多不同的流派，但共同点是反对象数派。

❶ 扬雄《太玄》已有此尝试。

朱熹比较特殊，论派别，他和程颐是一派，但他的《周易本义》却兼采象数，是宋易的集大成者。

（三）清易

清代学术，有汉、宋之别。易学也像时装，有它的流行趋势。汉易讲象数，讲过头，扫象，改玩义理；宋易讲义理，讲过头，又尚象，回归汉易。乾嘉考据，钩沉辑佚，《周易集解》又成起点。整理汉易，惠栋、张惠言、焦循、孙星衍有大贡献。

《四库全书总目提要》卷一有"两派六宗"之说，对易学史有所概括：

> 汉儒言象数，去古未远也。一变而为京、焦，入于禨祥，再变而为陈、邵，务穷造化，《易》遂不切于民用。王弼尽黜象数，说以老庄。一变而胡瑗、程子，始阐明儒理，再变而李光、杨万里，又参证史事，《易》遂日启其论端。此两派六宗，已互相攻驳。又《易》道广大，无所不包，旁及天文、地理、乐律、兵法、韵学、算术以逮方外之炉火，皆可援《易》以为说，而好异者又援以入《易》，故《易》说愈繁。夫六十四卦大象皆有"君子以"字，其爻象则多戒占者，圣人之情，见乎词矣。其馀皆《易》之一端，非其本也。今参校诸家，以因象立教者为宗，而其他《易》外别传者亦兼收以尽其变，各为条论，具列于左。

这一描述，是不是完全准确，可以讨论，但大轮廓是对的。它说的"两派"是汉魏时期的两派（象数派和义理派）；"六宗"是宋易的分支。

象数派，代表人物是汉代的京房、焦延寿，特点是"入于禨祥",讲阴阳灾异,神秘色彩很浓。此派发展到宋,分为陈抟、邵雍二宗,特点是"务穷造化",讲宇宙论,讲万物生化。它的源头是道教。

义理派:代表人物是魏王弼,特点是"尽黜象数,说以老庄"。此派发展到宋,分为胡瑗、程颐二宗和李光、杨万里二宗。它的源头是玄学。

宋学强调正统,但它的资源可并不纯粹。

近现代的易学,照样有义理、象数两派。这里不再详谈。大家看下面的书目,自然可以明白。

九、读什么书好

读《周易》,怎么读?我的建议是:先读原书,次读易史,最后读出土本。这里做一点推荐。

(一)读原书

《周易》,原文很难懂,不看注,读不懂。看注,有两个麻烦,一是注本太多,读不过来,要挑一挑;二是注本分派,象数派、义理派,公说公有理,婆说婆有理,要比一比。这里选几本书,供大家参考:

1. 唐孔颖达《周易正义》,收入清阮元校刻《十三经注疏》(清嘉庆刊本),北京:中华书局,2009年,第一册,1—228页。

此书,经注出魏王弼,传注出晋韩康伯,而孔颖达为之疏,是唐代的标准读本。王、韩注宗老尚玄,一扫两汉象数学(虽亦偶引象数说),是魏晋义理派的代表作。

2. 唐李鼎祚《周易集解》，清李道平《周易集解纂述》，潘雨廷点校，北京：中华书局，1994年。

与前书相反。李氏悯旧注亡息，斥王注为"野文"，集汉唐旧注成此书。其引书"三十馀家"（见序），旧说是35家，近考有40种。汉唐旧注，多赖此书保存。研究两汉象数学，此书最重要。

3. 宋程颐《周易程氏传》，收入宋程颢、程颐《二程集》，王孝鱼点校，北京：中华书局，1981年，下册，689–1026页。

程颐治易，推重王弼、胡瑗、王安石。此书是依王弼本而注，不包括韩注各篇。宋易分象数、义理二派，而以义理为主流。此书是宋易义理派的代表作。

4. 宋朱熹《周易本义》，廖名春点校，北京：中华书局，2009年。

此书与《周易程氏传》不同，篇序不遵王弼本，而依吕祖谦复原的古本。朱熹不满空谈义理，主张以筮解易，以象数济义理。他有句名言："《易》本卜筮之书。"（他的语录和书信多次讲到。）此书，书前印有《筮仪》、《卦歌》和九种易图，就是讲筮法和卦象。这是吸收象数派的东西。其书，注释极为简练，叙述极为明晰，对后世影响很大。

5. 清惠栋《周易述》，附：《易汉学》、《易例》，郑万耕点校，北京：中华书局，2007年。

乾嘉考据，重兴汉易，此书是代表作。惠栋所谓汉易，主要是孟喜、京君明、郑玄、荀爽、虞翻五家，特别是荀、虞。荀、虞注主要保存于《周易集解》。特别是虞注，《集解》引用最多。

6. 杨树达《周易古义》，上海：上海古籍出版社，2006年。

作者说，他从小就不以汉象数之说为然，而独喜宋程子书（自序）。书前叶德辉序，谓汉易重象数，清儒（如惠栋、张惠言）专事抉发，有大功，但不外爻辰、卦气等题外话，无关本义，门人杨遇夫近辑《周易古义》一书，遍采群书，才是善说《易》者。书名所谓"古义"是义理之义。

7．尚秉和《周易尚氏学》，北京：中华书局，1980年。

尚氏是晚清、民国之交人。近现代，义理重归主流，象数被目为迷信，再次被扫荡，尚氏志在恢复西汉象数。清儒讲汉易，最重荀爽、虞翻。尚氏讲汉易，独尊《焦氏易林》。他说，汉易正宗是孟、焦、京，而非马、郑、荀、虞。焦氏之书，独合古义，验之《左》、《国》筮例，无不密合。但他动言逸象，什么都成符码，似有推阐过度之嫌。他著书约十种，此书以象解《易》，通释全书，是尚氏的代表作。

8．高亨《周易古经今注》（重订本）和《周易大传今注》，前者有1984年中华书局本和2004年《高亨著作集林》本（北京：清华大学出版社，第一卷，1-424页）；后者有1979年齐鲁书社本和2004年《高亨著作集林》本（第二卷）。文献考证，二书最详备，极便参考。

作者强调，经是经，传是传，经要以经解经，传要以传解传，两者要分开，所以各写一书，以尽其意。前书注经，作者说，它的特点是，第一不守《易传》，第二不谈象数。后书注传，他说，象数要讲，但不可泥于象数。可见二书主于义理。❶

（二）读易史

有两本书可推荐：

---

❶ 作者还有《周易杂论》。此书有1979年齐鲁书社本和2004年《高亨著作集林》本（第一卷，425-529页），也可参看。

1．朱伯崑《易学哲学史》，北京：华夏出版社，1995年。

此书分四卷，通释全部易史。

2．刘玉建《两汉象数易学研究》，南宁：广西教育出版社，1996年。

此书是李鼎祚《周易集解》的导读，主要是讲汉易的历史。

（三）读出土本

有四本书不可不读：

1．上博楚简《周易》，收入马承源主编《上海博物馆藏战国楚竹书》（三），上海：上海古籍出版社，2003年，图版：11-70页，释文考释：131-260页，濮茅左整理。

此书是个残本，包括残简58枚，如果加上我增补的一枚，共59枚。这59枚简，涉及34卦，大约只是原书的一半。其抄写年代约在战国中期，在现存古本中年代最早。濮氏的释文是以我的旧稿为基础，但另有新解，以为简本卦序与今本不同。我写过一篇读后记，除订正他的误释，还明确指出，简本卦序，与今本并无不同。❶这一点，现在已被证实。❷

2．马王堆帛书《周易》经传，参看：张政烺遗稿的两种本子。影印本：《马王堆帛书〈周易〉经传校读》，北京：中华书局，2008年；排印本：《张政烺论易丛稿》下编：遗稿，北京：中华书局，2011年，89-292页。

张先生的遗稿，约写于1976年前后，一直未发表。2005-2006年，我和我的学生通过课堂讨论，才把这部手稿整理出来。

3．双古堆汉简《周易》，收入韩自强《阜阳汉简〈周易〉研究》，上海：上海古籍出版社，2004年。

❶ 李零《读上博楚简〈周易〉》，54-67页。

❷ 孙沛阳《上海博物馆藏战国楚竹书〈周易〉的复原与卦序研究》，《古代文明研究通讯》，北京：北京大学震旦古代文明研究中心，总46期（2010年9月），23-36页。

双古堆汉简也是残本,包括残简221片,涉及52卦,因为残缺过甚,已无法恢复其卦序。

4．李学勤《周易溯源》,成都:巴蜀书社,2006年。

此书原名《周易经传溯源》(长春:长春出版社,1992年),14年后,经修订,改名《周易溯源》。全书涉及数字卦、上博楚简《周易》、马王堆帛书《周易》经传、双古堆汉简《周易》、王家台秦简《归藏》,是目前唯一一本综合有关考古发现,讨论最深入的著作。

读《周易》,书太多,很多书,只有为了研究易学史,才有必要读。读《易》,最基本的书还是《易经》、《易传》。《易经》是卜筮时代的经典,《易传》是筮离于卜,与阴阳五行说相结合的产物。汉易的特点是阴阳占候和日书化。我们要注意,清易宗汉,宗的是东汉三国的汉,而不是西汉,西汉易不等于战国易,《易传》也不等于《易经》。

最后,我想用三言两语作为总结:《易经》是西周筮占的经典,《易传》是战国秦汉新旧占卜杂交的产物。在《易传》的阐释下,《易经》才成为中国自然哲学的源泉之一。

阴阳讲世间万象的二元对立,五行讲世间万象的五位循环,它们一静一动,构成古人解释世界的两把钥匙。

我说的自然哲学,就是指这两把钥匙。

《易经》中的占卜术语

《易经》难读，首先，它的头四个字就难读，解释非常乱。这类字眼，都是西周卜筮的常用字，后面会反复出现。为了帮助大家读《易经》，我特意挑了 20 个词，放在前面讲。每个词，列出辞例，下附案断，先替大家梳理一下。大家读过这几页，可以有个总体印象，翻到后面，就不用瞻前顾后。后面，我对这些词的翻译，就是以这里的理解为标准。

一、元

元字有二个基本含义：头等的，开头的，最什么什么的。

辞例：

～亨（《乾》卦辞；《坤》卦辞；《屯》卦辞；《大有》卦辞；《随》卦辞；《蛊》卦辞；《临》卦辞；《无妄》卦辞；《升》卦辞；《革》卦辞）

～吉（《坤》六五；《讼》九五；《履》上九；《泰》六五；《复》初九；《大畜》六四；《离》六二；《损》卦辞、六

五；《益》初九、九五；《井》上六；《鼎》卦辞；《涣》六四）

～永贞（《比》卦辞；《萃》九五）

～夫（《睽》九四）

案：《易经》开头有四个字，元、亨、利、贞。元是头一字。《说文解字》讲字，一上来是仨字：一、元、天。这三个字都是古人认为最大的字眼，其中就有元字。许慎的解释是"始也。从一从兀"。《尔雅》讲训诂，"初、哉、首、基、肇、祖、元、胎、俶、落、权舆，始也"，这是头一条，其中也有元字。元字，象人之颠。孟子两言"勇士不忘丧其元"（《孟子》的《滕文公下》和《万章下》）。元字的本义是人的脑袋。比如"元首"这个词就来自人的脑袋，现在俗语也还用"头儿"指领导自己的人。古人认为，万物推始，都有个头。开始也是一种头。《易经》的开头是什么？是《乾》卦，《乾》卦的开头是什么？是"元亨"。《文言》1：1讲元有两句话，一句是"元者，善之长也"，"元"是善的头；一句是"乾元者，始而亨者也"，"乾元"是打一开头就亨通。元，古可训大，混言无别，但细究其义，还有所不同。元是大，但不是一般的大，而是最大。这个字，当形容词，我认为，最贴切的翻译，是"头等的"，加在其他形容词前，意思是最什么什么的（有点像英文的 most）。上述辞例，元字不是单独的字。它用得最多，还是修饰亨字和吉字，表示最亨通、最吉祥。辞例中，这种用法最常见。"元永贞"两见，表示利于占卜，最长久。"元夫"也只一见，疑读"髡夫"，不是占卜术语。

二、亨

亨字，是灵通、灵光（上海人喜欢说灵光）的意思。《子夏易传》（孔颖达疏引）解释为通。通指什么，一般人不太琢磨，其实是通于神明，下文译为"通于神明"。

辞例：

～（《蒙》卦辞；《小畜》卦辞；《履》卦辞；《泰》卦辞；《否》初六、六二；《同人》卦辞；《谦》卦辞；《噬嗑》卦辞；《贲》卦辞；《复》卦辞；《大畜》上九；《大过》卦辞；《离》卦辞；《咸》卦辞；《恒》卦辞；《遯》卦辞；《萃》卦辞〔两次〕；《困》卦辞；《鼎》卦辞；《震》卦辞；《丰》卦辞；《兑》卦辞；《涣》卦辞；《节》卦辞、六四；《小过》卦辞；《既济》卦辞；《未济》卦辞）

元～（《乾》卦辞；《坤》卦辞；《屯》卦辞；《大有》卦辞；《随》卦辞；《蛊》卦辞；《临》卦辞；《无妄》卦辞；《升》卦辞；《革》卦辞）

小～（《旅》卦辞；《巽》卦辞）

光～（《需》卦辞）

心～（《习坎》卦辞）

用～（《大有》九三；《随》上六；《升》六四）

案：亨与享本来是同一字。今本《易经》，亨、享有别。亨通之亨，一律作亨；享祀之享，或作亨，或作享，未能统一。前者，上博本作鄉（一律作鄉），马王堆本作亨（一律作亨），双古堆本也作亨；后者，上博本作亯（只一见），马王堆作芳，双古堆本作亨。三种文本，前两种都有所区分。《说文解字·亯部》有亯字，许慎说享是亯的篆文。段玉裁据玄应《一切经音义》，谓亯是籀文，享是小篆，亨是隶书。❶此说大体正确。但更准确地讲，亯是古体，商周古文字都这样写；战国文字，六国文字也这样写。享、亨是秦系文字的写法。亨，不仅见于睡虎地秦简，也见于马王堆帛书。享，上博木作鄉。鄉是饗（简化字作飨）的本字。字象二人对坐，共食一簋（如俗话说"在一个锅里吃饭"），很形象。❷吃饭很重要，古代和今天一样，都是交际手段。《文言》1:1讲亨字，解释是"亨者，嘉之会也"。什么是嘉会？就是礼仪类的社交活动，比如乡饮酒就是这种交际活动。❸吃饭，古之用远较今日为广。古人不仅用酒食招待亲戚朋友，沟通人与人；也用酒食享祀鬼神，沟通人与神。古人请神吃饭，吃的不是饭，只是气。这样吃，古人叫歆飨或歆享。人以酒食享神，神食其气，悦而享之，这种交流就是亨字的本义。《左传》昭公四年："恃险与马，不可以为固也，从古以然。是以先王务修德音，以亨神人。"杜预注："亨，通也。"孔颖达疏："《易·文言》云'嘉会礼通之谓亨'，是亨为通也。言治民事神，使人神通说，故云'以亨神人'也。"可见亨的意思，是说和神搭上话，被神接受，即《孝经·感应章》的"通于神明"。上述辞例，"元亨"是最大的通。❹其他"亨"，"小亨"，是小一点的通；"光亨"，是广亨，意思是大通；"心亨"是心灵相通。这些都是亨通之亨。"用亨"不一样，要读"用享"。最后这种用法不是当占卜术语。

❶《说文解字诂林》，北京：中华书局，1988年，第六册，2281页正。

❷古文字，鄉与卿是同一字。卿是源于乡大夫。

❸参看：杨宽《西周史》，上海：上海人民出版社，1999年，742-769页。

❹现在的大亨是老板，神通广大，通于财神。这种"亨"，不靠祭祀，靠投机。烧香磕头没用，主要靠把握商机。孔子讲子贡，"亿（臆）则屡中"（《论语·先进》），就是善于把握商机。

三、利

利是表示有利，当动词用，跟宾语，则可翻成"利于"，如"利贞"，就是利于占卜。

辞例：

（一）利类

　　～（《坤》卦辞）

（二）无利

（1）无不利

　　无不～（《坤》六二；《屯》六四；《大有》上九；《谦》六四、六五；《临》九二；《剥》六五；《大过》九二；《遯》上九；《晋》六五；《解》上六；《鼎》上九；《巽》九五）

（2）无攸利

　　无攸～（《蒙》六三；《临》六三；《无妄》上九；《颐》六三；《恒》初六；《大壮》上六；《萃》六三；《归妹》卦辞、上六；《未济》卦辞）

（三）利某类

（1）利贞

　　～贞（《乾》卦辞；《屯》卦辞；《蒙》卦辞；《随》卦辞；《临》卦辞；《无妄》卦辞；《大畜》卦辞；《离》卦辞；《咸》卦辞；《恒》卦辞；《大壮》卦辞；《明夷》六五；《损》九二；《萃》卦辞；《革》卦辞；《鼎》六五；《渐》卦辞；《兑》卦辞；《涣》卦辞；《中孚》卦辞；《小过》卦辞；《既济》卦辞）

小~贞（《遯》卦辞）

　　~牝马之贞（《坤》卦辞）

　　~永贞（《坤》用六；《艮》初六）

　　~君子贞（《同人》卦辞）

　　不~君子贞（《否》卦辞）

　　~幽人之贞（《归妹》九二）

　　~武人之贞（《巽》初六）

　　~女贞（《观》六二；《家人》卦辞）

　　~居贞（《屯》初九；《随》六三）

　　~艰贞（《噬嗑》九四；《大畜》九三；《明夷》卦辞）

　　~于不息之贞（《升》上六）

（2）利某事

　　~见大人（《乾》九二、九五；《讼》卦辞；《蹇》卦辞、上六；《萃》卦辞；《巽》卦辞）

　　~建侯（《屯》卦辞、初九）

　　~建侯行师（《豫》卦辞）

　　不~即戎（《夬》卦辞）

　　不~为寇（《蒙》上九）

　　~御寇（《蒙》上九；《渐》九三）

　　~涉大川（《需》卦辞；《同人》卦辞；《蛊》卦辞；《大畜》卦辞；《颐》上九；《益》卦辞；《涣》卦辞；《中孚》卦辞；《未济》六三）

　　不~涉大川（《讼》卦辞）

　　~有攸往（《复》卦辞；《无妄》六二；《大畜》九三；

《大过》卦辞；《恒》卦辞；《损》卦辞、上九；《益》卦辞；《夬》卦辞；《萃》卦辞；《巽》卦辞）

　　小~有攸往（《贲》卦辞）

　　不~有攸往（《剥》卦辞；《无妄》卦辞）

　　~出否（《鼎》初六）

　　~西南（《蹇》卦辞；《解》卦辞）

　　不~东北（《蹇》卦辞）

　　~执言（《师》六五）

　　~已（《大畜》初九）

　　不~宾（《姤》九二）

（3）利用某事

　　~用刑人（《蒙》初六）

　　~用恒（《需》初九）

　　~用侵伐（《谦》六五）

　　~用行师征邑国（《谦》上六）

　　~用宾于王（《观》六四）

　　~用狱（《噬嗑》卦辞）

　　~用为大作（《益》初九）

　　~用为依迁国（《益》六四）

　　乃~用禴（《萃》六二；《升》九二）

　　~用祭祀（《困》九二〔两次〕）

　　案：利某事和利用某事还不太一样。前者强调"利于某事"，后者强调"利于做某事"。

四、贞

贞指占卜、卜问，字亦作侦。贞有正、定之义，用于占卜，指决疑释惑，预测吉凶，拿主意，下决心。下文，贞字后，如果不接占卜对象，我译为占卜；接占卜对象，我译为卜问。

辞例：

（一）贞某类

（1）贞某人

　　～丈人（《师》卦辞）

　　～妇人（《恒》六五）

　　～大人（《困》卦辞）

（2）贞某事

　　～疾（《豫》六五）

（3）贞吉凶

　　～吉（《需》卦辞、九五；《比》六二、六四；《否》初六；《谦》六二；《豫》六二；《随》初九；《临》初九；《颐》卦辞；《遯》九五；《大壮》九二、九四；《晋》初六、六二；《家人》六二；《蹇》卦辞；《解》九二；《损》上九；《姤》初六；《升》六五；《旅》卦辞；《巽》九五；《未济》九二）

　　～凶（《师》六五；《随》九四；《颐》六三；《恒》初六；《巽》上九；《节》上六；《中孚》上九）

　　～厉（《讼》六三；《小畜》上九；《履》九二、九五；《噬嗑》六五；《大壮》九三；《晋》九四；《旅》九三；《革》九三）

　　～吝（《泰》上六；《恒》九三；《晋》上九；《解》九三）

（二）某贞类

安～（《坤》卦辞；《讼》九四）

居～（《颐》六五；《革》上六）

小～（《屯》九五）

大～（《屯》九五）

永～（《贲》九三；《益》六二；《小过》九四）

元永～（《比》卦辞；《萃》九五）

蔑～（《剥》初六、六二）

艰～（《泰》九三）

（三）利贞类

(1) 利贞类一

利～（《乾》卦辞；《屯》卦辞；《蒙》卦辞；《随》卦辞；《临》卦辞；《无妄》卦辞；《大畜》卦辞；《离》卦辞；《咸》卦辞；《恒》卦辞、九四；《大壮》卦辞；《明夷》六五；《损》九二；《萃》卦辞；《革》卦辞；《鼎》六五；《渐》卦辞；《兑》卦辞；《涣》卦辞；《中孚》卦辞；《小过》卦辞；《既济》卦辞）

小利～（《遯》卦辞）

(2) 利贞类二

利永～（《坤》用六；《艮》初六）

利居～（《屯》初九；《随》六三）

利艰～（《噬嗑》九四；《大畜》九三；《明夷》卦辞）

利于不息之～（《升》上六）

（3）利贞类三

　　利牝马之～（《坤》卦辞）

　　不利君子～（《否》卦辞）

　　利君子～（《同人》卦辞）

　　利女～（《观》六二；《家人》卦辞）

　　利幽人之～（《归妹》九二）

　　利武人之～（《巽》初六）

（四）可贞、不可贞

　　可～（《坤》六三；《无妄》九四；《损》卦辞）

　　不可～（《蛊》九二；《节》卦辞）

　　不可疾～（《明夷》九三）

（五）当忠贞、忠诚讲的贞

　　女子～不字（《屯》六二）

　　得童仆～（《旅》六二）

　　丧其童仆～（《旅》九三）

案：贞字有两个意思，一是卜问，一是正、定。《说文解字·卜部》："贞，卜问也。从卜，贝以为贽。一曰鼎省声，京房所说。"其实，贞字是从鼎字分化，与贝无关，从贝是战国以来的讹变。《易经》中的贞字，主要是当卜问讲。另一含义，贞可训正，也可训定（定从正声），属于音训。过去，郑玄曾折衷这两种训诂，说"问事之正曰贞"（《周礼·春官·天府》注）。我怀疑，贞字的初义，确实可能与正、定有关，所谓问，不是一问一答，后面打问号的问，而是提出问题，就各种可能性，做出裁夺和判断。贞字，古音与正、定相近，无论从传世古书看，还是从

《易经》中的占卜术语 | 47

出土简帛看，确实可当正字或定字。殷墟卜辞，没有贞字，只有鼎字，假鼎为贞，是取其读音。商代文字，贞与鼎是一个字，区别只在繁简，贞用简体，鼎用繁体。我们从这个角度看，京房说倒比较近是。贞字，鼎上加卜，❶是西周的写法，不仅见于西周甲骨，也见于西周铜器。字既从卜，可见是从鼎字分化，已固定为专门表示占卜的字。当然与占卜有关。前人讲《周易》，多以贞正或贞固为说，以为贞字是吉利话，即便折衷卜问和贞正，也是一会儿当卜问，一会儿当吉利话，怎么都说不圆。其实，我们从上述辞例看，这个字，不是当名词，就是当动词，无论哪种用法，都是指占卜，显然就是商周卜辞反复出现的贞字。我们要知道，《易经》开头的四个字，"元亨"是通于神明，"利贞"是利于占卜。字是四个字，词是两个词。大家之所以越说越乱，主要是惑于《文言》四德说。《文言》："元者，善之长也。亨者，嘉之会也。利者，义之和也。贞者，事之干也。君子体仁足以长人，嘉会足以合礼，利物足以合义，贞固足以干事。君子行此四德者，故曰乾，元、亨、利、贞。"这话可是大有来头。《左传》襄公九年："元，体之长也；亨，嘉之会也；利，义之和也；贞，事之干也。体仁足以长人，嘉德足以合礼，利物足以和义，贞固足以干事。"即《文言》所本。其言出自鲁宣公的太太穆姜，年代在孔子前，大家很迷信。其实，这是典型的断章取义，类似古人讲《诗》，与其说是词义解释，不如说是道德发挥。比如"贞者，事之干也"，它是以贞为桢，显然不是"贞"字的本义，已经脱离原文远甚。孔颖达以四德配四时，更玄。❷兹所不取。❸

❶ 鼎上加卜是贞，鼎上加匕是眞（今多写成真），都是从鼎字分化。

❷ 参看：刘保贞《从今、帛、竹书对比解〈易经〉"亨"字》，收入刘大钧主编《简帛考论》，上海：上海古籍出版社，2007年，59–67页。

❸ 《左传》昭公十二年，子服景伯解"黄裳元吉"："黄，中之色也。裳，下之饰也。元，善之长也。中不忠，不得其色；下不共（恭），不得其饰；事不善，不得其极。外内倡和为忠，率事以信为恭，供养三德为善，非此三者弗当。且夫易，不可以占险，将何事也？中美能黄，上美为元，下美则裳，参成可筮，犹有阙也。筮虽吉，未也。"他把黄、裳、元称为"三德"，与此同例。

五、孚

孚字的基本含义是信，特别是取得信任。《易经》中的孚字有三种用法，一种是占卜术语，指占卜非常灵验，非常可信，心想事成，有求必应，多作"有孚"；一种不是占卜术语，指一般的信任，如上得民信，民信于上；还有一种，读俘获之俘。

辞例：

（一）有孚类

（1）有孚类一

　　　　有～（《需》卦辞；《讼》卦辞；《比》初六〔两次〕；《小畜》六四、六五；《观》卦辞；《习坎》卦辞；《大壮》初九；《损》卦辞；《益》六三；《萃》初六；《井》上六；《革》九三、九四、九五；《丰》六二；《中孚》九五；《未济》六五）

（2）有孚类二

　　　　有～在道以明（《随》九四）

　　　　有～威如（《家人》上九）

　　　　有～于小人（《解》六五）

　　　　有～惠心（《益》九五）

　　　　有～惠我德（《益》九五）

（二）其他

　　　　艰贞无咎，勿恤其～（《泰》九三）

　　　　不富以其邻，不戒以～（《泰》六四）

　　　　厥～交如威如（《大有》六五）

　　　　～于嘉（《随》九五）

罔～（《晋》初六）

交～（《睽》九四）

朋至斯～（《解》九四）

～号有厉（《夬》卦辞）

羸豕～蹢躅（《姤》初六）

～，乃利用禴（《萃》六二；《升》九二）

匪（非）～（《萃》九五）

巳日乃～（《革》卦辞）

～兑（《兑》九二）

～于剥（《兑》九五）

中～（《中孚》卦辞）

案：《易经》中的"有孚"，一般多以为是有诚信。程氏《易传》和朱熹《本义》也是这么讲。但《解》六五"有孚于小人"句，程氏的解释和他处不同。他说："有孚者，世云见验也。可验之于小人。"朱熹也说："孚，验也。君子有解，以小人之退为验也。"他们已经猜到，这个词有灵验的意思。❶

❶ 程颐《周易程氏传》，收入《二程集》，王孝鱼点校，北京：中华书局，2009年，下册，905页；朱熹《周易本义》，廖名春点校，北京：中华书局，2009年，154页。陈鼓应、赵建伟是取此说，见氏著《周易今注今译》，北京：商务印书馆，2010年，79页。

六、吉

吉是吉祥、吉利，运气好。

辞例：

（一）吉类

～（《乾》用九；《蒙》九二〔两次〕、六五；《比》卦辞、初六、六五；《小畜》初九、九二；《泰》卦辞；

《同人》九四；《大有》六五、上九；《谦》初六、九三；《随》九五；《临》九二、六五、上六；《噬嗑》九四；《复》六二；《大畜》卦辞、六五；《颐》六四、上九；《大过》九四；《离》六五；《遯》九三；《明夷》六二；《家人》九三、九五；《蹇》上六；《解》六五；《益》六二；《升》六四；《革》九四；《鼎》九二；《震》初九；《艮》上九；《渐》六二、九五、上九；《归妹》六五；《丰》六二、九四、六五；《巽》九二、九五；《兑》初九、九二；《涣》初六；《节》九五；《中孚》卦辞）

元~（《坤》六五；《讼》九五；《履》上九；《泰》六五；《复》初九；《大畜》六四；《离》六二；《损》卦辞、六五；《益》初九、六五；《井》上六；《鼎》卦辞；《涣》六四）

大~（《家人》六四；《萃》九四；《升》初六；《鼎》上九；《小过》卦辞）

引~（《萃》六二）

（二）某吉类

（1）某人吉

　　大人~（《否》九五）

　　君子~（《遯》九四）

　　小人~（《否》六二）

　　妇人~（《恒》卦辞）

（2）某事吉

　　居~（《咸》六二）

往~(《屯》六四；《无妄》初九；《晋》六五)

其来复~(《解》卦辞)

征~(《泰》初九；《困》上六；《革》六二；《归妹》初九)

南征~(《升》卦辞)

在师中~(《师》九二)

取女~(《咸》卦辞)

女归~(《渐》卦辞)

畜牝牛~(《离》卦辞)

用大牲~(《萃》卦辞)

(3) 过程吉

夙~(《解》卦辞)

初~(《既济》卦辞)

中~(《讼》卦辞)

终~(《需》九二、上六；《讼》初六、六三；《履》九四；《蛊》初六；《贲》六五；《家人》上九；《鼎》九三)

(三) 贞吉类

贞~(《需》卦辞、九五；《比》六二、六四；《履》九一；《否》初六，《谦》六二；《豫》六二；《随》初九；《临》初九；《咸》九四；《遯》九五；《大壮》九二、九四；《晋》初六、六二；《家人》六二；《蹇》卦辞；《解》六二；《损》上九；《姤》初六；《升》六五；《旅》卦辞；《巽》九五；《未济》九二、九四、六五)

小贞~(《屯》九五)

安贞~(《坤》卦辞；《讼》九四)

居贞~（《颐》六五；《革》上六）

永贞~（《贲》九三；《益》六二）

贞丈人~（《师》卦辞）

贞大人~（《困》卦辞）

（四）其他

艰则~（《大壮》上六）

厉~（《晋》上九）

遇雨则~（《睽》上九）

虞~（《中孚》初九）

有孚~（《未济》六五）

小事~（《睽》卦辞）

七、凶

凶，是吉的反义词，指运气不好。古代占卜术语，吉、凶最古老，从商周秦汉到宋元明清，一直在延用，含义与今无别，可以不翻译。

辞例：

~（《师》六三；《比》上六；《履》六三；《豫》初六；《噬嗑》上九；《剥》六四；《复》上六；《颐》初九；《大过》九三、上六；《习坎》卦辞、上六；《离》九三；《咸》六二；《恒》上六；《益》上九；《困》六三；《井》卦辞；《鼎》九四；《渐》九三；《丰》上六；《旅》上九；《兑》六三；《节》九二；《小过》九三、上六）

征~（《小畜》上九；《颐》六二；《大壮》初九；《损》九二；《困》九二；《革》九三、上六；《震》上六；《归妹》卦辞；《未济》六三）

贞~（《师》六五；《随》九四；《颐》六三；《恒》初六；《巽》上九；《节》上六；《中孚》上九）

大贞~（《屯》九五）

蔑贞~（《剥》初六、六二）

否臧~（《师》初六）

有~（《夬》九三、上六）

见~（《姤》初六）

起~（《姤》九四）

终~（《讼》卦辞）

后夫~（《比》卦辞）

夫子~（《恒》六五）

至于八月有~（《临》卦辞）

益之以~事（《益》六三）

飞鸟以~（《小过》初六）

案：吉、凶是一对术语。《系辞上》2："是故吉凶者，失得之象也。""吉凶者，言乎其得失也。"

八、悔

悔是后悔、悔恨。

辞例：

~（《豫》六三）

有~（《乾》上九；《豫》六三）

小有~（《蛊》九三）

亏~（《鼎》九三）

动~有~（《困》上六）

无~（《同人》上九；《复》六五；《大壮》六五；《涣》六三）

无祇~（《复》初九）

~亡（《咸》九四；《恒》九二；《大壮》九四；《晋》六三、六五；《家人》初九；《睽》初九、六五；《夬》九四；《萃》九五；《革》卦辞、九四；《艮》六五；《巽》六四、六五；《兑》九二；《涣》九二；《节》上六；《未济》九四）

~厉（《家人》九三）

案：悔字用于占卜，也很古老，殷墟卜辞就有，当时是写成每。吉凶占断分好坏词，悔是坏词。这个词，与凶不同，似更偏于主观感受。悔与咎类似，两者都是讲主观感受，都有负面含义，但悔比咎程度深。《易经》中的悔字，多见于爻辞，见于卦辞，只有一例。这些辞例，"无悔"和"无祇悔"（下文译为"无大悔"）最好，"小有悔"不太好，"悔"和"有悔"很不好，"亏悔"、"动悔有悔"更不好。悔，可以是事后悔，但用于占卜，却是预期中的后悔。后悔悔什么？主要是后悔有所失，故辞例以"悔亡"最多。"悔亡"，下文译为"唯恐有失"。"悔厉"，是怕有危险，下文译为"唯恐有险"。

九、吝

吝是惋惜，有遗憾，程度不如悔。

~（《蒙》六四；《同人》六二；《贲》六五；《大过》九四；《姤》上九；《困》九四；《巽》九三；《未济》初六）

小~（《噬嗑》六三；《蒙》六三）

终~（《家人》九三）

往~（《屯》六三；《蒙》初六；《咸》九三）

往见~（《蛊》六四）

贞~（《恒》九三；《解》六三）

君子~（《观》初六）

案：悔、吝是一对术语。《系辞下》2："悔吝者，忧虞之象也。""悔吝者，言乎其小疵也。"吝字，下文多译为遗憾。《易经》好占出行，"往吝"、"往见吝"，皆与出行有关。

十、咎

咎是责怪、怪罪，引申义是交恶运，有祸殃。

辞例：

无~（《乾》九三、九四；《坤》六四；《需》初九；《师》卦辞、九二、六四、六五；《比》卦辞、初六；《小畜》六四；《履》初九；《泰》九三；《否》九四；《同人》初九；《大有》卦辞、九二、九四；《豫》上六；《随》卦辞；《蛊》初六；《临》六三、六四、上六；《观》初六、九五、上九；

《噬嗑》初九、六二、六三、六五；《贲》上九；《剥》六三；《复》卦辞、六三；《无妄》九四；《颐》六四；《大过》初六、九五、上六；《习坎》六四、九五；《离》初九、上九；《恒》卦辞、《晋》初六、上九；《睽》初九、九二、九四；《解》初六；《损》卦辞、初九、六四、上九；《益》初九、六三；《夬》九三、九五；《姤》九二、上九；《萃》初六、六二、六三、九四、九五、上六；《升》九二、六四；《困》卦辞、九二；《井》六四；《革》六二；《鼎》初六；《震》上六；《艮》卦辞、初六、六四；《渐》初六、六四；《丰》初九、九三；《巽》九二；《涣》九五、上九；《节》初九、六三；《中孚》六四、九五；《小过》六二、九四；《既济》初九；《未济》上九）

无大～（《蛊》九三；《姤》九三）

匪～（《大有》卦辞）

何～（《随》九四；《睽》六五）

何其～（《小畜》初九）

往不胜为～（《夬》初九）

案：无咎是《易经》最常用的术语。殷墟卜辞有亡灾、无害一类词，❶未见无咎。商代有咎字（下面无口），但不是用于吉凶占断。无咎频见于周原甲骨，❷似是西周特色。

❶《大有》初九有"无交害"，不一定是术语。

❷ 曹玮《周原甲骨文》,北京：世界图书出版公司，2002年，24页：H11：28；30页：H11：35；58页：H11：77；70页：H11：96；138页：H31：3；139页：H31：4。

十一、誉

誉是咎的反义词。咎是责骂，誉是夸赞，引申义是交好运，有福气。

辞例：

无咎无~（《坤》六四；《大过》九五）

用~（《蛊》六五）

往蹇来~（《蹇》初六）

有庆~（《丰》六五）

终以~命（《旅》六五）

案："无咎无誉"，誉与咎相反；"往蹇来誉"，誉与蹇相反。咎、蹇皆凶险不顺之辞，由此推断，誉字必属好运无疑。

十二、厉

厉是凶险。

辞例：

~（《乾》九三；《蛊》初六；《复》六三；《颐》上九；《遯》初六、九三；《晋》上九；《睽》九四；《姤》九三；《震》六二、六五；《艮》九三；《渐》初六；《既济》上六）

有~（《大畜》初九；《夬》卦辞；《兑》九五）

贞~（《讼》六三；《小畜》上九；《履》九五；《噬嗑》六五；《大壮》九三；《晋》九四；《革》九三；《旅》九三）

悔~（《家人》九三）

往~（《小过》九四）

十三、艰

艰，本指旱灾，后泛指各种困难。

辞例：

～（《大有》初九；《大壮》上六）

～贞（《泰》九三；《噬嗑》九四；《大畜》九三；《明夷》卦辞）

案：艰，繁体作艱。商代西周的艱字，一直作囏，写法与《说文解字·堇部》艱字的籀文相同。许慎解释艱字，曰"土难治也"，为什么要和土扯在一起，主要因为艱从堇，堇从土，字在哪个部首，他就从哪个部首的角度讲话。艱与暵（音 hàn）、熯（音 hàn）有关。《说文解字·日部》："暵，干也。"《火部》："熯，干皃（貌）。"其实是同一字。熯字，殷墟卜辞就有，乃旱之初文。《说文解字·日部》："旱，不雨也。"殷墟卜辞，"来囏"与"来雨"相对。可见囏与旱灾有关。

十四、灾

灾，灾害、灾祸、灾难。

辞例：

～（《旅》初六）

～眚（《复》上六；《小过》上六）

无妄之～（《无妄》六三）

邑人之～（《无妄》六三）

案：《易经》中的灾字，除《旅》初六专指火灾，其他三例都是泛指的灾。《说文解字》有五个灾字，一个指水灾，四个指火灾。前者作𡿩，解释是"害也。从一雝（壅）川。《春秋传》曰：'川雝为泽凶'"（《川部》），后者有四体：烖、灾、灾、烖，烖是字头，灾是烖的异体，灾是古文，烖是籀文，解释是"天火"（《火部》）。这五种写法都见于殷墟卜辞，可见很古老。

十五、眚

眚，本为眼病，后泛指各种灾害。

灾～（《复》上六；《小过》上六）

有～（《无妄》卦辞、上九）

无～（《讼》九二；《震》六三）

案：《说文解字·目部》："眚，目病生翳也。"本指白内障。《汉书·五行志》讲五行灾异，有妖、孽、祸、痾、眚、祥、沴七类。其中与人有关，是痾、眚两类，痾是"病貌，言浸深也"，"（痾）甚则异物生"叫"眚"。眚字似与疫病有关。殷墟卜辞有眚字，是当巡省的省，与此不同。周原甲骨有"亡眚"，[1] 才是这里的眚。

[1] 曹玮《周原甲骨文》，79页：H11：113。

十六、疾

疾是生病，喜是病愈。

辞例：

貞~（《豫》六五）

　　出入无~（《复》卦辞）

　　无妄之~，勿药有喜（《无妄》九五）

　　有~（《遯》九三）

　　不可~贞（《明夷》九三）

　　损其~，使遄有喜（《损》六四）

　　我仇有~（《鼎》九二）

　　往得疑~（《丰》六二）

　　介~有喜（《兑》九四）

案：《易经》没有病字，只有疾字。

十七、喜

喜是高兴，与忧相反。

辞例：

　　先否後~（《否》上九）

　　无妄之疾，勿药有~（《无妄》九五）

　　损其疾，使遄有~（《损》六四）

　　介疾有~（《兑》九四）

案：《易经》中的喜字，除第一条，皆指病情好转。

十八、忧

忧是发愁，与喜相反。

辞例：

　　既～之（《临》六三）

　　勿～（《丰》卦辞）

案：战国以来，"无忧"很流行，如楚占卜简就频见此语。殷墟卜辞有"无囗"，学者或读"无忧"。❶忧是喜的反义词。喜、忧，也是强调主观感受。

❶ 裘锡圭《说"囗"》，收入氏著《古文字论集》，北京：中华书局，1992年，105页。

十九、言

《易经》中的言字，有些只是普通的言字，但"有言"类的辞例，似乎不一样，是表示某种不吉利。

辞例：

　　小有～，终吉（《需》九二；《讼》初六）

　　君子于行，三日不食，有攸往，主人有～（《明夷》初九）

　　牵羊悔亡，闻～不信（《夬》九四）

　　大人吉，无咎，有～不信（《困》卦辞）

　　无咎，婚媾有～（《震》上六）

　　小子厉，有～无咎（《渐》初六）

案：这六个例子，除"闻～不信"，皆以"有言"为辞。"闻～不信"与"有～不信"是类似辞例，属于同一类。"有言"，从文义看，显然是个负面含义的词，应读"有譴"。这里的第一条，孔颖达的解释是："小有责让之言，而终得其吉也"，正是这样理解。案：殷墟卜辞有"业（有）遣"，西周金文有"亡遣"，很多学者都认为，这类遣字应读谴或愆。❷闻一多引以说《易》，也持

❷ 参看于省吾《甲骨文字诂林》，北京：中华书局，第四册，3048–3051页；3007；郭沫若《两周金文辞大系图录考释》，上海：上海书店出版社，1999年，下册，27–28页；杨树达《积微居金文说》（增订本），北京：科学出版社，1959年，87页。

此说。❶《易经》中的言字到底相当愆还是谴？我认为，这两个字音义俱近，可以通假，但用法仍有区别。愆是过失，谴是呵责，不完全一样。这里还是以读谴更好。

另外，《易经》中还有五个言字，用法不太一样，应读言语之言，如"利执～"（《师》六五）、"革～三就"（《革》九三）、"笑～哑哑"（《震》卦辞、初九）、"～有序"（《艮》六五），下文将随文解释。

二十、它

有它，指意外的凶险。

辞例：

　　有～（《比》初六；《大过》九四；《中孚》初九）

案：《说文解字·它部》："它，虫也，从虫而长，像冤屈垂尾形。上古艸居患它，故相问无它乎。"它即蛇之初文。人看到蛇，常常会吓一跳。意外的凶事，就像蛇一样，常常会把你吓一跳。

❶ 闻一多《周易义证类纂》，收入朱自清编《闻一多全集》，北京：三联书店，1982年，63–64页。

易经·上经

说　明

《易经》难读。很多地方读不懂，我只能勉为其难，试为解释，把理由尽量讲清楚。

我把讲经的部分每卦分为三部分，前面是白话翻译，中间是撮述大义，最后是字词校读。

翻译，我力求准确，让读者直截了当看懂原文的大义。原文是用王弼本为底本（下文简称"今本"），略加校改，改动处，皆用（　）号括注原文（小字），〔　〕号括注改动的字（大字）。译文力求符合原文，但原文有些句子是倒装句，要适当调整顺序，力求把原文内在的思路表达出来；原文有些句子，上下衔接不明，要适当补句，保证文义畅通。补出的句子是括在〔　〕号内。

大义，我力求概括，先讲卦象结构，次讲主要内容，最后讲成对的卦前后两卦是什么关系。卦名的解释是放在校读的第一条。

校读，比较枯燥，但是整个翻译的基础，可供读者查证和检验。我的讨论只限比较关键的词语，重复的异文，只在第一次出现时加以说明，不再重复；不太重要但也值得保留的异文则放在校注里，无关宏旨的细节尽量省略。对勘，以出土本为主，主要有三种：上海博物馆藏战国楚简中的《周易》（简称"上博本"）、马王堆汉墓帛书中的《周易》（简称"马王堆本"）、双古堆汉墓竹简中的《周易》（简称"双古堆本"），出处见参考书目。马王堆本基本上是全本，上博本只有全书的一半，双古堆本只有残句。如果某句某词，三种本子都有，我会一一列出。如果上博本缺，我在马王堆本的后面注出"上博本缺"。但双古堆本缺，我就不再一一注明。王弼注、孔颖达疏、《经典释文》、《周易集解》和其他古书引用的异文，我要加以提炼，也不一定全部出校，原则是要精练。

乾卦第一
——六龙天上飞

☰ 乾：元亨，利贞。

初九，潜龙，勿用。

九二，见龙在田，利见大人。

九三，君子终日乾乾（健健），夕惕若，厉，无咎。

九四，或跃在渊，无咎。

九五，飞龙在天，利见大人。

上九，亢龙，有悔。

用（通）九，见群龙无首，吉。

☰ 乾卦：最通神明，利于占卜。

阳爻一，好像深藏不露的龙，什么都不做。

阳爻二，好像在田野中看见龙，利见大人。

阳爻三，君子总是自强不息，整日劲头十足，彻夜保持警惕，虽有危险，却无大患。

阳爻四，好像龙潜深渊，时而跃出水面，也无大患。

阳爻五，好像飞龙在天，利见大人。

阳爻六，好像龙飞得太高，难免后悔。

六爻皆九，好像群龙，〔上出重霄，只能看见尾巴〕，看不见头，吉。

【大义】

此卦是《易经》首卦,重乾(下卦是乾,上卦也是乾),[1] 六爻皆阳,古人叫纯阳。它以龙为象,代表天。六爻,从下到上,全讲龙,从潜伏深渊到上出重霄,一步接一步。

【校读】

乾 音 qián。古书多用为干湿之干(繁体作乾),这里当卦名,读音稍异。《归藏》佚文同今本。[2] 许慎谓乾有上出之义,从乙倝声(《说文解字·乙部》)。马王堆本作"键"(上博本缺)。《易传》以健训乾,健指强健。如此卦《大象》(《象上》1):"天行健,君子以自强不息。""自强不息"就是解释健。[3]《说卦》2:5:"乾,健也。"也是以健释乾。案:许慎释乾,除小篆,还列有籀文,可见《史籀》有乾字。秦系文字有这种写法,没问题。乾字见于出土文字,最早是睡虎地秦简(都是当干湿之干),[4] 更早的实例尚未发现。许慎说,倝字从旦㫃声(《说文解字·倝部》)。[5] 倝即古韩字,似与立旗杆测日影有关。

潜龙,勿用 见《左传》昭公二十九年。"勿用",与"用"相反,表示不作为。[6]《易经》中的"用"与"勿用"分三种,一种后面什么也不接,一种后面接动词,一种后面接动词短语。这两个词,在《易经》中使用频率极高,绝大多数都不能理解为"使用什么"或"不可使用什么"。比较所有辞例,我们不难看出,它的确切含义应与行动的选择有关。特别是第三类,往往都是表示对某种行动的肯定或否定。《周易》是卜筮之书。它

---

[1]《左传》闵公二年记卜楚丘之父之占,遇《大有》之《乾》,涉及此卦九五。《左传》昭公二十九年记蔡墨之占,遇《乾》之《姤》、之《同人》、之《大有》、之《夬》、之《坤》,涉及此卦初九、九二、九五、上九、通九和《坤》卦上六。《国语·周语》记晋人之占,遇《乾》之《否》,也涉及此卦。

[2] 参看马国翰《玉函山房辑佚书》,上海:上海古籍出版社,1990年,第一册,31–43页。下文所引见此书,不再一一注明。

[3] "天行健,君子以自强不息","地势坤,君子以厚德载物",此二语,因被梁启超引用,已成当代名言(见他的著名演讲《论君子》)。"自强不息,厚德载物"是清华大学的校训。

[4] 陈振裕、刘信芳《睡虎地秦简文字编》,武汉:湖北人民出版社,1993年,3页。

[5]《说文解字·倝部》只有倝字的小篆、籀文和古文。其他从倝得声的字,多归入其他部,如韩、翰、韅、鶾、輪、乾、榦、戟等(不是读 hán、hàn,就是读 gàn)。

（接上页）

❻《说文解字·用部》："用，可施行也。从卜中，卫宏说。"卫宏说虽不可信，但此字确与占卜有关。参看王引之《经义述闻·周易上》"乾师颐坎既济言勿用"条，收入阮元编《清经解》，上海：上海书店，1988年，第六册，766页。

必须对各种行动的可行性做出判断。"用"和"勿用"就是这种判断。"用"字加在动词或动词短语前，都是表示对这种行动的肯定，有时为了加强语气，还在"用"字上再加"利"字，并不等于今语之"利用"。"勿用"是相反的表达。《易经》只用"勿用"，不用"不用"。

见龙在田 见《左传》昭公二十九年。"见"，《释文》读现。读现，是把"见"当"龙"的修饰语，把"见龙"理解为出现的龙，就像上文"潜龙"是潜藏的龙、下文"飞龙"是飞翔的龙。但这个"见"与"见大人"的"见"、"见群龙"的"见"应该一样，不必读现。

利见大人 "大人"与"小人"相反，有点类似后世占卜书上的"贵人"，指有身份地位的人。这个词在《易经》中一共出现过12次，6次用于卦辞，6次用于爻辞。用于爻辞者，阳爻4次，阴爻2次。其辞例，以"利见大人"最多，高达7次，还有一次作"用见大人"（《升》卦卦辞），也是类似表达。案：《易》例，阳爻利大人，阴爻利小人。如《否》卦六二："小人吉，大人否"，就是说利小人，不利大人。但《蹇》卦上六为什么说"利见大人"，其《小象》（《象下》39）有解释："利见大人，以从贵也。"所谓"从贵"，是说上六下从九五，以九五为大人。"利见大人"亦见本卦九五。九二、九五都是中位。

君子 古人对贵族子弟的泛称。这个词也是"小人"的反义词。案："君子"在《易经》中一共出现过18次，3次用于卦辞，15次用于爻辞。用于爻辞者，阳爻9次，阴爻6次。"君子"见于阴爻，也是不利的一方，这是它与"大人"类似的地方。"大人君子",古书常见,可见"君子"与"大人"相近。《易经》有"大君"一词,见于《师》卦上六、《履》卦六三、《临》卦六五。《师》卦上六的"大君",上博本作"大君子",马王堆本、双古堆本作"大人君",似乎"大君"是"大人君子"的缩略语。但我们要注意,"君子"与"大人"还不能划等号。如《革》卦九五"大人虎变,未占有孚",上六"君子豹变,小人革面,征凶,居(处)贞吉","大人"和"君子"就不一样。我理解,"君子"出身高贵,未必居官有爵禄,"大人"是居官有爵禄的人,地位比君子高。

终日乾乾 "终日"指整个白天,"乾乾"即健健。

夕惕若 "夕",承上省"终"字,这里指彻夜。这两句话,就是古人常说的"夙夜匪(非)解(懈)"(出《诗·大雅》的《烝民》和《韩奕》)。❶

无 今本《易经》,有无之无一律作无,❷绝不作無或亡;丧亡之亡(表示失去)一律作亡,绝不与无字相淆。无字,写法同简化字,并非简化字方案所发明,而是战国就有,秦汉也还用。无,许慎说是古文奇字。《说文解字·亡部》:"無,亡也。从亡無声。无,奇字无,通于元者。王育说:天屈西北为无。"说一字而三体并存。它们是什么关系,许氏已不能明。其所谓"无通于元",王育所谓"天屈西北为无"(指天字右下作曲笔),正属于他讥笑的"俗儒说字"(《说文解字》叙)。今据古文字材料,三言两语,试加归纳,讲一下无字的源流。案:亡是商代之无,無是西周之无。战国,六国多以亡为無,秦国多以无为無,各承其绪,无字出现,不太流行。 汉代从秦,唯行篆隶,無乃升为正体,但以亡为無,古书多有,不能尽改,两者仍平行。西汉,马王堆帛书、银雀山

---

❶ 俞樾《群经平议·周易一》"夕惕若厉"条,谓近读以"夕惕若,厉"为句,而汉唐旧读以"夕惕若厉"为句,皆非,当以"夕惕,若厉"为句。案:俞氏断句未必可取,但他说"夕惕"承上"终日乾乾",犹言"终夕惕惕",则可从,这里翻成"彻夜"。参看王先谦编《清经解续编》,上海:上海书店,1988年,第五册,1025页。

❷ 《屯》卦"即鹿无虞",《十三经注疏》本"无"作"無",阮元《校勘记》已指出,字本作"无"。

汉简是無、无并存。武威汉简只用無，不用无。三种无字，各有来源：亡是芒之初文，刀上加点，是表示刀刃所在；無是舞之初文，无是夫的变体（与元、天无关）。《周易》，上博本是以亡为無，马王堆本和双古堆本是以无为無，都不用無，这点很重要。它可证明，《易经》中的"悔亡"，绝不是"无悔"的倒读。

或跃在渊　与初九相应。初九的"潜龙"是潜伏在深渊，这里是说，有时它会跳出水面。❶

飞龙在天　见《左传》昭公二十九年。

亢龙，有悔　见《左传》昭公二十九年。"亢"音 kàng，指极高。

用九　马王堆本作"迵九"（上博本缺）。"迵九"即通九，指此卦六爻皆九。下《坤》卦"用六"同。案：战国文字多以甬为用。甬即通字所从。下《履》卦六三"武人为于大君"，马王堆本作"武人迵（用）于大君"（上博本亦缺），也是迵、用相通之例。

见群龙无首，吉　见《左传》昭公二十九年。《易经》多以"首"指最上一爻，"尾"指最下一爻。此卦六爻皆龙，上九并无特殊地位，故曰"无首"。参看《比》卦上六"比（之）无首，凶"。

❶ 陶渊明，字元亮，后改名潜，潜与渊明相应，盖取于此。

易上·乾第一　73

坤卦第二
——母马地上跑

☷ 坤：元亨，利牝马之贞。君子有攸往，先迷後得主，利。西南得朋，东北丧朋，安贞吉。

☷ 坤卦：最通神明，利母马之占。君子出行，先头迷路，后来找到投宿的地方，有利。从西往南会找到朋友，从东往北会失去朋友。卜问安定，吉。

初六，履霜，坚冰至。

阴爻一，踩上薄霜，冰冻三尺的日子就不远了。

六二，直、方、大。不习，无不利。

阴爻二，方方正正、广阔无垠，是大地之象。用不着连续占卜，事无不利。

六三，含章，可贞。或从王事，无成有终。

阴爻三，大地有大地的文理，可以用来占卜。偶尔为王做事，即使不成功，也要坚持到最后。

六四，括囊，无咎无誉。

阴爻四，一言不发，好像把袋子的口扎起来，既无责怪，也无夸赞。

六五，黄裳，元吉。
上六，龙战于野，其血玄黄。
用（通）六，利永贞。

阴爻五，像黄色的下衣，最为吉利。
阴爻六，像龙斗于野，其血为黑、黄二色。
六爻皆六，利于长期占卜。

❶《左传》昭公十二年记南蒯枚筮，遇《坤》之《比》，涉及此卦六五。《左传》昭公二十九年记蔡墨之占，遇《乾》之《坤》，涉及此卦用六；遇《坤》之《剥》，涉及此卦上六。

【大义】

此卦是《易经》第二卦，重阴（下卦是坤，上卦也是坤），❶六爻皆阴，古人叫纯阴，它以母马为象，代表地。

读《易》要一对一对读。《乾》、《坤》是开天辟地的卦。《千字文》，"天地玄黄，宇宙洪荒"是头两句。这两卦是《易经》的头两卦。

《易经》有所谓"八经卦"，即乾、坤、坎、离、震、艮、巽、兑。它们的重卦，易家叫"八纯卦"。乾、坤、坎、离分在上经，震、艮、巽、兑分在下经，《乾》、《坤》是八纯卦的第一对。《易经》讲天地阴阳，是以这两卦为门户和关键。龙在天上飞，马在地上跑，一龙一马，管着所有卦，古人最重视。《文言》就是专论这两卦，以之为读《易》的纲领。

《易经》分上下经，旧说上经讲天地，下经讲人伦，其实不尽然。我们只能说上经的头两卦是讲天地，下经的头两卦是讲人伦，如此而已。

【校读】

坤　　除作卦名或当雌性、女性讲，在汉字中绝少使用。朱骏声《说文通训定声·坤部》以为这是陈字古文的另一种写法，从阜与从土同。此字，《归藏》佚文作"巛"。这种写法的坤字也见于《碧落碑》、《汗简》、《古文四声韵》等书，与贵字的古文写法非常接近。❶贵是见母物部字，坤是溪母文部字，古音也很接近。 此字，马王堆本作"川"（上博本缺）。川是顺字所从，《易传》以顺训坤。如此卦《象辞》（《象上》2）："至哉坤元，万物资生，乃顺承天……柔顺利贞。"《说卦》2：5："坤，顺也。"乾是刚健，坤是柔顺，正好相反。

牝马 母马。牝音 pìn。

有攸往 指有出行之事。"攸"训所。《易经》中，"攸"字很多，"所"字很少。"攸"字有两种用法，一种是"有攸往"或"无攸往"，一种是"无攸利"（注意，《易经》只说"无攸利"，不说"有攸利"）。《家人》六二还有一个例子，是"无攸遂（逐）"。所字，《易经》只出现过四次：《讼》卦初六、《解》卦卦辞、《旅》卦初六、《涣》卦六四。其中《解》卦卦辞，是以"无所往"对"有攸往"，可见攸和所，意思差不多。

主 《易经》中的"主"有两种用法，一种是客主之主，见此爻和《明夷》初九；一种见《睽》卦九二、《丰》卦初九、九四，我怀疑是死者之主，即宗庙中立有木主的鬼。

西南得朋，东北丧朋 从西往南，以阴从阳，古，故曰"得朋"；从东往北，以阳从阴，不吉，故曰"丧朋"。❷案：《蹇》卦卦辞有"利西南，不利东北"，《解》卦卦辞有"利西南"，与此同例。《易经》中的"朋"不是朋贝之朋（货币单位，十贝为朋），而是朋友之朋。早期古书中的"朋友"，有别于"父兄"（血亲）、"婚媾"（姻亲），指没有血缘关系的同辈。同学、同事、同僚，都可叫"朋友"。

❶ 贵字的古文，见徐在国《传抄古文字编》，北京：线装书局，2006年，中册，623页。坤字的古文，见同书，下册，1355页。案：黄锡全以为坤字的古文原本从立从申，参看氏著《汗简注释》，武汉：武汉大学出版社，1996年，495–496页。其说本吴大澂、丁佛言、罗福颐，参看徐文镜《古籀汇编》，上海：商务印书馆，1934年，卷十三下，第七页。

❷ 尚秉和说："夫曰行曰终，乃自西而南、自东而北而逆行也，非以西南、东北相对待也。"参看氏著《周易尚氏学》，北京：中华书局，1980年，32页。

履霜，坚冰至　霜、冰皆阴，为坤象。

直、方、大　坤代表地。古人认为，天如覆碗，地如方盘。这三个字是形容大地。此卦《大象》（《象上》2）："地势坤，君子以厚德载物。"正是讲地势之象。

习　占卜术语。龟卜、筮占都用这个术语。习有袭义，指一次占卜接着另一次占卜。

含章　含有文理。下《姤》卦九五也有这个词。天有天文，地有地理。这里指大地的文理。李白《春夜宴从弟桃花园序》："况阳春召我以烟景，大块假我以文章。"正所谓"江山如画"。

无咎无誉　"咎"是责怪，"誉"是夸赞，两者相反。此语又见《大过》九五。《易经》中的这两个字还有一个意思，是指运气的好坏。咎是坏运，誉是好运。

黄裳，元吉　"黄"为地色，于五行方色为中色。"裳"为下衣。案：黄字，《易经》八见（《坤》卦六五、上六，《噬嗑》六五，《离》卦六二，《遯》卦六二，《解》卦九二，《革》卦初九，《鼎》卦六五），多在六二或六五，不在下卦之中，就在上卦之中。例外有三：《坤》卦上六的"黄"指地色，《解》卦九二的"黄"指六五，《革》卦初九的"黄"指六二。《诗·邶风·绿衣》有"绿衣黄裳"。《仪礼》有"玄裳""黄裳""杂裳"（见《士冠礼》和《特牲馈食礼》）。黄色是三元色之一，古人以为吉祥色，非常喜欢。如《左传》昭公十二年，南蒯枚筮，遇《坤》之《比》，曰"黄裳元吉"，子服景伯解释说："黄，中之色也。裳，下之饰也。元，善之长也。中不忠，不得其色；下不共（恭），不得其饰；事不善，不得其极。外内倡和为忠，率事以信为恭，供养三德为善，非此三者弗当。且夫易，不可以占险，将何事也？中美能黄，上美为元，下美则裳，参成可筮，犹有阙也。筮虽吉，未也。"他把"黄裳元吉"四字拆读，称为"三德"。这是道德发挥，不是文字训诂。《左传》襄公九年，鲁穆姜对"元亨利贞"的解释是同样的例子。

龙战于野 见《左传》昭公二十九年。

其血玄黄 "玄"为天色，"黄"为地色。《文言》2：2："夫玄黄者，天地之杂也，天玄而地黄。"疑指天龙、地龙斗于野，其血玄黄。

屯卦第三

——混混沌沌，万事起头难

☳ 屯：元亨，利贞，勿用有攸往，利建侯。

☳ 屯卦：最通神明，利于占卜，不可出行，利封侯。

初九，磐桓。利居（处）贞，利建侯。

阳爻一，原地徘徊。利卜居家，利封侯。

六二，屯（迍）如邅如，乘马班（烦）如，匪（非）寇婚媾。女子贞不字，十年才乃字。

阴爻二，车马喧闹，徘徊不进，不是来杀人越货，而是来迎娶新娘。姑娘守身不嫁，十年才嫁人，〔不容易呀〕。

六三，即鹿无虞，惟入于林中。君子几，不如舍，往吝。

阴爻三，君子逼近鹿群，没有料到，鹿钻进了林子。眼看就要到手，〔与其穷追〕，不如放弃，非去追，必有遗憾。

六四，乘马班（烦）如，求婚媾。往吉，无不利。

阴爻四，车马喧闹，是来迎亲。此行吉，事无不利。

九五，屯（囤）其膏。小贞吉，大
　　贞凶。
上六，乘马班（烦）如，泣血涟如。

阳爻五，积攒肥肉。小占卜吉，大占卜凶。
阴爻六，车马喧闹，待嫁的姑娘痛哭
　　流涕，连血都哭出来了。

【大义】

此卦下震上坎。❶其《象辞》(《象上》3) 说，它是个"刚柔始交而难生"的卦。前面两卦，《乾》是纯阳，《坤》是纯阴，天地尚未交。这里，下卦和上卦都是二阴一阳，互相交错，初九与六四应，九五与六二应（指阴阳相反），是为"始交"；天地交而万物生，开头有点难，一阳在初，困于六二，二阳在五，困于上六，六三与上六敌（指阴阳相同），是为"难生"。它的卦爻辞怎么讲这个开头？是用迎亲讲。娶媳妇是好事，但好事多磨。首先，他要娶的姑娘（代表阴）就挺困难，十年都嫁不出去，现在的叫法是"剩女"。其次，迎娶的男子（代表阳）也不容易，一路上，车马老在原地打转，找不着北。

娶妇嫁女，是后世占卜的主要事项。《易经》讲这类事，有六个卦，此卦第一，《贲》卦第二，《咸》卦第三，《姤》卦第四，《渐》卦第五，《归妹》第六。另外，《蒙》卦六三、《泰》卦六五、《大过》九二、《大过》九五、《睽》卦上九、《震》卦上六，也涉及这类事。

❶《左传》闵公元年记辛廖之占，遇《屯》之《比》，变成下坤上坎，辛廖对《屯》、《比》二卦有一番解释。《左传》昭公七年记孔成子之占，遇《屯》之《比》，《国语·晋语四》记公子重耳之占，得贞《屯》悔《豫》，皆涉及此卦卦辞。《国语·晋语四》记司空季子之言，对《屯》、《豫》二卦也有一番解释。

【校读】

屯　沌字所从。古人讲宇宙创生，常用"浑沌"或"浑浑沌沌"形容之。❷浑沌的意思是不开化。这里的屯字与沌字有关。《易经》卦名往往有多重含义，利用文字歧读，造成意义变换和丰

❷ 如《庄子·在宥》、《吕氏春秋·大乐》、《鹖冠子·泰鸿》、《淮南子·诠言》。

富联想，不懂这种文字游戏，就读不懂卦名，要懂，得有点文字知识。这里的屯字有三种读法。第一种读 zhūn，意思是始生而难产，如此卦《彖辞》"屯，刚柔始交而难生"，《序卦》2"屯者，物之始生也"。❶第二种也读 zhūn，意思是难进，略同困顿、停顿之顿，字亦作迍，如六二的"屯"字就是这个意思。第三种读 tún，是屯积、屯聚之义，字亦作囤，九五的"屯"字是这个意思。

元亨，利贞。勿用有攸往，利建侯　这段卦辞，见于《左传》昭公七年、《国语·晋语四》。此卦讲阴阳始交而难进，当然不利出行，只利于建某事、立某事，所以说"勿用有攸往，利建侯"。这里的"勿用"是对"有攸往"的否定。

磐桓　在原地打转，也作"盘桓"或"盘旋"。

居　处字之误。下文所见居字同。今本《易经》有六个居字（见《屯》卦初九、《随》卦六三、《颐》卦六五、《咸》卦六二、《革》卦上六、《涣》卦九五）、两个處字（见《小畜》上九、《旅》卦九四）。马王堆本与之对应处均相同，但上博本不同，凡作居者均作处。双古堆本只有一个處字（《颐》卦六三），同上博本，不作居。❷案：《说文解字·几部》有处、処二字，许慎以処为居处之居，处为居处之处，互训，而以處为处的或体，可见当时已分不清居、处二字。《说文解字·几部》有居字，许慎把処派定为居处之居。为了制造区别，他把居字定义为蹲踞之踞。这与实际情况不符。其实，西周金文就有處字，从几虎声，这才是居处之处的本字。战国以来，虎头变尸，才与居字混淆。如処字是楚地流行的處字，就把虎字的上半写成尸，用以代替虎头。秦系文字，篆体是延续西周，隶体

---

❶《说文解字·屮部》："屯，难也。象艸木初生，屯然而难。"引《易》即出此卦《彖辞》。春从屯。春天，万物复苏，也有这种含义。蠢从春，人之初生，比较糊涂，也有这种含义。下面的《蒙》卦就是讲糊涂。

❷ 韩自强《阜阳汉简〈周易〉研究》，上海：上海古籍出版社，2004年，8页。案：双古堆本的"處"，整理者释"虚"，这是误释，我查过照片和摹本，其实和秦隶的写法一样，下半也是写成斜体的册字。

则把處字的下半写成斜体的冊字，后世下半作匆者，就是从这种写法演变。西汉處字，延续秦代，写法和秦代一样，但有时省去虎头。省去虎头的處，就是处字。处与居不同，居是居处之居，凥是居处之处。包山楚简简32 有"居凥（处）名族"一语，❶足以证明两者有区别。这里出现的三种写法，上博本的"凥"，是楚地特有的处字，汉代已经不用；马王堆本的"居"，是混居为处（形、音俱近），说明许慎以前就有这种现象。处写成处，是明以来的俗体，现被简化字采用。此书是简体本，下文用处代替處、处。

屯如邅如 徘徊不进貌。"屯"，同上，表示难进；"邅"，音zhān，表示旋转。

乘马班如 "乘马"是驾车之马，而非骑乘之马。当时，四匹马拉一辆车，叫一乘（音 shèng）。"班如"，马王堆本作"烦如"（上博本缺），郑玄本作"般如"（《释文》引）。"烦"有扰、乱一类意思，"般"可读为盘桓之盘，疑指车马喧阗，乱哄哄。

匪寇婚媾 又见《贲》卦六四、《睽》卦上九。"匪"，上博本、马王堆本、双古堆本作"非"，不作"匪"。早期古书中的匪字，如《易》、《诗》、《书》所用，只有两种读法，一种是非，一种是彼，这里读非。匪是篚的本字。❷今语"匪寇"、"匪徒"、"土匪"等词的"匪"字都是从"匪（非）人"（见《比》卦六三、《否》卦卦辞）的概念发展而来。匪字本身，原与强盗无关。"寇"才是强盗。"婚媾"，媾音 gòu，指通婚。参看《姤》卦。

女子贞不字，十年乃字 "女子"，未嫁者，已嫁称妇。"贞"，《易经》中的"贞"字多当占卜讲，这里不同，是当忠贞讲。同样的例子，有《旅》卦六二"得童仆贞"、九三"丧其童

❶《说文解字·尸部》："居，蹲也。从尸、古者，居从古。踞，俗居从足。"《说文解字·几部》："凥，处也。从尸，得几而止。《孝经》曰：'仲尼凥'，凥谓閒居。"许慎以居为蹲踞之踞，凥为居处之居。其实，凥就是处的初文（尸隶变为夂）。

❷《说文解字·匸部》："匪，器似竹筐，从匸非声，《逸周书》曰：'实玄黄于匪。'"《说文解字·竹部》："筐，车笭也。"许慎把匪字当竹筐类的器物，筐字当车笭（音 líng），不对。他引的《逸周书》，见《孟子·滕文公下》，匪作篚。中山王方壶："夙夜篚（非）懈。"匪加竹为篚，正犹匡加竹为筐，两字并无区别。参看张守中《中山王䲨器文字编》，北京：中华书局，1981年，72页。

仆贞"。"字",过去有三种理解,一种是爱（《京氏易传》陆绩注、孔颖达疏）,一种是许嫁（耿南仲《周易新讲义》、惠栋《周易述》）,一种是妊娠（《周易集解》引虞翻注、《山海经·中山经》郭璞注）。王引之《经义述闻·周易上》有辩,赞同妊娠说。❶但此卦是讲婚嫁,不是讲生孩子。女子,嫁都没嫁,何谈生子,怀孕十年才嫁人,未免不合情理。《仪礼·士昏礼》:"女子许嫁,笄而醴之,称字。"《礼记·曲礼上》:"女子许嫁,笄而字。"《公羊传》僖公九年、文公十二年:"妇人许嫁,字而笄之,死则以成人之丧治。"古人说,女子十五始笄,既笄,就要嫁人。即使十年不嫁,也不过25岁,还很年轻。这三条引文都说许嫁称字。 王引之说,这些引文中的"字"都是"名字之字",与许嫁无关。高亨已经指出,王说似是而非。❷

　　无虞　没有料到。"虞"是备虞之虞,《中孚》初九"虞吉"之"虞"同。《易经》两见"虞"字,皆作此解。旧注以为虞人（掌山林川泽之官）,不对。

　　膏　肥肉或油脂。灯油也叫膏（如"焚膏继晷"的"膏"）。这里应指肥肉。如《鼎》九四"雉膏不食"的"膏"即肥肉。古人喜欢吃肥肉。

　　小贞吉,大贞凶　"大贞",见《周礼·春官》的《小宗伯》和《大卜》。《大卜》:"凡国大贞,卜立君,卜大封。"大贞卜大事,小贞卜小事。

❶ 清阮元编《清经解》,上海：上海书店,1988年,第六册,768页。

❷ 高亨《周易古经今注》（重订本）,北京：中华书局,1984年,170–171页。

蒙卦第四
——朦朦胧胧，人生糊涂始

蒙：亨，匪（非）我求童蒙，童蒙求我。初筮告，再三渎，渎则不告。利贞。

蒙卦：通于神明，不是我向年幼无知的人求问，而是年幼无知的人向我求问。第一次算卦，〔他来问结果〕，我还告诉他。再三问，就是亵渎占卜。亵渎占卜，我就不告他了。此卦利于占卜。

初六，发蒙，利用刑人，用说（脱）桎梏，以往吝。

阴爻一，启发糊涂人，对改造犯人有利：严惩不贷是启发，宽大释放也是启发，但出门有遗憾。

九二，包蒙，吉。纳妇，吉。子克家。

阳爻二，包容糊涂人是好事。娶媳妇就是这种好事。儿子可以成家了。

六三，勿用取女，见金夫，不有躬，无攸利。

阴爻三，但有一种女孩千万别娶，即一见有钱的男人就犯糊涂，不知自己是谁。娶这样的女孩可没好处。

六四，困蒙，吝。	阴爻四，执迷不悟，一辈子糊涂，未免可惜。
六五，童蒙，吉。	阴爻五，只因年幼无知才糊涂，没什么不好。
上九，击（系）蒙，不利为寇，利御寇。	阳爻六，把糊涂人关押起来，他们就没法干坏事，这对预防犯罪、制止犯罪有好处。

【大义】

此卦下坎上艮，讲如何对待糊涂人。"蒙"是蒙昧，宇宙初创，没有光明，万物笼罩在黑暗之中。《序卦》2讲卦序，说"屯"是"物之始生"，"蒙"是"物生必蒙"。万物始生，朦朦胧胧，人之始生，懵懵懂懂，都叫"蒙"。摩尔根（Lewis Henry Morgan）把人类历史的早期分为三个阶段：蒙昧、野蛮、文明，头一段就叫"蒙昧时代"（stage of savagery）。❶

卢梭（Jean-Jacques Rousseau）说："人是生而自由的，但却无往不在枷锁之中。"❷其实人是生而糊涂，因为糊涂才披枷戴锁。统治者说，这些玩意儿，专门就是为糊涂人预备的。

糊涂是个重要概念。自古，统治者把人分成两种，一种是聪明人，一种是糊涂蛋。他们说，政治是聪明人的专利，三种人不许参加：一是小孩，二是女子，三是小人。他们说，这三种人都是糊涂蛋。小孩糊涂，可以教育，古人叫启蒙。❸大人不同。历代统治者说，男人分两种，大人君子是聪明人，小人是糊涂蛋；女人就一种，全是糊涂蛋。男糊涂蛋，作奸犯科，关监狱；女糊涂蛋，非

❶ 路易斯·亨利·摩尔根《古代社会》，杨东莼等译，北京：商务印书馆，1981年，3-17页。

❷ 卢梭《社会契约论》，何兆武译，北京：商务印书馆，1980年，8页。

❸ 欧洲的启蒙运动（Enlightenment）也是针对中世纪的黑暗和愚昧。

礼勿动，关家里，社会就太平了。现代政治，妇女可以参加，但小孩、罪犯，照样不允许。❶《蒙》卦就是讲这三种"蒙"。

六十四卦，两两相对，有些相反，有些相近。比如《乾》、《坤》就是相反，《屯》、《蒙》就是相近。《屯》卦讲困难，《蒙》卦讲糊涂，都是讲天地开辟后的初级阶段，这是两者的共同点。

❶ 美国的民权运动，第一是解放奴隶，第二是解放妇女。

【校读】

蒙 蒙昧。蒙昧是暗昧不明。一是光线不行，二是眼睛不行。白内障，古人叫矇。矇是眼睛被"翳"所蒙。"翳"是晶状体浑浊，光线通不过。古人把宇宙初创，朦朦胧胧的状态叫"鸿蒙"。"鸿蒙"和"浑沌"，意思差不多，也是形容不开化。❷《序卦》2 对《蒙》卦的解释是"蒙者，蒙也"。这叫"本字为训"。详见《序卦》2。

❷《庄子·应帝王》有"混沌"，《在宥》有"鸿蒙"，皆虚拟人物。

童蒙 年幼无知的人。古人所谓童，是指未行冠礼的年轻人，大约 15 到 19 岁。

发蒙 即启蒙。《论语·述而》："不愤不启，不悱不发。"启与发，含义相近。"启蒙"见《风俗通义·皇霸·六国》、《三国志·魏书·刘劭传》。"发蒙"见《史记》的《淮南衡山列传》和《汲郑列传》。汉以来，这两个词逐渐演变成固定的词汇，后来也专指启发童蒙。如《隋书·经籍志·经部》小学类有束晳《发蒙记》、顾恺之《启蒙记》，就是蒙学课本。这里的发蒙是泛指启发各种糊涂人，不限小孩。特别是此爻，所谓"蒙"，主要指作奸犯科的小人。

利用刑人，用说桎梏 "利"是利于两种"用"，管着上下两句。"用"是可行，管着后面的行动，意思是可以"刑人"，也可以"说（脱）桎梏"，这两件事都有利。"刑人"不等于犯人，而是动词加名词，指惩罚犯罪的人。犯罪的人，《易经》叫"幽人"（见《履》卦九二），不叫"刑人"。"说桎梏"，与"刑人"相反，指释放犯罪的人。"说"读脱，《说文解字·手部》作"挩"。"桎梏"音 zhì gù，是两种刑具。桎加于脚，类似脚镣；梏加于手，类似手铐。参看《噬嗑》。

包蒙 是包容、接纳糊涂人，这种糊涂人，主要是女性。怎么包？就是把她吹吹打打娶回来，关在家里，其实是包养的包。

勿用取女 "勿用"，与"用"相反，加在"取女"前，表示这种行动不可取。这两种句型，《易经》常见，下不再说明。

金夫 他书未见，汉唐旧注是以阳刚之夫为解，如王弼以六三为女，上九为金夫。女人爱阳刚之夫，有什么不好？此说不合理，故宋人程氏《易传》倡为新解："女之从人，当由正礼，乃见人之多金，说（悦）而从之，不能保有其身者也。"朱熹《本义》从之："六三阴柔，不中不正，女之见金夫而不能有其身之象也。占者遇之，则其取女必得如是之人，无所利矣。金夫，盖以金赂，已而挑之，若鲁秋胡之为者。"❶他们讲的"金夫"是什么？是有钱无德的臭男人。女人追求这种男人，亦常见糊涂之一种。这里按程、朱之说翻译。

困蒙 是深陷愚昧，一辈子都执迷不悟的糊涂人。

童蒙 是可以教育的糊涂人，即上所说"小糊涂蛋"，卦辞已见。

---

❶ 程颐《周易程氏传》，收入《二程集》，王孝鱼点校，北京：中华书局，2009 年，下册，721–722 页；朱熹《周易本义》，廖名春点校，北京：中华书局，2009 年，55 页。案：秋胡戏妻，见《西京杂记》、《列女传》。

击蒙 疑读"系蒙",指关押糊涂蛋。上博本作"毄尨"。"毄"字,读击可,读系亦可。马融本、郑玄本作"系"(原作"繫",此作简体),读系比读击好。

不利为寇,利御寇 "寇"是强盗,杀人越货,危害他人安全。作者认为,把强盗关起来,他们就没法犯罪,因而有利于预防犯罪、制止犯罪。"利御寇",又见《渐》卦九三。

需卦第五
——下雨天，别出门

☲ 需：有孚，光亨，贞吉，利涉大川。

初九，需于郊，利用恒，无咎。

九二，需于沙，小有言（谴），终吉。

九三，需于泥，致寇至。

六四，需于血，出自穴。

九五，需于酒食，贞吉。

上六，入于穴，有不速之客三人来，敬之，终吉。

☲ 需卦：不出所料，大通神明，占卜结果是吉，利渡大河。

阳爻一，阴雨连绵，困于城郊，要想无灾无难，最好耐心等待。

阳爻二，阴雨连绵，困于沙滩，虽然被人骂了几句，但最终却很圆满。

阳爻三，阴雨连绵，困于泥淖，会招强盗。

阴爻四，阴雨连绵，刚出深坑，又困血泊。

阳爻五，阴雨连绵，缺吃少喝，但占卜结果却是吉。

阴爻六，我又掉进深坑，有三位客人，不请自来，突然光临，以礼待之，最终很圆满。

【大义】

此卦下乾上坎，❶乾为天，坎为水，跟天阴下雨有关。俗话说，"下雨天，留客天"。天阴下雨，不宜出门，只能待在家里，耐心等待，等雨过天晴再出门。此卦《彖辞》(《彖上》5)："需，须也。刚健而不陷，其义不困穷矣。"意思是，在危险面前，一定要等待观望，就像下雨，要耐心等待。此卦《大象》(《象上》5)："云上于天，需。"有趣的是，需字的古文字写法恰恰是由上雨下天构成（详下）。❷需是濡的本字。此字有两种读法，一种读濡，指被雨水淋湿；一种读须，意思是滞留、等待。另外，还有一种读法，是读乳，指喂养孩子。此卦到底讲什么，它和下卦是什么关系，存在各种猜测。下面试作讨论。

下雨不下雨，天晴不晴，是自古占卜的主要事项。如《尚书·洪范》讲卜筮，头两条就是"雨"、"霁"（音jì，雨过天晴）。下《小畜》也与下雨有关。

【校读】

需 上博本作"⿰", 可隶定为"𠃌"，马王堆本作"襦"，《归藏》佚文作"溽"。这三种异文，第一种可能是乳字的异体，其他两种则是需或濡的假借字。案：《说文解字·雨部》："需，頢也。遇雨不进，止頢也。"许慎引此卦《大象》，谓需字从雨从而。李阳冰则谓需字上从雨，下从天，徐铉非之。学者多以许说为是，李说为非。❸但西周金文，需字确实从雨从天。❹需字从而，战国文字才如此，而且就是战国文字，也有从天的写法。❺这一卦名怎么读，有三种可能。第一种读法是濡，濡有润泽、沾

---

❶ 《左传》哀公九年记阳虎之占，遇《泰》之《需》，涉及此卦九五。

❷ 陈鼓应、赵建伟说："'需'字为从'雨'从'天'之字，与本卦上坎下乾正相合。"见氏著《周易今注今译》，北京：商务印书馆，2010年，72页。

❸ 丁福保《说文解字诂林》，北京：中华书局，第十二册，5204页正-5205页正。

❹ 容庚《金文编》，北京：中华书局，1985年，753-754页：1875。

❺ 何琳仪《战国古文字典》，北京：中华书局，1998年，上册，390页。案：楚简需字或从天，或从而，天字和而字常常混淆，参看李守奎《上海博物馆藏战国楚竹书（一—五）文字编》，北京：作家出版社，2007年，2-5页：天字，447-456页：而字，519页：需字。

❻ 李零《读上博楚简〈周易〉》，《中国历史文物》2006年4期，54-67页。

❼ 何琳仪《上海博物馆藏楚竹书〈周易〉》，收入《儒藏》精华编281册，北京大学出版社，2007年，68-115页。何琳仪、程燕、房振三《沪简〈周易〉选释》，收入刘大钧主编《简帛考论》，上海：上海古籍出版社，2007年，25-31页。

❽《殷周金文集成》（修订增补本），北京：中华书局，2007年，第一册，356页。

湿等义。许慎说"遇雨",就是指被雨淋湿。需是濡之初文,字从雨作,和下雨有关,当然有这个意思。第二种读法是须,须有滞留、等待之义。此卦《彖辞》:"需,须也。"《杂卦》12:"《需》,不进也。"就是把"需"读为须。许慎说:"遇雨不进,止䇓(须)也。"其实是把濡、须二义合并在一起讲。第三种读法是乳,很少有人注意。乳字有哺育喂养之义,为什么安排在《困》、《蒙》二卦后,《序卦》2、3说,《蒙》卦是"物之稺(稚)也。物稺(稚)不可不养也,故受之以《需》。《需》者,饮食之道也"。《需》卦的"需",上博简,写法比较怪,我怀疑,是借乳为需,何琳仪释嗣。释嗣的根据是曾侯乙编钟。钟铭有"嬴🙰"一词,整理者据《国语·周语下》,读为"嬴乱",认为下字是《说文》嗣字的古文,但嗣何以读乱,没有解释。何琳仪的考释是延续这一思路,单从字形看,确有几分相似,但仔细看,并不一样。而且《需》卦为什么要写成《嗣》卦,也令人费解。最近,我发现,嗣、乱、乳三字存在形近混用的现象。如马王堆帛书,乱常作乳,传世古文,嗣或作乳,或作乱。古文字,常把司、台二字合写成一个字,古书也有以亂为治的训诂。我们从对文关系看,此字不可能是嗣字,肯定是需字的另一种写法。我怀疑,上博本是借乳为需,学者释为"嗣"的上述辞例,其实都是乳字。

有孚 "孚",上博本一律作"孚",马王堆本一律作"復"。

光亨 大亨。王引之《经义述闻·周易上》"光"条说,《周易》经传中的"光"字有光辉、广大二义。这里的"光"是"光大"之"光",其义如广。

利涉大川 除此，还见于《讼》、《同人》、《蛊》、《大畜》、《益》、《涣》、《中孚》七卦的卦辞，以及《颐》卦上九、《未济》六三。"用涉大川"见《谦》卦初六，与此类似。"不利涉大川"见《讼》卦卦辞，"不可涉大川"见《颐》卦六五，则是相反的话。《易经》经常以"涉大川"比喻渡难关。其取象原则分两种：一种以下乾上坎为"利涉大川"，下坎上乾为"不利涉大川"，类似下坎上离为《既济》，下离上坎为《未济》，如《需》、《讼》二卦是也；还有一种是以九五与九二敌、九五与六二应、九二与六五应为"利涉大川"，六二与六五敌为"不利涉大川"，则类似"利见大人"。

需于郊 疑指在郊外遇雨，被雨水淋湿，只好滞留于郊外。案：《易经》两次提到"密云不雨，自我西郊"(《小畜》卦辞、《小过》六五)。这里的"需"字可能有双重含义，既指在郊外遇雨，被雨水淋湿，又指在郊外滞留、等待。

需于沙 疑指滞留于沙滩。

小有言，终吉 "小有言"，读"小有谴"，意思是小有责骂，不太吉利，详前"《易经》中的占卜术语"节。"终吉"，指上六"终吉"。案："终吉"，《易经》多见，除此卦出现过两次，还见于《讼》卦初六、六三，《履》卦九四，《蛊》卦初六，《贲》卦六五，《家人》上九，《鼎》卦九三。《易经》所谓"初"指第一爻，"终"指第六爻。"中"有两种用法，一种指单卦之中，即第二、第五爻；一种指重卦之中，即第二、三、四、五爻。这里是说，九二虽不太吉利，但上六却很吉利。

需于泥 疑指滞留于泥淖。

致寇至 把强盗招来。《孙子·虚实》："故善战者，致人而不致于人。能使敌人自至者，利之也；能使敌人不得至者，害之也。"使至曰致，自至曰至。下《解》卦六三也有此句。

需于血 犹后世占卜书说的"有血光之灾"。

出自穴 下卦为坎，坎者险。一般多认为，"穴"指下卦。案：这两句是倒装，"需于血"，从时间讲，应在"出自穴"之后。这里是说刚刚脱离凶险，又逢血光之灾。

需于酒食 《序卦》3"《需》者，饮食之道也"，或与此有关。

入于穴 与上"出自穴"相反，疑指又陷入危险。

不速之客 上九三有"致寇至"。上六对应于九三。这里的"客"恐怕是隐语，我怀疑，就是上九三的"寇"。善者不来，来者不善。古代兵法，常以"客"指来犯的一方。寇都是不请自来。

敬之 疑指回敬来客。来客是来寇，回敬是回击，这是招待敌人的礼。《礼记·曲礼上》："礼尚往来，往而不来，非礼也。来而不往，亦非礼也。"电影《上甘岭》插曲："朋友来了有好酒，若是那豺狼来了，迎接它的有猎枪。"

讼卦第六
——打官司，有风险

䷅ 讼：有孚，窒惕，中吉，终凶。利见大人，不利涉大川。

讼卦：不出所料，压抑恐惧，过程虽然不错，结果却很糟糕。此卦利见大人，不利渡大河。

初六，不永所事，小有言（谴），终吉。

阴爻一，想干的事，干不长，虽然被人骂了几句，但结果却很圆满。

九二，不克讼，归而逋。其邑人三百户，无眚。

阳爻二，官司打不赢，逃回家乡。那里有三百户老乡，幸无大难。

六三，食旧德，贞厉，终吉。或从王事，无成。

阴爻三，因循旧例，占卜结果是有危险，但结果却很圆满。如果为王做事，必定一事无成。

九四，不克讼，复即命，渝。安贞吉。

阳爻四，官司打不赢，再接案子，要有所改变。卜问平安，结果是吉。

九五，讼，元吉。

阳爻五，打官司，最吉利。

上九，或锡（赐）之鞶带，终朝三褫之。

阳爻六，有人赐送大带，一大早就被没收了三次。

【大义】

此卦下坎上乾，与打官司有关。坎是险，乾是健。它和《需》卦相反。《需》卦强调的是险在前，不可健，在危险面前要等待、观望，保持耐心。而《讼》卦强调的是，正是因为险，反而要健，打官司是件冒险的事，逢凶才能化吉。

《需》、《讼》二卦是什么关系，好像不太清楚。《序卦》3 的解释是："需者，饮食之道也。饮食必有讼，故受之以《讼》。"意思好像是，人类之所以有争讼，都是因为抢饭吃。这种解释有点生拉硬扯。❶

【校读】

讼 诉讼，打官司。

窒惕 压抑、恐惧。❷

中吉 指中间四爻吉，特别是九五吉。案：《易经》中，吉分初吉、中吉、终吉。"初吉"是第一爻吉，只见于《既济》卦辞。"中吉"是中间四爻吉，只见于此卦此爻。"终吉"是第六爻吉，《易经》有九个例子，已于《需》卦言之。此卦六爻是从不吉开始，到似吉非吉，到非常吉，到非常凶。初六"小有言（谴）"、"终吉"是虽然不吉，将转为吉；九二"无眚"是吉；九三"贞厉"、"终吉"是虽然不吉，将转为吉；九四"安贞吉"是吉；九五"元吉"是非常吉；上九没说吉不吉，但从卦辞看，肯定是凶。

终凶 唯见此卦，指上九凶。《易经》只有"终凶"，没有"初凶"和"中凶"。

利见大人 上博本、马王堆本作"利用见大人"，多出"用"

---

❶ 动物界的争斗，也不光是为了争夺食物，还包括争夺领地、领导权和交配权，与人类区别不大。

❷ 上博本作"懫惄"，为通假字。马王堆本作"洫宁"，"洫"可能是惕的通假字（洫，古文字多用为溢，溢是影母锡部字，惕是透母锡部字，古音相近），"宁"可能是窒的讹写，两字互倒。

字。"利"、"用"和"利用",都是加在动词或动词短语前,用以表示肯定性的选择,三者的意思差不多,我们不能简单说,这里的"用"字是衍文。"大人",《易经》多以九二、九五为大人,六二、六五为小人,如《否》卦六二"小人吉,大人否亨",九五"大人吉",就是很明显的例子。"利见大人",又见《乾》卦九二、九五,《讼》卦卦辞,《蹇》卦卦辞、上六,《萃》卦卦辞,《升》卦卦辞。其中《乾》、《讼》二卦以九五与九二敌,同此;《蹇》卦以九五与六二应,《升》卦以九二与六五应,稍异,都是以九五、九二为大人。

不永所事 上博本作"不出御事",马王堆本作"不行所事"。"永"、"行"二字字形相似,必有一误。这里暂按今本翻译。

逋 音 bū,逃跑。

眚 音 shěng,灾难。

其邑人三百户 "其邑人",指归逋者的同邑老乡。"邑人",又见下《比》九五、《无妄》六三,指当地人。此句,马王堆本同。上博本"百"作"四",可能是错字。

鞶带 大带。鞶音 pān。

终朝三褫之 "终朝"是天亮到早饭这一段,很短。朝音 zhāo。"褫"是褫夺。褫音 chǐ。案:"褫",上博本作"禠",马王堆本作"搋",郑玄本作"拕"(《释文》引)。禠,可能是褫之误。褫、搋是透母支部字,拕(字亦作拖,即今拖字)是透母歌部字,是支、歌二部的旁转字。先秦两汉,从虒与从它的字往往通假。❶许慎说褫"读若池",池就是定母歌部字。

❶ 它们的关系,正像地名肤施、虒虒和滹沱。参看李零《滹沱考》,《黄盛璋先生八秩华诞纪念文集》,北京:中国教育文化出版社,2005年,345–347页;《再说滹沱》,《中华文史论丛》2008年4期,25–33页。

师卦第七
——战争难免死人

䷆ 师：贞丈人吉，无咎。

䷆ 师卦：卜问长者，结果是吉，没有祸殃。

初六，师出以律，否臧，凶。

阴爻一，军队出征，要吹律听声，如果其音不祥，结果一定很可怕。

九二，在师中吉，无咎，王三锡（赐）命。

阳爻二，军中诸事吉，没有祸殃，我王三次嘉奖。

六三，师或舆尸，凶。

阴爻三，交战，难免死人，结果可能是，一车一车运死尸，这是凶事。

六四，师左次，无咎。

阴爻四，军队在向阳的地方扎营，没有祸殃。

六五，田有禽（擒），利执言，无咎。长子帅师，弟子舆尸，贞凶。

阴爻五，就像在野外打猎，捉到很多动物，我们也抓了很多俘虏，没有祸殃。但长子帅师，群弟收尸，占卜结果是凶。

上六，大君有命，（开）〔启〕（国）〔邦〕承家。小人勿用。

阴爻六，大人君子有赐赏，上利国，下利家。此与小人无关。

【大义】

此卦下坎上坤，❶ 与军旅之事有关。兵者凶事，此卦三见"凶"字，两见"舆尸"。打仗是要死人的。

用兵是国之大事，自古就是最重要的占卜事项。《易经》讲用兵，见《师》、《履》、《同人》、《巽》。《泰》卦上六、《谦》卦六五、《谦》卦上六、《复》卦上六、《离》卦上九、《晋》卦上九也有所涉及。

【校读】

师 军队。古代军制，商代、西周以师为最高一级，东周以来以军为最高一级。师和军都源于驻屯之义。

师出以律，否臧，凶 见《左传》宣公十二年。古代出兵，要吹律定声，以五音十二律定吉凶祸福。参看《左传》襄公十八年引师旷语、《国语·周语下》引伶州鸠语、《周礼·春官·大师》"大师执同律以听军声，而诏吉凶"郑玄注引《兵书》、《六韬·龙韬·五音》、《史记·律书》。惠栋说，"律"是六律之律。❷ 王引之驳之，以为此是唐人之说，谓"律"是律令之律。❸ 其实，《史记·律书》，据《太史公自序》，内容是讲兵事。他讲得很清楚，此书所谓律是律历之律。史公之意，律历之律是六律之律，而非法令之律甚明。可见此说实非始自唐人。相反，军中之法古称军法，未闻有称军律者。沈家本曾指出，律之本义，本指六律五声平均之法，法令之律反而是引申义。❹ "臧"，《国语·晋语五》："夫师，郤子之师也，其事臧。""臧"，应读臧。韦昭注："臧，善也。"前面加"否"（音 pǐ），则是不善。❺

在师中吉，无咎 或读"在师中，吉无咎"，或读"在师

❶《左传》宣公十二年记知庄子之言，提到《周易》有之，在《师》之《临》，涉及此卦初六。

❷ 惠栋《周易述》，郑万耕点校，北京：中华书局，2007年，上册，26页。

❸ 王引之《经义述闻·周易上》"师出以律"条，收入阮元《清经解》，第六册，769页。

❹ 沈家本《历代刑法考》，邓经元、骈宇骞点校，北京：中华书局，1985年，第二册，809–811页。

❺ 闻一多《周易义证类纂》，收入《闻一多全集》，北京：三联书店，1982年（据上海开明书店1948年版重印），第二册，39–40页。

中，吉，无咎"，意思差不太多，但若断为"在师，中吉，无咎"就大不一样。❶ "中吉"，见《讼》卦卦辞，是相对于"终凶"，用在这里不合适。

王三锡命 "锡"读赐。"三命"是三次册命，赐赏爵禄、车马、器服。三命是公侯之卿的待遇，参看《周礼》的《大宗伯》、《典命》和《礼记·王制》。《左传》多次提到"三命"，如僖公三十三年、成公二年、襄公十九年、襄公二十六年、昭公七年、十二年。

舆尸 上博本、马王堆本同。舆字从车异声。异即举之本字，象四手共举。异加与（即牙字）为舆，是对举之义；异加手为举，是手抬之义；异加同为興，是共举之义。这些字都和抬举之义有关。舆本指轿子（字亦作轝、桐），装在车上者是车舆（字同轝）。古称运送灵柩的车为"柩舆"，称抬运尸体入殓、入葬叫"举尸"。这里，"舆"是动词，指用车运载尸体，读为"举尸"亦通。 案：二十八宿有舆鬼五星，中间一星叫积尸，所谓"舆鬼"，其实就是指舆尸。参看《睽》卦上九"载鬼一车"。

左次 指舍营于山之东南、水之西北。"左"是代表阳面。"次"，上博本作"柬"。❷ 次与师音义俱近，指舍营。《孙子·行军》："凡军好高而恶下，贵阳而贱阴。"兵阴阳家是以高为阳，以下为阴；左、前为阳，右、背为阴。讲究左边和前方视野开阔，右边和背后有高地为依托，即所谓"右背山陵，前左水泽"。 此说见银雀山汉简《孙子兵法·地形二》(《孙子兵法》佚篇)。❸ 王弼注："行师之法，欲右背高，故左次之。"孔颖达

❶ 如中华书局点校本的《周易本义》，廖名春就是这样断句。

❷ 关于这个字的正确隶定，请看李零《读上博楚简〈周易〉》，56页。

❸ 银雀山汉墓竹简整理小组编《银雀山汉墓竹简》〔壹〕，北京：文物出版社，1985年，33-34页。参看李零《兵以诈立——我读〈孙子〉》，北京：中华书局，2006年，267-272页。

疏："'行师之法，欲右背高'者，此兵法也。故《汉书》韩信曰：'兵法欲右背山陵，前左水泽。'"即根据这类说法。崔憬注："偏将军居左。左次，常备师也。"是据《老子》第三十一章，非此所当。

田有擒 是以在野外打猎捉到很多动物，比喻这次战斗颇有斩获。

利执言 西周金文，斩首叫"折首"，生擒叫"执讯"。"执言"可能是和"执讯"有关的"言"。"言"，疑指预言，即战前对斩获的预期。

弟子 对长子而言，指长子以外的群弟。

大君 可能是"大人君子"之省。上博本作"大君子"，马王堆本、双古堆本作"大人君"。这个词又见《履》卦六三、《临》卦六五。

开国承家 "开"是避汉景帝讳，"国"是避汉高祖讳。上博本作"启邦承家"，"邦"是本来面貌。马王堆本、双古堆本作"启国承家"，只避汉高祖讳，不避汉景帝讳。

小人勿用 "小人"是身份低贱的人，有别于大人、君子。这个词在《易经》中一共出现过10次，皆用于爻辞，阴爻5次，阳爻5次。见于阴爻，都是利小人，不利大人、君子。见于阳爻，都是利大人、君子，不利小人。《易经》中的"用"多指可行，"勿用"多指不可行。这里的"小人勿用"，是说上面这种事不利小人，对小人不适用，小人做不来，与小人无关。此语又见《既济》九三。

比卦第八
——怀柔最为高明

比：吉，原筮，元永贞，无咎。不宁方来，後夫凶。

比卦：吉，在原野中算卦，凡有卜问，永无祸殃。不肯臣服的国家纷纷来朝拜，争先恐后，唯恐落在后面。

初六，有孚比之，无咎。有孚盈缶，终来有它，吉。

阴爻一，真能远近皆服，才能免于祸殃。真能汲水满罐，才能叫做圆满。即使最后有意外，仍很吉祥。

六二，比之自内，贞吉。

阴爻二，安定国内，令百姓亲附，占卜结果是吉。

六三，比之匪（非）人。

阴爻三，就连非亲非故的人也要怀柔。

六四，外比之，贞吉。

阴爻四，睦邻友好，令四海归心，占卜结果是吉。

九五，显比，王用三驱，失前禽，邑人不戒（骇），吉。

阳爻五，为了彰显诚意，王在野外打猎，总是三面包抄，〔网开一面〕。参加围猎的当地人故意让面前的野兽跑掉，并不击鼓呐喊拦阻之，这样打猎才叫吉。

上六，比（之）无首，凶。

阴爻六，〔即使四海一家，也要有个头〕，如果没有一个头，凶。

【大义】

此卦下坤上坎，❶讲怀柔四方，远近来服。这种"比"是一种大团结，有趣的是，它不是平等联合，而是一圈绕一圈，由远及近，团结在王这个核心的周围。

《师》、《比》是内容相关的一对。《师》卦讲用兵，《比》卦讲治国，文武之道，各占一条。

【校读】

比　使人亲附，团结在王的周围。西周有句时髦话，叫"柔远能迩"。此语见于《诗·大雅·民劳》、《书》的《顾命》、《文侯之命》和西周铜器大克鼎，❷意思是用怀柔的方法使远近来服。《比》卦就是讲"柔远能迩"。中国古代政治，此说最重要。

原筮　野筮，在原野中算卦。原野空旷，可以远眺四方。"原"，马王堆本同，上博本作"备"。案：《说文解字》有两个原字：源泉之源作原（《说文解字·灥部》），原野之原作邍（《说文解字·辵部》）。这两个字，本来是两个字，秦汉以来才混淆，

❶《左传》闵公元年记辛廖之占，涉及此卦，参看上《屯》卦。《左传》昭公七年记孔成子之占，遇《屯》之《比》，涉及此卦初六。《左传》昭公十二年记南蒯枚筮，遇《坤》之《比》，涉及此卦九五。

❷《殷周金文集成》（修订增补本），北京：中华书局，2007年，第二册，1515页：02836。参看裘锡圭《释殷墟甲骨文里的"远"、"𨑖"（迩）及有关诸字》，收入氏著《古文字论集》，北京：中华书局，1992年，1-10页。

现在都写成原。上博本的备字是遶字的省体（注意，此字与備字的简化字无关）。它说明这里的"原筮"是野筮。遶，两周文字从备从象，许慎误以为从备从录。其实象即橡、橡等字所从，它是从象得声。

不宁方　是不肯臣服、不来朝拜的方国。《周礼·考工记》讲射侯（射箭的靶子），有所谓"不宁侯"。"不宁"类似"不廷"，《诗·大雅·韩奕》有"不庭方"，五祀𣪕钟和毛公鼎也有这个词。❶《左传》隐公十年、成公十二年、襄公十六年则有"讨不廷"之语。

有孚比之　"有孚"，和表示占卜应验的"有孚"含义相通，也是指不出所料，果然如此。"比之"，指远近来服。

有孚盈缶，终来有它，吉　这话比较费解。我把我的理解讲一下，供大家参考。"有孚"，读与上同，是说真能做到。做到什么？就是把缶装满。缶是打水的罐子，郑玄说是"汲器也"（《释文》引）。打水，当然要把罐子装满，装满水再提上来。但有时会出意外，水已经提到井口，又翻了下去，让人抱恨不已。比如下《井》卦的卦辞就是讲这种情况，"汔至亦未繘（矞）井，羸其瓶，凶"。这个结果很不好。但有意思的是，这里说，团结，一定要把工作做到家，就像打水，一定要把水打满，即使后来有意外，也很值得。今本"盈"，同马王堆本。上博本作"洝"，其右半写法比较怪，如何分析，还值得讨论。❷清华楚简《系年》有"洝门"（简123），整理者释"溋门"。❸

有它　有意外。这个词也见于下《大过》九四、《中孚》

---

❶《殷周金文集成》（修订增补本），第一册，500 页：00358.2；第二册，1534-1543 页：02841A-02841C。

❷ 参看李零《读上博楚简〈周易〉》。我怀疑，此字的声旁可能是姓字之省，或可释洝。《玉篇·水部》："洝，水涨。"《集韵·庚韵》："洝，水深广皃。"与盈音义俱近。

❸ 李学勤主编《清华大学藏战国竹简》（贰），上海：中西书局，2011 年，下册，192、252 页。

初九。

比之自内 "内"指国内,而非公卿。《易经》以下卦为内卦。

比之匪人 此句下,王肃本还有"凶"字,或以为脱"凶"字,但上博本、马王堆本均无,同今本。"匪人",《否》卦卦辞也有这个词,两处都读"非人"。什么叫"匪人"?旧注有两种解释,一种是非亲非故之人,如王弼注(注在《比》卦):"所与比者皆非己亲,故曰比之匪人。"一种是弑君弑父之人,如虞翻注(注在《否》卦):"以臣弑其君,以子弑其父,故云匪人。"前者是外人,后者是坏人。这里的翻译是取王弼说。

外比之 "外"指国外。此卦主题是讲怀柔远人,所谓"内"、"外"指国内、外,而非内外服。《易经》以上卦为外卦。

显比 "显"训明,《诗》、《书》常见。特别是"丕显"一词,西周金文常见,为典型的西周用语。

戒 同骇,即骇字的另一种写法,指击鼓呐喊,阻吓野兽,驱赶野兽。如《周礼·夏官·大司马》"鼓三戒",《释文》:"本亦作骇",就是这种用法。

比之无首 上博本、马王堆本、双古堆本、汉石经本皆无"之"字。"之"是后人所加。《易经》以最上一爻为"首",最下一爻为"尾"。此卦,九五与六二应,九五为尊,一阳领四阴,属于吉,但上六是阴爻,阴乘阳,属于凶。《乾》卦通九"见群龙无首,吉",与此相反。

小畜第九
——密云畜雨，泽及邻里

小畜：亨，密云不雨，自我西郊。

小畜卦：通于神明，乌云密布，来自这座城邑的西郊，却不下雨。

初九，复自道，何其咎？吉。

阳爻一，从来路往回赶，有什么不好？很吉利。

九二，牵复，吉。

阳爻二，接二连三往回赶，很吉利。

九三，舆说（脱）辐（輹），夫妻反目。

阳爻三，车厢下的伏兔被颠掉，车子没法走；夫妻反目为仇，〔日子没法过〕。

六四，有孚，血（恤）去惕出，无咎。

阴爻四，不出所料，忧愁、恐惧一扫光，没有祸殃。

九五，有孚挛如，富以（与）其邻。

阳爻五，心想事成，好运连连，自己发财，要散财邻里。

上九，既雨既处，尚德载（哉）。妇贞厉，月几（既）望，君子征凶。

阳爻六，雨也下了，天也晴了，〔该施舍的都施舍到了〕，真是道德高尚呀。妇人占卜，结果是有危险，月亮已经圆了，君子远行，不吉利呀。

【大义】

此卦下乾上巽，乾是天，巽是风。此卦《大象》（《象上》9）："风行天上，小畜。"风吹者密云，密云所畜者是雨。下雨不下雨，是古人经常卜问的对象。《易经》涉及下雨，除此卦，还有《睽》卦上九、《夬》卦九三、《鼎》卦九三、《小过》六五。上《需》卦也与下雨有关。

《小畜》以密云畜雨为象。畜雨就该下雨。它是以密云畜雨、然后下雨打比方，比喻积蓄财富，要乐善好施。如下九五"富以（与）其邻"，就是说，给邻居下点及时雨，救其危困。施舍是一种美德，上九称为"尚德"。

《小畜》和下《大畜》都以"畜"为名。所谓"畜"，以卦象而言，都是指阳包阴。《小畜》只有六四一阴，为上下五阳所包，所以叫"小畜"。《大畜》除六四，增加了六五，比《小畜》所畜者多，所以叫"大畜"。

【校读】

小畜 小有积蓄。"畜"，马王堆本作"蒆"（上博本缺），相当竺、笃、筑等字。笃与畜古音相近，含义相关。笃有厚义，密云之密正是厚的意思。密云畜雨，即小畜之义。《归藏》佚文作

"小毒（笃）畜"，是合两重含义为一。王家台秦简《归藏》作"少督"，属于通假关系。❶

舆说辐 "舆"是车厢，"说"通脱，"辐"是"輹"（音 fù）之误。《释文》："本亦作輹。"马王堆本作"緮"（上博本缺），可见原本作"輹"。辐是车轮的辐条，輹是车舆下固定车轴的部件（也叫伏兔），意思不一样。下《大畜》九二有"舆说（脱）輹"，《大壮》九四有"壮于大舆之輹"。

血去惕出 读"恤去惕出"。马融注："血，当作恤，忧也。"此语即下《涣》卦上九的"血去逖出"。"恤去"与"惕出"是对称的说法。

有孚挛如 "挛"音 luán，马融训连（《释文》引），意思是有求必应，好运连连。此句也见于下《中孚》九五。❷

富以其邻 读"富与其邻"，指散财邻里。下《泰》卦六四和《谦》卦六五的"不富以（与）其邻"是相反的说法。古人强调睦邻，如《诗·小雅·正月》有"洽比其邻"，《左传》僖公二十二年、襄公二十九年引作"协比其邻"。

既雨既处 "处"是止的意思。这里是以下雨比喻施惠于人。

尚德载 "尚德"即"高尚其德"。上博本作"尚得载"。《论语·宪问》："子曰：君子哉若人！ 尚德哉若人！"于省吾读"尚德哉"。❸

妇贞厉 "妇"为阴象，上九阳爻，不利阴，故曰"妇贞厉"。

月几望 "月"亦阴象。"几望"，"几"，原作"幾"。虞翻注："几，近也。"（《周易集解》引）"望"，阴历十五，月圆之时，阴最盛。其象也与上九悖，属于凶厉。古文字，望本作朢。

---

❶ 参看王明钦《王家台秦墓竹简概述》，艾兰、邢文编《新出简帛研究》，北京：文物出版社，2004 年，26–49 页，下文不再一一注明。

❷ 挛，上博本作"䜌"，马王堆本作"䜌"，皆通假字。案：上博本的这枚残简是我根据笔记增补（原简编号残 14–4），不在正式发表的释文中，因为只剩三个字，不能判断一定属于此简，也有可能属于《中孚》九五。参看李零《读上博楚简〈周易〉》。

❸ 于省吾《双剑誃易经新证》，收入《于省吾著作集》，北京：中华书局，2009 年，649–650 页。

朢字，象人企足，"举头望明月"。这种写法，去掉表示眼睛的臣，加注声符亡，就是望。"几望"是近于阴历十五。"既望"是过了阴历十五。"既望"是月相术语，常见，不仅见于古书，也见于西周铜器。"几望"则十分罕见，似乎仅见于此书。《易经》有三个"几望"，除此，下《归妹》九五、《中孚》六四也有。这三个"几望"，《小畜》"几望"，上博本缺，马王堆本、双古堆本同；《归妹》"几望"，上博本缺，马王堆本作"既望"，双古堆本亦缺。《中孚》"几望"，上博本缺，马王堆本作"既望"，双古堆本作"几望"。其他古本，也是两种写法都有。❶我怀疑，《易经》的三个"几望"其实都是"既望"，这里按"既望"翻译。

君子征凶 《易经》中的征字，除指征伐，多指出门上路，远行在外。月圆之后，男人出远门，当然对女人不利。案："征"与"往"、"有攸往"有点类似，为了有所区别，我把"征"翻成"远行"，"往"翻成"去"、"前往"或"出门"、"出行"。

❶ 这三个"几望"，荀爽本均作"既望"（见《周易集解》和《释文》）。《小畜》"几望"，《子夏易传》作"近望"（《释文》引）。《中孚》"几望"，《京房易传》作"近望"。"近望"是"几望"。

履卦第十
——征夫苦役,如履虎尾

履虎尾,不咥人,亨。

履卦:如果踩了老虎的尾巴,老虎不吃人,将通于神明。

初九,素履往,无咎。

阳爻一,穿白色的鞋子去,没有祸殃。

九二,履道坦坦,幽人贞吉。

阳爻二,脚下的路非常平坦,就连囚犯卜问出行,结果都很顺利。

六三,眇能视,跛能履。履虎尾,咥人,凶,武人为于大君。

阴爻三,〔走在这么平坦的路上〕,瞎子都能睁眼看,瘸子都能迈步走。但军人为大人君子效力,〔一旦踏上征途〕,却像踩着老虎尾巴,随时都可能被老虎吃掉,凶得很。

九四,履虎尾,愬愬,终吉。

阳爻四,虽然踩着老虎尾巴,免不了胆战心惊,但最终却逢凶化吉。

九五，夬（缺）履，贞厉。　　　　阳爻五，如果把鞋子穿破，卜问出
　　　　　　　　　　　　　　　　　　行，答案是有危险。

上九，视履考祥（详），其旋元吉。　阳爻六，仔细复查来路，返程才能
　　　　　　　　　　　　　　　　　　顺利。

【大义】

此卦下兑上乾，讲军人出征，沿途充满危险，好像踩着老虎尾巴。

《小畜》和《履》卦是什么关系，好像不太清楚，只能试加讨论。《小畜》上九说，"妇贞厉，月几（既）望，君子征凶"，意思是，月儿圆了，丈夫却要出远门，对妇女不利。这几句话是前后两卦的过渡。接下来的《履》卦恰好是讲征夫苦役，一路艰险。

【校读】

履虎尾 "履"是双层底的鞋子，这里当动词，指践踏、步行。这里的卦名是与下文连读。同样的例子还有《否》卦、《同人》、《艮》卦。高亨以为这四个卦名，下面皆脱去一字，❶ 验之上博本、马王堆本和双古堆本，非是，各本皆无重文号。

咥 音 dié，是啮咬吞噬的意思。今晋、陕方言称吃为咥。

幽人 虞翻注以为因犯（《周易集解》引），孔颖达疏以为隐士。案：古书多以幽指囚系，二说当以虞说为是。❷

跛 音 bǒ，瘸子。

武人 指军人，不是一般理解的"刚武之人"（如朱熹说）。❸ 案："武人"一词，见《诗经》、《礼记》。《诗·大雅·渐渐之

❶ 高亨《周易古经今注》（重订本），18-23 页。

❷ 参看惠栋《周易述》，上册，34-35 页；王引之《经义述闻·周易上》"幽人"条，收入阮元编《清经解》，第六册，770 页；高亨《周易古经今注》（重订本），189 页。

❸ 朱熹《周易正义》，72 页。

石》"武人东征",郑玄笺:"武人,谓将率也。"其实,武人只是军人,不一定是将帅。如《礼记·月令》"还反,赏军帅、武人于朝","武人"与"军帅"并出,可见有别于"军帅"。❶这个词又见于《巽》卦初六。

❶ 还有一条可参考:《国语·晋语六》:"(郤)至闻之,武人不乱,智人不诈,仁人不党。"

大君 马王堆本同(上博本同)。这个词也见于上《师》卦上六,疑是"大人君子"之省。

愬愬 音 sè sè,形容害怕。马融本作"虩虩"(《释文》引),音义俱近。

夬履 "夬"音 guài,这里读决。决有断裂缺损之义,这里指把鞋子穿破。

考祥 读"考详"。"祥",《释文》:"本亦作详。"虞翻本、《周易集解》作"详"。"考详"是详细考察,与祥善之义无关。

泰卦第十一

—— 天地相通，上下和谐

䷊ 泰：小往大来，吉，亨。

泰卦：小的去，大的来，吉祥，通于神明。

初九，拔茅茹（挐），以其汇，征吉。

阳爻一，拔茅草，要连根拔，远行吉。

九二，包荒，用冯（凭）河，不遐遗。朋亡，得尚于中行。

阳爻二，心胸宽广，才能率众渡河，一个人也不抛弃。即使同伴掉队，路上也有人相助。

九三，无平不陂（颇），无往不复。艰贞无咎，勿恤其孚，于食有福。

阳爻三，没有平坦不变崎岖，没有一去不再回头。卜问艰难，没有祸殃，不要担心灵不灵，只消一顿饭的工夫，好运就会到来。

六四，翩翩，不富以（与）其邻，不戒以孚。

阴爻四，翩然来去，既不靠散财邻里，收买人心，也不靠三令五申，取信于民。

六五，帝乙归妹，以祉元吉。

上六，城复（覆）于隍，勿用师，自邑告命，贞吝。

阴爻五，帝乙嫁妹之占，可求最大吉祥。

阴爻六，某城报警，说城墙坍塌，压在城壕上，不可用兵，占卜结果是遗憾。

【大义】

此卦下乾上坤，❶地在天上。它的六爻，三阳往上去，三阴朝下来，互相迎着走，好像天气轻清而上升，地气重浊而下降。这是个天地相通、上下和谐的好卦。❷此卦《彖辞》（《彖上》11）说，《泰》卦是讲"天地交而万物通"。它的特点是上下通气。

【校读】

泰 是大或太的另一种写法。秦系文字，常以泰为太或大，有时也写成奈。泰有大的意思，也有滑、通之训。此字，马融训大，郑玄训通（《释文》引）。王弼折其衷，释为"大通"。

小往大来 指阳长阴消。案：《易传》以阴为小，阳为大，阴为小人，阳为君子。此卦《彖辞》（《彖上》11）说，《泰》卦的特点是"内阳而外阴，内健而外顺，内君子而外小人，君子道长，小人道消也"。"内"即下，"外"即上，"君子道长"即"大来"，"小人道消"即"小往"。

拔茅茹 拔茅草，茅草的根往往连在一起，如果不连根拔，就会不断蔓延。"茹"，郑玄、王弼皆以"牵引"为释（郑玄注见《汉书·刘向传》颜师古注引），可见"茹"当读为挐（音 ná）。《说文解字·手部》："挐，牵引也。"古人常以"纷挐"形容盘根

---

❶ 《左传》哀公九年记阳虎之占，遇《泰》之《需》，涉及此卦六五。《国语·晋语四》记董因之占，得《泰》之八，涉及此卦卦辞。

❷ 故宫，乾清宫和坤宁宫中间有个交泰殿，就是取象于此。

错节、头绪纷乱。挛亦作挐。

以其彙 "彙",旧注皆以类释之。这里指茅草之根,丛生蝟集,必寻其根,全部拔除。此字,马王堆本作"胃"(上博本缺),《释文》引古文本作"肙",皆通假字。案:《说文解字·彑部》:"彙,虫似豪猪者。"以蝟为彙之或体。彙、蝟即刺猬。《说文解字·宋部》另有"㭁"字,意思是"艸木㭁孛之皃(貌)"。则是形容草木丛生。《集韵·未韵》引《说文》,以肙为㭁之或体。

包荒 "包"是包容,"荒"是大。这是形容心胸广,有容乃大。

冯河 不假舟楫,徒步渡河。"冯"音 píng,读凭。

不遐遗 即"不遐弃"。《诗·周南·汝坟》:"既见君子,不我遐弃。"遐弃是远弃。

得尚于中行 "尚"有佑助之义。《尔雅·释诂》训尚为右,《诗·大雅·抑》有"肆皇天弗尚"句,也是皇天不佑之义。参看王引之《经义述闻·周易上》"得尚于中行、行有尚、往有尚"条。❶案:此卦"中行",王引之以为指上下两卦之中爻九二与六五应。但"中行"又见下《复》卦六四、《夬》卦九五,未必都指得中。特别是《益》六三、六四的"中行",有可能是人名,与此不同。

陂 音 pō,假借为颇,意思是不平。

帝乙归妹,以祉元吉 见《左传》哀公九年。"帝乙",殷纣王的父亲。"归妹",虞翻注:"归,嫁也。"王弼注:"妹,少女

❶ 阮元编《清经解》,第六册,770 页。

之称也。""祉"音 zhǐ，训福，这里指赐福。"帝乙归妹"，又见下《归妹》六五。顾颉刚考证，帝乙嫁女，是嫁给文王。此女即有莘氏女，武王之母太姒（见《诗·大雅》的《大明》、《思齐》）。❶ 这是用典。古代筮占书喜欢引用传说人物和历史典故，如《连山》、《归藏》佚文和王家台秦简《归藏》就是如此。❷《左传》引用的择日之说也是如此。❸ 这是《易经》的第一大典故。

城复于隍，勿用师，自邑告命 "城"是城墙，高出地面。"复"，读倾覆之覆，这里是简化字，原作"復"。"隍"音 huáng，是城壕，低于地面。《说文解字·𨸏部》："隍，城池也。有水曰池，无水曰隍。"引《易》同今本。这里，城是代表阳，隍是代表阴，城墙塌了，压在城壕上，乃泰极生否之象。"勿用师"，是说不可用兵。"自邑告命"是从某个城邑报警。这三句话是倒装句，前两句是转述报警的话，第三句是讲这些话的出处。下《夬》卦卦辞"夬，扬于王庭，孚号有厉，告自邑"。与此相似。"自邑告命"即"告自邑"。

❶ 顾颉刚《周易卦爻辞中的故事》，收入《古史辨》第三册上编，北京：朴社，1931年，1-44页。

❷ 李零《中国方术续考》，北京：中华书局，2006年，242页。

❸ 李零《中国方术续考》，370页。

否卦第十二

—— 否极泰来，转忧为喜

䷋ 否之匪（非）人，不利君子贞。大往小来。

否卦：不该否定的人遭到否定，对君子占卜很不利。大的反而去，小的反而来。

初六，拔茅茹（挐），以其彙。贞吉，亨。

阴爻一，拔茅草，要连根拔。占卜结果是吉，通于神明。

六二，包承，小人吉，大人否亨。

阴爻二，好听阿谀奉承，只能让小人得势，大人倒霉。

六三，包羞。

阴爻三，还是包羞忍耻吧。

九四，有命无咎，畴离（丽）祉？

阳爻四，有命在天，远离祸殃，谁会沾上好福气？

九五，休否，大人吉。"其亡其亡，系于苞桑"。

阳爻五，善意的否定，反而对大人有利。"鸟儿逃啊逃，落在桑树上。"

上九，倾否，先否後喜。

阳爻六，否定的否定，〔其实是好事〕，先倒霉，后高兴。

❶《左传》庄公二十二年记周史之占，遇《观》之《否》，涉及此卦九四。《国语·周语》记晋人之占，遇《乾》之《否》，涉及此卦。

【大义】

此卦下坤上乾，❶与《泰》卦相反，不是地在天上，而是天在地上。它的六爻，三阳往上走，三阴朝下来，方向相反。这是个天地隔绝、上下乖离的坏卦。此卦《象辞》（《象上》12）说，《否》卦是讲"天地不交而万物不通"。它的特点是上下不通气。

上下不通气，结果是什么？主要是小人得势，君子倒霉。

《泰》卦讲通，《否》卦讲不通，这是相反的一对。

【校读】

否之匪人 卦名连下读。"否"音pǐ，否定。"匪人"即非人。这里指不该倒霉的人反而倒了霉。

大往小来 与《泰》卦相反，指阴长阳消。案：此卦《象辞》（《象上》12）的解释也与《泰》卦相反，它说《否》卦的特点是"内阴而外阳，内柔而外刚，内小人而外君子，小人道长，君子道消也"。

拔茅茹，以其汇 与《泰卦》初九同。

包承 "包"是包容、忍受，这里指一味听信。"承"有尊敬、服从之义，这里指阿谀奉承。

否亨 是不通于神明，与吉相反，属于不利。

畴离祉 "畴"，古训孰、谁，见《尔雅·释诂下》。这是比较古老的用法。如《书·尧典》"畴咨若时登庸"，就是这样用。"离"，读丽，是附丽之义。"祉"，福气。

休否 是好的否定。《尔雅·释言》："休，庆也。"《广雅·释言》："休，喜也。"西周金文中的"休"字多为喜、庆、美、好之义。下《复》卦六二有"休复","休"字的用法同此。案：此卦九五与六二应，六二是"小人吉，大人否亨"，九五是"大人吉"，此即"休否"之义。

其亡其亡，系于苞桑 盖引古佚诗。大义是说，鸟儿四散，最后落在桑树上。"其亡其亡"，是形容鸟儿四散逃跑。"系"犹属也，疑指栖止。"苞桑"，则是丛生的桑树。这里不是说把鸟绑在树上，而是说鸟儿落在树上。《系辞下》9 提到这两句，是讲居安思危。"其亡其亡"是危，"系于苞桑"是安。王弼注、孔颖达疏就是以此立说。《诗·唐风·鸨羽》"肃肃鸨行，集于苞桑"是类似诗句，"集"是栖止之义，可对比。

倾否 "倾"是倾覆之倾。《泰》卦上六有"城复（覆）于隍"，这里的"倾否"正好相反，属于否定之否定。"城复（覆）于隍"是泰极生否，"倾否"是否极泰来。

先否後喜 《易经》中的喜字有两种用法，一种是喜忧之喜，一种指病情好转。这里是第一种用法。

同人第十三

——胜利会师,破涕为笑

䷌ 同人于野,亨,利涉大川,利君子贞。

同人卦:在野外集合,通于神明,利于渡大河,利于君子卜。

初九,同人于门,无咎。

六二,同人于宗,吝。

九三,伏戎于莽,升其高陵,三岁不兴。

九四,乘其墉,弗克攻,吉。

九五,同人,先号咷而後笑,大师克相遇。

上九,同人于郊,无悔。

阳爻一,在城门集合,没有祸殃。

阴爻二,在宗庙集合,难免遗憾。

阳爻三,敌人伏兵草莽,〔隐藏意图〕;登上高山,〔窥我虚实〕,三年不敢兴师。

阳爻四,〔敌人终于来犯〕,虽然登上我们的城头,却未能攻克,真是万幸。

阳爻五,集合军队,为什么先失声痛哭,后破涕为笑,原来是大军终于会师了。

阳爻六,〔凯旋归来〕,在城郊集合,无怨无悔。

【大义】

此卦下离上乾，❶讲集合军队。集合军队，这里叫"同人"。"同人"，前后五见，层次不同。作者说，御敌于野，最好；退守城门，也还行；退守宗庙，就不太妙。敌人准备多年，终于来犯，虽然登上城头，还是被击退，最后转败为胜，会师于郊外。此卦，旧注都以为是讲我攻敌城，我想，这是理解反了。

【校读】

同人于野 卦名连下读，指在野外集合。"同人"，相当《孙子兵法·军争》的"合军聚众"（又见该书的《九变》篇）。西周金文有这种用法的"同"字，如不其簋"戎大同，从追女（汝）"（戎人大集其众，跟在你的后面，穷追不舍），引簋"同䜌，追俘兵"（在䜌地集结，追击敌人，缴获武器）。❷中国古代，首都叫国，其他城市叫都、县。国分内外，城内和城郊叫国，城外叫野。作战，都是先野战，后攻城。野战不利，才退守城内。此卦，一上来先讲野，是因为野在最外一圈，陈师于野，就是"御敌于国门之外"。"御敌于国门之外"最好，所以下文有"亨"、"利"二字。《尔雅·释地》："邑外谓之郊，郊外谓之牧，牧外谓之野，野外谓之林，林外谓之坰。"这是细分。粗分，则城以外叫郊，郊以外叫野。

同人于门 疑指在城门集合。宫有宫门，城有城门。这里的"门"可能指城门。在城门集合就是退而守城。守城虽非上策，但还不是穷途末路，所以下文是"无咎"。

同人于宗 在宗庙集合。宗庙是首都的中心，如果守不住，

❶《左传》昭公二十九年记蔡墨之占，遇《乾》之《同人》，涉及此卦六二。

❷ 不其簋的铭文，见中国社会科学院考古研究所编《殷周金文集成》（修订增补本），北京：中华书局，2007年，第四册，2710 – 2715页：04328、04329，引簋的铭文，见李零《读陈庄遗址出土的青铜器铭文》，收入山东省文物考古研究所编《海岱考古》第四辑，北京：科学出版社，2011年，370 – 377页。

就无路可退。退守宗庙是不得已，所以下文是"吝"。

伏戎于莽 "戎"指军队、武器或战车。《夬》卦卦辞和九二也提到"戎"。

三岁不兴 《易经》五见"三岁"，两见"三年"。"三岁"，除此卦，还有《习坎》上六、《困》卦初六、《渐》卦九五、《丰》卦上六。"三年"，见《既济》九三、《未济》九四。

墉 音 yōng，城墙。

号咷 音 háo táo，失声痛哭。

同人于郊 《左传》隐公五年："三年而治兵，入而振旅，归而饮至，以数军实。"古代班师振旅，凯旋而归，要在城郊集合军队，清点人数。整顿完毕，才进城。

大有第十四
——得人心者得天下

䷍ 大有：元亨。

䷍ 大有卦：最为顺利。

初九，无交害，匪（非）咎。艰则无咎。

阳爻一，只要不是雪上加霜，倒霉的事没完没了，就算不上祸殃。遭受挫折，反无大患。

九二，大车以载，有攸往，无咎。

阳爻二，牛车满载，出行无祸。

九三，公用亨（享）于天子，小人弗克。

阳爻三，王公大臣祭天子，小人不配参加。

九四，匪（彼）其彭（尩），无咎。

阳爻四，他们在庙门求神，没有祸殃。

六五，厥孚交如威如，吉。

阴爻五，上有威信，下有敬畏，同心同德，吉。

上九，自天祐之，吉，无不利。

阳爻六，上天保祐，吉，事无不利。

❶《左传》闵公二年记卜楚丘之父之占，遇《大有》之《乾》，涉及此卦六五。《左传》僖公二十五年记卜偃之占，遇《大有》之《睽》，涉及此卦九三。《左传》昭公二十九年记蔡墨之占，遇《乾》之《大有》，涉及此卦六五。

❷ 陈鼓应、赵建伟《周易今注今译》，143—144、148页。

【大义】

此卦下乾上离，❶ 上离为罗，下乾为天。有人说，网罗天下是大有天下之象。❷

《同人》讲战争，《大有》讲祭祀，它们的关系有点像《师》、《比》二卦。

【校读】

交害 犹"夷狄交侵"的"交侵"，指反复加害，害上加害。

大车 马王堆本同（上博本缺），《释文》引蜀才本作"大舆"，同《大壮》九四。古人把牛车叫大车。

公用亨于天子，小人弗克 见《左传》僖公二十五年。"公"，在《易经》中出现过六次（《大有》九三、《解》卦上六、《益》卦六三和六四、《鼎》卦九四、《小过》六五）。西周官制分内外服，内服王臣多称公、伯，供事于王畿之内；外服诸侯多称侯，则分封于王畿之外。"用亨"，即"用享"，马王堆本作"用芳"（上博本缺）。案："用享"，今本《易经》有两种写法，一种作"用亨"，一种作"用享"。前者，见《大有》九三、《随》卦上六、《升》卦六四；后者，见《损》卦卦辞、《益》卦六二。另外，《困》卦九二还有"利用享祀"，九五还有"利用祭祀"（《释文》："本亦作利用享祀"）。今本"元亨利贞"类的"亨"字，上博本全部作"郷"（与卿字同），但《随》卦上六的"用亨"，上博本作"用啻（享）"。马王堆本则把"用亨"、"用享"写成"用芳"。楚简六月叫享月，睡虎地秦简《日书》甲种称之为纺月，是类似的例子。

匪其彭 此句费解，有各种猜测。"匪其"，疑读"彼其"。

"彼其"，古书常见，如《诗经》提到 14 次（皆作"彼其之子"），《左传》提到四次，《孟子》提到三次。"彼"是相对于此，"其"是语助，合在一起，意思还是彼。参看王引之《经传释词》第五。❶下《离》卦上九有"获匪其醜"，"匪其"也是读为"彼其"。"彭"，王弼注读旁，虞翻注读尫（《周易集解》引），皆通假字。此卦讲"用亨（享）于天子"，应与祭祀有关。我怀疑，"彭"可读祊（音 bēng），指在庙门求神。案：《说文解字·示部》："祊，门内祭，先祖（之）所彷徨。"或体作閍。祊是宗庙的庙门，字亦作閍，如《诗·小雅·楚茨》"祝祭于祊"，《尔雅·释宫》"閍谓之门"，还有《左传》襄公二十四年、《国语·周语中》的"宗祊"，都是指庙门。"祊"见《礼记》，除指庙门（如《郊特牲》"祭于祊"、"祝于祊"，《祭统》"而出于祊"），还指祭祀（《礼器》"为祊乎外"，《郊特牲》"祊之于东方"）。孔颖达疏："凡祊有二种，一是正祭之时，既设祭於庙，又求神於庙门之内。《诗·楚茨》云：'祝祭于祊。'注云：'祊，门内平生待宾客之处，与祭同日也。'二是明日绎祭之时，设馔於庙门外西室，亦谓之祊，即上文云'祊之于东方'，注云：'祊之礼，宜于庙门外之西室。'是也。"《广雅·释天》也把祊当祭名之一种。

厥孚交如威如 "厥"训其，"孚"训信，"交"指上下应，"威"，既可读威，也可读畏，这里指上威下畏。案：此句，上博本作"氒（厥）孚洨女（如）悼女（如）"，马王堆本作"闕（厥）復（孚）交如委如"，马王堆帛书《二三子问》引此，作"《卦》曰：'絞如委如，吉。'孔子曰：'絞，白也。委，老也。老白之行……故曰吉。'"其义不甚明了，这里暂按王注、孔疏翻译。

❶ 王引之《经传释词》第五，见阮元《清经解》，第七册，19 页。

谦卦第十五
——谦虚使人受益

䷎ 谦：亨，君子有终。

䷎ 谦卦：通于神明，君子做事，善始善终。

初六，谦谦君子，用涉大川，吉。

六二，鸣谦，贞吉。

九三，劳谦，君子有终，吉。

六四，无不利，㧑谦。

六五，不富以（与）其邻，利用侵伐，无不利。

上六，鸣谦，利用行师征（邑国）〔邦〕。

阴爻一，谦谦君子，可渡大河，吉。

阴爻二，他虽有大名，却很谦虚。占卜结果是吉。

阳爻三，他虽有大功，却很谦虚。君子做事，善始善终，吉。

阴爻四，谦虚之道大行，事无不利。

阴爻五，不必散财给邻国。此爻利侵伐，事无不利。

阴爻六，谦虚之名远扬，利于行师用兵，征服周围的国家。

【大义】

此卦下艮上坤。❶全卦围绕一个"谦"字,讲君子以谦虚为美德。

上六"鸣谦,利用行师征(邑国)〔邦〕",为什么谦虚反而利侵伐?令人费解。

我想,周人开国的故事可以作为解释。司马迁说,西伯昌善养老,有谦虚的美名。他从牖里的监狱放出来,"阴行善",收买人心。各国闹矛盾,都找他调停。当时,虞、芮两国闹矛盾,它们的国君找他评理。一入周境,发现人家这个地方,"耕者皆让畔,民俗皆让长",让他们觉得特丢人,不好意思再见西伯昌,赶紧回家。回去就不闹了。这个故事一传十,十传百,大家都说,"西伯昌盖受命之君",还是请他当领导好。结果怎么样?他和他的儿子把陕西境内征服了,把晋南豫西征服了。最后,就连商朝也让周人灭掉了(见《史记·周本纪》)。

这个故事可以帮助我们理解,为什么谦谦君子,反而喜欢征服别的国家。

❶《左传》昭公五年记庄叔之占,遇《明夷》之《谦》,涉及此卦初六。

【校读】

谦 有恭敬、慎重、谦虚、退让等义。上博本作"壓",从厂从土与从石同,等于磏字。马王堆本作"嗛",也是用作谦字。汉代流行后一写法。

鸣谦 虽有名气,却很谦虚。王弼注:"鸣者,声名闻之谓也。"鸣、名古音相同。《广雅·释诂》:"鸣,名也。"

劳谦 虽有功劳,却很谦虚。劳有三义:劳苦之劳、功劳之劳、慰劳之劳。这里是功劳之劳。

撝谦 撝音huī，发挥。❶

利用行师征邑国 上博本作"可用行帀（师）征邦"，早期古书中的"国"，不是用来表示国土疆域。表示国土疆域的词，本来写成"邦"，汉避高祖讳才改成"国"。"征邦"是本来面貌。《释文》："本或作'征邑国'者非。"案："国"，战国文字往往写成䣛，"邑国"或即此字之讹。早期古书中的国字有两种含义，一种同域字，表示区域，如汉代的"西域"就是古书说的"西国"，这样的国是集合名词，不是某个具体国家；一种是首都，有别于都、县的中心城邑。比如《左传》隐公元年"都，城过百雉，国之害也"，国字就是后一含义。

❶ 上博本作"䙷"，相当货字，马王堆本作"䛝"。

豫卦第十六
——荒淫使人堕落

䷏ 豫：利建侯行师。

初六，鸣豫，凶。

六二，介于石，不终日，贞吉。

六三，盱（歌）豫，悔迟（夷）有悔。

九四，由（犹）豫，大有得；勿疑，朋盍簪（谮）。

六五，贞疾，恒不死。

上六，冥豫，成有渝，无咎。

䷏ 豫卦：利于封建诸侯、行师用兵。

阴爻一，以淫逸出名，凶。

阴爻二，如果顽固如石，就连一天也混不下去。〔混不下去就对了〕，占卜结果是吉。

阴爻三，骄奢淫逸，倒霉事接二连三。

阳爻四，看上去大有好处，应该仔细掂量；朋友全说坏话，反而不要迟疑。

阴爻五，卜问疾病，一时半会儿还死不了，且活着呢。

阴爻六，沉迷淫乐，已成积习，只有痛改前非，才能免于灾祸。

【大义】

此卦下坤上震，❶以戒逸豫为主旨。逸豫是骄奢淫逸。《谦》卦讲谦虚，《豫》卦讲骄奢，这两卦是相反的一对。

【校读】

豫 上博本作"余"，马王堆本作"馀"，双古堆本作"豫"。余、馀皆假借字。豫字的基本含义是乐（喜悦、快乐），引申义是淫逸、放荡。此外，它还有一种含义是病除、病愈。这里的"豫"兼有这三种含义，但主要是第二种含义。这种含义的"豫"也可以看作一种乐，但不是一般的乐，而是超出合理范围的乐，古人叫"逸豫"。周人鉴殷之亡，每以逸豫为戒，《尚书》多言之（如《康诰》、《无逸》）。战国文字，豫字往往作䜩，文字本身就与逸字有关。❷孔颖达说，这里的豫字是"取逸豫之义，以和顺而动，动不违众，众皆说（悦）豫，故谓之豫也"，就是折中第一和第二种含义。第三种含义的"豫"，即六五所述。

鸣豫 与"鸣谦"相反，是以淫逸为荣，自高其名。

介于石 像石头一样硬。"介"，坚硬。"于"，用与如同。案：许慎以介为界画之界（《说文解字·八部》），非此所当。或以六二居中，释为居间之介，也不合适。此句，《释文》引古文本作"砎于石"。《广韵·怪韵》："砎，硬也。"王弼注："故不改其操，介如石焉。"孔颖达疏："守志耿介，似于石然。"侯果注："假如坚石，不可移变。"（《周易集解》引）《荀子·修身》："善在身，介然必以自好也。"杨倞注："介然，坚固貌。《易》曰：'介如石焉。'自好，自乐其善也。"皆以其硬如石为说。于有如

❶《国语·晋语四》记司空季子之言，对《屯》、《豫》二卦有一番解释。

❷参看何琳仪《战国古文字典》，上册，568–569页。

义，见王引之《经传释词》卷一，❶上述旧注全把于当如用。此爻《小象》(《象7上》16)："不终日贞吉，以中正也。"原文是说，因为太硬，所以要行中正，而不是相反，因为行中正，所以才要硬。❷我理解，下"贞吉"并不是说顽固如石好，而是说如此顽劣不终日好。

盱豫 盱音 xū，义为张目，非此所当。上博本作"可余"，马王堆本作"杅馀"，双古堆本作"歌豫"，这里暂按"歌豫"翻译。

悔迟有悔 疑读"悔夷有悔"，意思是旧悔方平，新悔又起。迟与夷互为通假，见于古书、古文字，不胜枚举。案：旧注皆以第一个"悔"字属上读，如王引之《经义述闻·周易上》"迟有悔、曰动悔有悔"条就这样断句，认为原文是说"盱豫既悔，迟又悔也"。❸其实，此句与《困》卦上六的"动悔有悔"有关。"动悔有悔"，上博本作"迖（逐）悬（悔）又（有）悬（悔）"，马王堆本正作"悔夷有悔"。两处的意思应当差不多，今以"悔"字属下读。

由豫 "由"，马融本作"犹"，云"犹豫，疑也"(《释文》引)。

朋盍簪 "朋"，朋友。"盍簪"，疑读"盍谮"(hé zèn)，指合起来说坏话。此句，上博本作"堋（朋）欲（盍）逮（谮）"，马王堆本作"傰（朋）甲（盍）讒"。逮字，过去不认识，学者有各种猜测，现在看来，还是以刘乐贤的意见最正确。❹逮是从母叶部字，谮是精母侵部字，讒是崇母谈部字，彼此是通假关系。此句，今本多异文，似可分为三系，《释文》引《子夏易传》、郑玄本、《埤苍》、王肃本作"簪"，引京房本、蜀才本作"撍"（或训疾，或训速），与逮、讒等字为通假关系。这是一系。另一系则与《正始石经》捷字的古文有关。《正始石经》捷字的古文作戠，

❶ 阮元编《清经解》，第七册，6页。

❷ 此爻与蒋介石的名、字有关。蒋氏，乳名瑞元，谱名周泰，学名志清，字介石。他的字，就是取自此爻的爻辞（据说对应于周泰），参加革命后，为了表示追随孙中山，改名中正，从此以中正自称。这个新名是取自此爻《小象》。蒋尊于台湾，而台湾皆呼其名；贬于大陆，而大陆皆呼其字。

❸ 清阮元编《清经解》，第六册，771页。

❹ 相关辞例和讨论，请看刘乐贤《读楚简札记（三则）》（收入氏著《战国秦汉简帛文字丛考》，北京：文物出版社，2010年，27–33页）。案：他举的四个例子都很重要。今本《缁衣》"从容有常"的"从"，郭店本作"聿"，上博本作"健"，是叶、侵二部与东部通假的早期实例。罗常培、周祖谟已经指出，容字可与侵、谈二部叶韵，见东方朔《七谏》、刘向《九叹》，参看氏著《汉魏晋南北朝韵部演变研究》，北京：中华书局，2007年，52–53页。葛陵楚简"聿瘆速疽（瘥）"，聿训疾、与速互文，但不必读为速。郭店楚简《尊德义》的例子怎么读，似乎还可讨论。

是假戴国的国名为之。《释文》引古文本作"贷"、马融本作"臧"、虞翻本作戠，皆此字之讹。还有一系是孤例，《释文》引荀爽本作宗，类似楚简《缁衣》（郭店本和上博本）以"㠯"、"倢"为"从"，则是叶、侵二部与东部字通假的早期实例。

贞疾，恒不死 病愈，古人称豫。《书·金縢》："王有疾弗豫。"《说文解字·心部》引之，作"《周书》曰：'有疾不悆。'悆，喜也。"此爻无"豫"字，但闻一多引此，谓"问疾而恒不至死，是疾将除。爻义皆在卦中，故知此爻读豫为除也"。[1]案：豫、悆二字皆有喜义。《易经》以喜指病愈，见《无妄》九四、《损》卦六四、《兑》卦九四，这里不必读豫为除，参看《无妄》九四"勿药有喜"校读。

冥豫 疑指沉迷于乐，不能自拔。下《升》卦上六有"冥升"，冥字的用法类似。

成有渝 疑指已成者终有变。下《随》卦初九有"官有渝"，与此不同。

---

[1] 闻一多《周易义证类纂》，收入朱自清编《闻一多全集》，北京：三联书店，1982年，64–65页。

随卦第十七
——追捕逃犯

☷ 随：元亨，利贞，无咎。

☷ 随卦：通于神明，利于占卜，没有祸殃。

初九，官有渝（谕），贞吉，出门交有功。

六二，系小子，失丈夫。

六三，系丈夫，失小子。随有求得，利居（处）贞。

九四，随有获，贞凶。有孚（俘）在道以（已）明，何咎？

九五，孚（俘）于嘉，吉。

上六，拘系之，乃从维之，王用亨（享）于西山。

阳爻一，官府发出通缉，占卜结果是吉。出门追捕逃犯，会有两种结果。

阴爻二，抓年纪小的，年纪大的就跑了。

阴爻三，抓年纪大的，年纪小的就跑了。紧随其后，志在必得。卜问他们藏身何处，很有利。

阳爻四，终于抓到逃犯，即便占卜结果是凶，既然已在路上抓到，又有什么祸殃？

阳爻五，逃犯在嘉落网，万事大吉。

阴爻六，把逃犯关起来，五花大绑，供我王祭祀西山。

【大义】

此卦下震上兑，❶"随"见六三、九四，指追捕在逃犯人。古代日书有类似内容，如睡虎地秦简《日书》甲种有《盗者》篇，乙种有《盗》篇，就是讲抓强盗。❷

【校读】

随：元亨，利贞，无咎 同《乾》卦卦辞。《左传》襄公九年说，穆姜去世前，鲁史前往筮之，遇《艮》之八，谓此卦相当《周易》的《艮》之《随》，穆姜的解释很有名："是于《周易》曰：'《随》，元、亨、利、贞，无咎。'元，体之长也。亨，嘉之会也。利，义之和也。贞，事之干也。"此语，疑即《乾》卦《文言》讲"君子四德"所本。

官有渝 此句文义不明。孔颖达疏："官谓执掌之职。人心执掌与官同称，故人心所主谓之官。渝，变也。"很怪。蜀才本"官"作"馆"（《释文》引），也莫名其妙。案：上博本作"官又（有）渝"，马王堆本作"官或（有）谕"，双古堆本作"官有□"。"官"有多重含义，一指官员，二指官职，三指官府，四指官署（也叫官寺），字通馆，汉代也叫观。我怀疑，此句或读"官有谕"，同马王堆本，指官府有告示，通缉逃犯。

贞凶 上博本作"贞工"，马王堆本同今本。

有孚在道以明 疑读"有俘在道已明"。上博本、马王堆本"以"作"已"。案：《易经》中的"孚"字多指占卜结果有孚于心，符合心愿，非常灵验，这里似有所不同，指抓获在逃的犯人，疑读"俘"。

---

❶ 《左传》襄公九年记鲁史之占，遇《艮》之八，鲁史谓即《艮》之《随》，涉及此卦卦辞。

❷ 睡虎地秦墓竹简整理小组《睡虎地秦墓竹简》，北京：文物出版社，1990年，219–221、254–255页。

孚于嘉 疑读"俘于嘉"。嘉,疑是地名。

王用亨于西山 "亨"读享,上博本作"言",马王堆本作"芳",皆"享"字的假借字。"西山",上博本、马王堆本同,双古堆本作"支(岐)山"。《升》卦六四有"王用享于岐山"(《升》六四),两者似有混淆。朱骏声说:"西山,岍、陇诸山,其尊者为吴岳。"❶他是以宝鸡西部和宝鸡西北的山为西山。《史记·秦本纪》:"文公卒,葬西山。"是秦人所说的西山。正义引《括地志》,谓西山即"陈仓县西北三十七里秦陵山"。

拘系之 上博本作"係而敏(拘)之",马王堆本作"枸(拘)係之"。案:敏,即扣击的扣字。扣押和拘押是一个意思。

乃从维之 上博本作"从乃繻之",马王堆本作"乃从雟(繻)之"。"繻"音zuī,与维字含义相似,也是维系的意思。参看下《习坎》卦辞。

❶ 朱骏声《六十四卦经解》,北京:中华书局,2009年,78页。

蛊卦第十八
——父母淫乱

蛊：元亨，利涉大川，先甲三日，後甲三日。

蛊卦：最通神明，甲日之前三天，甲日之后三天，是渡大河的吉日。

初六，幹父之蛊，有子考（孝），无咎。厉，终吉。

阴爻一，阻止父亲淫乱，如果儿子孝顺，当可免于祸殃。即使冒风险，最后也会逢凶化吉。

九二，幹母之蛊，不可贞。

阳爻二，阻止母亲淫乱，此事不宜卜问。

九三，幹父之蛊，小有悔，无大咎。

阳爻三，阻止父亲淫乱，虽然小有悔恨，却可避免大灾难。

六四，裕父之蛊，往见吝。

阴爻四，如果容忍父亲淫乱，你去看他，肯定感到太可惜。

六五，幹父之蛊，用誉。

阴爻五，阻止父亲淫乱，应当受表扬。

上九，不事王侯，高尚其事。

阳爻六，不事王侯，〔在家侍亲〕，也很高尚。

【大义】

此卦下巽上艮，❶ 巽是风，艮训险，又训止，是个与风化有关的卦。什么叫蛊？古人认为，蛊是男女相诱，如风马牛，其结果是生淫疾，并由淫疾引起惑乱。淫乱很危险，当子女的要加以制止，这里有四个"幹"字，就是讲制止。

《左传》载卜徒父之占，遇《蛊》卦，以狐蛊为说，谓"《蛊》之贞，风也。其悔，山也"（僖公十五年）。医和为晋侯诊病，谓"室疾如蛊"，"女，阳物而晦时，淫则生内热惑蛊之疾"，"淫溺惑乱之所生也。于文，皿虫为蛊。谷之飞亦为蛊。在《周易》，女惑男、风落山谓之蛊䷑。皆同物也"（昭公元年）。这些都是解释卦象。

这里的蛊，不是一般的蛊，而是父母淫乱。春秋以降，宫闱秽乱，史不绝书，于是齐家之说起。儒家痛诋东周，希望回到西周。但是不是西周相反？好像也未必。早期贵族，也不一定是道德模范。

贵族的家不像穷人的家。穷人，一无权力、财产可以继承，二无妻妾成群、子孙满堂需要平衡。贵族的家，最难齐。

《随》卦讲追捕逃犯，《蛊》卦讲父母淫乱，两者好像没什么关系，但《序卦》、《杂卦》有一种解释，曲里拐弯。《序卦》："豫必有随，故受之以《随》。以喜随人者必有事，故受之以《蛊》。蛊者事也。"《杂卦》："《随》，无故也。《蛊》则饬也。"《随》卦讲抓逃犯，一切顺利，这叫"无故"。"故"训事，是事故之故。《蛊》卦讲父母淫乱，这叫"蛊"。"蛊"可读故，"蛊者事也"是拿蛊当事故，正与《随》卦相反。父母惑于色，要规之于正，这叫"饬也"，就是针对"蛊"。这是古人的一种解释。

❶《左传》僖公十五年记卜徒父之占，遇《蛊》卦，是以狐蛊为说。《左传》昭公元年记医和为晋侯诊病，对蛊也有讨论。

【校读】

蛊 是一种巫术。蛊字以皿、虫会意。"皿虫为蛊",就是据字形为说。中国南方,自古流行蛊道,至今仍存于云南、西藏。其术,置各种毒虫于一器,令相啖食,增加毒性,由巫师施蛊于人,是为蛊毒。蛊的另一含义是媚道。媚道是女子诱惑男子的巫术,也叫"相爱术"。❶"女惑男……谓之蛊",就是指后者。

先甲三日,後甲三日 一般说法,先甲三日是辛日,后甲三日是丁日。参看王引之《经义述闻·周易上》"先甲三日後甲三日、先庚三日後庚三日"条。❷ 下《巽》卦九五"先庚三日,後庚三日"是类似辞例。俞樾《群经评议·周易一》指出,"古人行事,每以先后三日为节"。❸

幹 纠正。虞翻注:"幹,正也。"(《周易集解》引)这里指阻止父母犯错误。《诗·大雅·韩奕》"榦不庭方",是类似辞例。

考 上博本作"攷",马王堆本作"巧",于省吾读孝。❹

裕父之蛊 马融注以"裕"为宽义(《释文》引),孔颖达疏也以"能容"为释。

❶ 参看李零《中国方术正考》,北京:中华书局,2006 年,319–320 页。

❷ 阮元编《清经解》,第六册,771–772 页。

❸ 王先谦编《清经解续编》,第五册,1027 页。

❹ 于省吾《双剑誃易经新证》,《于省吾著作集》本,684 页。

临卦第十九
——君临天下

䷒ 临：元亨，利贞，至于八月有凶。

临卦：最通神明，利于占卜，到了八月，才有不祥之兆。

初九，咸临，贞吉。

阳爻一，靠打动人心治民，占卜结果是吉。

九二，咸临，吉，无不利。

阳爻二，靠打动人心治民，吉，事无不利。

六三，甘临，无攸利；既忧之，无咎。

阴爻三，靠甜言蜜语治民，绝对没好处；只有为他们操心，才能免于祸殃。

六四，至临，无咎。

阴爻四，靠竭诚尽意治民，没有祸殃。

六五，知（智）临，大君之宜，吉。

阴爻五，靠聪明睿智治民，是大人君子应当做的事，当然很吉祥。

上六，敦临，吉，无咎。

阴爻六，靠宽仁深厚治民，也很吉祥，没有祸殃。

【大义】

此卦下兑上坤，❶讲治理百姓。此卦《大象》（《象上》19）："泽上有地，临。"把上卦理解为地，下卦理解为比地势更低的泽，即积水停潦之类。卦名"临"可能是双关语，以象而言是"霖"，以辞而言是"临"，详下。

【校读】

临 《归藏》佚文作"林祸"，王家台秦简《归藏》作"临"。闻一多说，临同灆，字同淋、霖，指下大雨。❷马王堆本作"林"（上博本缺）。这个卦名有两种写法，可能有双重含义，一种读法是霖，用下雨比喻上施恩泽于下；一种读法是临，指统治者高居上位，监临下民。《左传》闵公二年："告之以临民，教之以军旅。""临民"是治民的意思。

至于八月有凶 不详。旧注多以卦气消息为说。

咸临 读"感临"。"感"是感化。虞翻注（《周易集解》引）和王弼注读"感临"，但马王堆本作"禁"（上博本缺）。下《咸》卦之"咸"，读缄，上博本、马王堆本、双古堆本作"钦"，读禁，和缄相近，用之于此，似乎不合。这里仍按旧注翻译。

甘临 "甘"是甜美。王弼注："甘者，佞邪说媚，不正之名也。"从文义看，是个负面的概念。

至临 "至"是极致。

知临 读"智临"。知同智。

敦临 "敦"是敦厚。

大君 疑即大人君子。见上《师》卦上六、《履》卦六三。

---

❶《左传》宣公十二年记知庄子之言，提到《周易》有之，在《师》之《临》，涉及此卦初九。

❷闻一多《周易义证类纂》，23页。

观卦第二十
——俯察万民

䷓ 观：盥而不荐，有孚颙若。

初六，童观，小人无咎，君子吝。

六二，闚观，利女贞。

六三，观我生，进退。

六四，观国之光，利用宾于王。

九五，观我生，君子无咎。

上九，观其生，君子无咎。

䷓ 观卦：先把手洗干净，然后才摆放祭品，神态庄重，合乎身份。

阴爻一，用幼稚的眼光看人，小人不会倒霉，君子却很遗憾。

阴爻二，从门缝向外偷看，只能满足女子的好奇。

阴爻三，看百姓是否安居乐业，才知有所进退。

阴爻四，看国家是否繁荣昌盛，要看万邦来朝。

阳爻五，看我国的百姓过得怎么样，君子无祸。

阳爻六，看他国的百姓过得怎么样，君子无祸。

❶《左传》庄公二十二年记周史之占，遇《观》之《否》，涉及此卦六四。周史对此卦卦象的解释是："坤，土也。巽，风也。乾，天也。风为天于土上，山也。有山之材而照之以天光，于是乎居土上。"

❷ 程颐《周易程氏传》，收入《二程集》，下册，798页。

❸ 朱熹《周易本义》，98页。

【大义】

此卦下坤上巽，❶讲王观天下，王观风化。坤是地象，巽是风象，此卦《彖辞》（《彖上》20）："大观在上，顺而巽，中正以观天下。"《大象》（《象上》20）："风行地上，观。先王以省方、观民、设教。"都是强调上观于下。这个卦，二阳在上，四阴在下。古人说，九五是天子之尊，正好居上卦之中，天子是在这个"中正"的位置上"观天下"。王播教化，有如风行草偃，统治好不好，全看这些草，是不是风一吹，草就倒。王是九五，它上面还有一个九。这个九，既然在王之上，只能是天。下面四个六，则代表下民。

此卦六爻，每爻都有"观"字。它们当中，只有初六、六二是下民之观：初六是童蒙之观，六二是女人之观，都是糊涂人的观，被否定的"观"。上面四爻不同，都是王的观，居高临下的观。

宋儒不同，反过来讲。比如程颐，他听胡瑗讲，"君子居上，为天下之表仪，必极其庄敬，则下观仰而化也"。他主张"观"是"为下所观"。❷朱熹讲"观"，也强调"观者，有以示人，而为人所仰也。九五居上，四阴仰之"。❸这是讲反了。

《观》、《临》二卦都讲治民，是主题相近的一对。

【校读】

观　观察。此卦六爻，每爻都讲观。前两爻是一种观，小儿科的观，从门缝里观，都是下位之观。后四爻是另一种观。六三观民，六四观国，九五观我国，上九观他国，都是统治者的观。

此卦，卦辞讲盥，爻辞讲观。观与盥谐音。这种谐音借读，《易经》很常见。

盥而不荐 盥音 guàn，古音和观字相同，也和灌字相同。"盥"是洗手，"荐"是陈放祭品。祭礼，必先洁净双手，然后才陈设祭品，洗手的时候，还不摆放祭品，是为"盥而不荐"。这里的"盥"字有两种读法，一种读灌礼之灌，如马融注（《周易集解》引）和王弼注皆连上读，以为"观盥不观荐也"。他们这样读，其实是文字游戏，目的是为了附会《论语》。《论语·八佾》："禘自既灌之後而往者，吾不欲观之矣。"灌即裸，是以酒灌地，和洗手无关。还有一种是读如本字。盥字，像人在盥盘上用水浇灌双手，本来就当洗手讲。如朱熹注："盥，将祭而洁手也。荐，奉酒食以祭也。"[1]朱注胜，这里的翻译是取朱说，不取马说。

[1] 朱熹《周易本义》，98页。

有孚颙若 "有孚"是符合某种样子，"颙若"是庄重的仪态，这里指行祭礼前，要摆出一副庄重的模样。颙音 yóng，古音同雍。许慎说，这个字的意思是"大头"（《说文解字·页部》），放在这里不合适。马融说是"敬"的意思（《周易集解》引），倒比较合适。我怀疑，他是读颙为雍，雍可训和，也可训敬，这里是雍容大度的意思。

闚 音 kuī，从门缝向外偷看。

观我生 是观我生民，观我国的老百姓。《诗》、《书》常说"生民"。"生"字，马王堆本同，双古堆本作"产"（上博本缺）。秦人常以产代生。虞翻注："生谓坤生民也。"（《周易集解》引）

进退　表示选择。这个词也见于下《巽》卦初六。

观国之光，利用宾于王　见《左传》庄公二十二年。"光"指光辉。这段话是说，看一个国家是否繁荣昌盛，要看远近来服。宾是宾服，即各国都来朝见。

观其生　是观他国的生民，观其他国家的老百姓。

噬嗑第二十一

——酷刑如人肉大宴

噬嗑：亨，利用狱。

噬嗑卦：通于神明，利于断狱。

初九，屦校灭趾，无咎。

阳爻一，脚上的刑具，会毁掉双脚，没有祸殃。

六二，噬肤灭鼻，无咎。

阴爻二，吃五花肉，会毁掉鼻子，没有祸殃。

六三，噬腊肉，遇毒，小吝，无咎。

阴爻三，吃风干的肉，会中毒，小有遗憾，尚无大患。

九四，噬干胏，得金矢，利艰贞，吉。

阳爻四，吃带骨的肉干，会吃出铜箭头，利卜艰难，吉。

六五，噬干肉，得黄金，贞厉，无咎。

阴爻五，吃不带骨的肉干，会吃出黄铜，占卜结果是虽有危险，尚无大患。

上九，何（荷）校灭耳，凶。

阳爻六，肩上的刑具，会毁掉耳朵，凶。

【大义】

此卦下震上离,讲肉刑。此卦《彖辞》(《彖上》21):"刚柔分,动而明,雷电合而章。"此卦《大象》(《象上》21):"雷电,噬嗑。"震是雷之象,离是电之象。雷鸣电闪,很吓人,刑罚也有这个功能,不仅折磨肉体,而且摧残灵魂。

【校读】

噬嗑 音 shì hé,是吃的意思。今语"吃喝"疑即出于此。吃,本为口吃之吃(旧读 jī);喝,同嘶哑之哑,或用为喝斥之喝,与吃喝义无关。但噬,古训啗、训啮、训食,正相当吃字。嗑,古训多言,是絮絮叨叨的意思,也与吃喝义无关。但古代从盍与从甲的字往往通假,例子很多。《说文解字·口部》:"呷,吸呷也",正相当喝字。 噬是禅母月部字,吃是溪母物部字;嗑是匣母叶部字,喝是晓母缉部字,音近可通假。下文以吃肉比用刑,很形象。古有五刑,墨、劓、剕、宫、大辟,除大辟是死刑,其他是肉刑。❶肉刑模仿屠宰、烹调,对人体解剖有深入研究。中国古代,斧钺是兵刑的象征。商周铜钺,常以狰狞面孔加锯齿状大口做装饰,正合这一比喻。

❶ 参看沈家本《历代刑法考》,第一册,155–181页。

屦校灭趾 "屦校",屦音 jù,是单层底的鞋;校是木制刑具的统称。这两字合在一起,可能指桎梏之桎。"灭趾",是说毁掉双脚。案:《易经》多以初爻为脚,或称拇,或称趾。"趾"见《噬嗑》初九、《贲》卦初九、《大壮》初九、《夬》卦初九、《鼎》卦初六、《艮》卦初六,皆在初爻。"拇"见《咸》卦初六、《解》卦九四,除《解》卦九四,也在初爻。《解》卦九四是对应于初六。

噬肤灭鼻 "噬肤"，吃五花肉，疑为劓刑的隐语，所以下文是"灭鼻"。"肤"，不是皮肤的肤。皮肤的肤，许慎作臚。他是把肤当臚的籀文（《说文解字·肉部》）。肤与盧，古文字常混用。古书中的肤字，或指肉。这里的肤字就指肉。如马融注："柔脆肥美曰肤。"（《释文》引）王弼说略同。《仪礼》提到的"肤"，古人叫"胁革肉"（《士虞礼》和《少牢馈食礼》）。惠栋说，这里的肤就是胁革肉。❶胁革肉是腹部靠近肋骨的肉。这种肤，亦作臚，刘熙说，臚是"腹前肥者"（《玄应音义》卷二二引《释名》），其实就是五花肉。

❶ 惠栋《周易述》，上册，64页。

噬腊肉 可能也是某种肉刑的隐语。"腊"音 xī。腊与肤不同，是风干的肉。

噬干肺 可能也是某种肉刑的隐语。风干的肉有带骨和不带骨之分。肺音 zǐ，是带骨的肉干。

金矢 铜矢。可能是射猎所遗，或代指肉中的骨头。

噬干肉 可能也是某种肉刑的隐语。"干肉"既然与"干肺"相对，可能指不带骨的肉干。肉干有整、切之分，整块叫腊，切成条叫脯。

黄金 黄色的铜，不等于今天说的黄金。干肉，瘦肉发黑，肥肉发黄，这里也可能指干肉中的黄色部分。案：六五在上卦之中，黄为中色。

何校灭耳 "何"同荷，《释文》："本亦作荷。""校"指枷。孔疏以"何担枷械，灭没于耳"为说。"何校"是扛枷，"灭耳"是毁耳。案：何即荷之初文，古文字象人侧立，肩上扛戈，正合鲁迅《题〈彷徨〉》诗"两间余一卒，荷戟独彷徨"，许慎以何、儋互训（《说文解字·人部》）儋即担（繁体作擔）之初文。古人以肩扛为"荷"，今语"负荷"就来自这一含义。古代限制人身自由的刑具主要分三种，戴在手上叫梏（类似今之手铐），戴在脚上叫桎（类似今之脚镣），扛在肩上叫枷（今已不用）。枷，加之于颈，荷之于肩，有如犬马之项圈，比桎梏更折磨人体，摧残人心。

贲卦第二十二
——白色最美丽

䷕ 贲：亨，小利有攸往。

初九，贲其趾，舍车而徒。

六二，贲其须。

九三，贲如濡如，永贞吉。

六四，贲如皤如，白马翰如，匪（非）寇婚媾。

六五，贲于丘园，束帛戋戋，吝，终吉。

上九，白贲，无咎。

䷕ 贲卦：通于神明，小利出行。

阳爻一，把脚上打扮得太漂亮，宁肯有车不坐徒步走。

阴爻二，上面，头发、胡须也要细心打扮。

阳爻三，为头发、胡须上油，打扮得油光水滑，凡有卜问，永远吉祥。

阴爻四，驾车的白马，雪白又漂亮，不是来杀人越货，而是来迎娶新娘。

阴爻五，装点丘陵、园圃，用五匹丝绸为礼，礼物虽轻，有点对不起，但结果却很圆满。

阳爻六，以白为饰，没有祸殃。

【大义】

此卦下离上艮,和《屯》卦类似,也讲迎亲。它强调的是整个仪式要体体面面、漂漂亮亮,新郎官要浑身上下捯饬打扮,车马仪仗以白色为主。欧洲传奇有所谓"白马王子",这里的马也是白色。

《贲》卦与《噬嗑》相反。《贲》卦与《噬嗑》不同,《噬嗑》讲折磨犯人,凶得不能再凶;《贲》卦讲娶媳妇,喜得不能再喜。此卦《大象》(《象上》22)说"君子以明庶政,无敢折狱"。娶媳妇是大喜的事,当然不能跟断狱掺一块儿。这是两者的区别。

【校读】

贲 音 bì,文饰。文饰的要素,一是线条,二是色彩。前者是文理,后者是文采。此卦《彖辞》(《彖上》22):"贲:亨。柔来而文刚,故'亨'。分刚上而文柔,故'小利有攸往'。〔刚柔交错〕,天文也;文明以止,人文也。观乎天文,以察时变;观乎人文,以化成天下。"为了解释"贲"字,它一口气用了七个"文"字。

舍车而徒 "车",马王堆本同(上博本缺),《释文》:"音居,郑(郑玄)、张(张璠)本作舆,从汉时始有居音。"

须 胡须,也可泛指须发。

濡如 承上"贲其须",形容须发。"濡"音 rú。《礼记·丧大记》"濡濯弃于坎",孔疏引皇氏说:"濡,谓烦润其发。"这里指给须发上油。

皤如 形容白马。"皤"音 pó,本来是形容老人头发白,这里是形容白马白。

翰如 马王堆本作"幹茹(如)",双古堆本作"翰如"(上博本缺)。旧注有二说,一说马高(《释文》引马融、荀爽说,董遇、黄颖以为"马举头高卬(昂)",近之),一说形容白马白(《释文》引郑玄说,王弼注、孔颖达疏以为"鲜絜(洁)")。《广雅·释器》有训白的皜字。此用郑玄说。白马崇拜在骑马民族中很流行,殷墟卜辞和西周金文中的马就是以白马为贵。❶

贲于丘园 这里为什么要讲"贲于丘园",不太懂。"丘园",从字面理解,是丘陵和园圃。虞翻说,上卦为艮山,六五是半山,"园"是种果树的地方,代表林,"丘园"是"隐士之象"(《周易集解》引),不可信。高亨说,"丘园,女家之所居也",也是猜测。❷

束帛戋戋 这是薄礼。"束帛",《子夏易传》:"五匹为束,三玄二纁,象阴阳。""戋戋",音 jiān jiān,形容礼物很少。古代宾主相见,马匹和丝绸是常见的礼物(西周金文有"匹马束丝")。现在,蒙族和藏族还有送哈达的礼俗,就是古礼的遗风。

白贲 这是最后一个"贲"字,强调白色最美。案:《礼记·檀弓上》有夏人尚黑、殷人尚白、周人尚赤之说。所谓尚某色,只是更偏爱某色,并不是说只用某色,不用其他色。红、白、黑是三种最强烈的对比色,常被用于婚礼。俗话说,"男要俏,一身皂(黑色);女要俏,一身孝(白色)"。西方婚礼,男尚黑,女尚白,很符合这一标准。但中国晚近风俗是丧事尚白,喜事尚红。婚礼打扮,男多黑衣黑帽;女多红裙红襖红盖头。此古今中外礼俗之不同也。

❶ 参看裘锡圭《从殷墟甲骨卜辞看殷人对白马的重视》,收入氏著《古文字论集》,232–235页。西周金文中的赐赏物也有"大白马",如作册大方鼎,《殷周金文集成》(修订增补本),第二册,1426–1427页:02758–02761。

❷ 高亨《周易古经今注》(重订本),226页。

剥卦第二十三
——彻底剥夺

䷖ 剥：不利有攸往。

初六，剥床以足，蔑贞凶。

六二，剥床以辨，蔑贞凶。

六三，剥之，无咎。

六四，剥床以肤，凶。

六五，贯鱼以宫人宠，无不利。

上九，硕果不食。君子得舆，小人剥庐。

䷖ 剥卦：不利出行。

阴爻一，拆床先拆床腿，不顾占卜不祥。

阴爻二，拆床再拆床屉，不顾占卜不祥。

阴爻三，拆掉床腿和床屉，似乎也无祸殃。

阴爻四，直到拆掉床板，方知是凶。

阴爻五，后宫争宠，如过江之鲫，如果一条挨着一条，井然有序，事情就好办了。

阳爻六，太大的瓜，反而没法吃。君子出有车马，小人居无茅屋，就连茅屋也被拆掉。

【大义】

此卦下坤上艮,❶讲剥夺。

人类社会好像金字塔:穷人总是大多数,压在塔底;富人总是极少数,高居塔尖。富人剥夺穷人,总是从下往上一层层剥夺。穷人底盘大,一人剥削一点儿,撮一块儿,就相当可观。慈善家为什么讲"救急不救贫"?就是因为一人施舍一点儿,也相当可观。普救谈何容易?这里讲拆床,是从下往上拆,先拆床腿,再拆床屉,再拆床板。很符合现代经济学。

中国古代,早期没有椅子、凳子和架子床,坐卧一般在席子上,类似日本。床是比较高级的家具,可坐可卧。床拆掉了,屁股没处放,只能坐在冰凉的地上。

这里,拆床是比喻剥夺。《资本论》告诉我们,富人的财富从哪儿来,从穷人。不剥夺穷人,无以成其富。但彻底剥夺意味着什么?结果很清楚,财富的金字塔就塌了。

这个卦,一阳五阴,好像上面说的金字塔。君子,有钱有势的人,一阳独大,像个只中看不中吃的大葫芦,挂在墙上。它下面压着五阴,不是妇女,就是小人。君子出有车,食有鱼,小人贫无立锥之地,好不容易盖间草房,还让人给拆了。

上九,孤阳在上,按易家的说法是"不当位"。所谓"不当位",是说阳居阴位。但人类社会一直容忍"不当位"。人剥削人,人压迫人,谁都说不合理,但谁也拿它没辙,因此也就成了天经地义。

❶《左传》昭公二十九年记蔡墨之占,遇《坤》之《剥》,涉及此卦上九。

❶《妇女翻身歌》："旧社会/好比是黑咕隆咚的枯井万丈深/井底下/压着咱们老百姓/妇女在最下层……"

❷孙机《汉代物质文化资料图说》，上海：上海古籍出版社，2008 年，251–253 页。

【校读】

剥 剥夺，这里指拆掉。下文讲拆床，是从下往上拆。❶

剥床以足 古代的坐卧之具有枰、榻、床。枰、榻比较小，床比较大。床的后面和左右往往有围屏。❷这里的床是由足、辨、肤组成。足即床脚。我国早期的床，和后来的床不同，足比较矮。

辨 疑指承放床板的框架，类似后世的床屉。案：郑玄注："足上称辨。"(《周易集解》引）王弼注："辨者，足之上也。"孔疏："辨，谓床身之下，床足之上，足与床身分辨之处也。"崔憬注："辨，当在第足之间，是床栈也。"(《周易集解》引）"床栈"即床屉。

肤 疑指床板，而非床席。案：崔憬注："床之肤谓荐席，若兽之有皮毛也。"(《周易集解》引）荐席是铺在床板上，不是床的构件，崔氏之说似据皮肤之义推演。

贯鱼以宫人宠，无不利 "贯鱼"，游鱼争进，头尾相衔，很有秩序。这里是形容"宫人宠"。"宫人"是后宫女子。王弼注："贯鱼，谓此众阴也，骈头相次，似贯鱼也。"孔颖达疏说，宫人争宠，只要"不害正事"，便"无所不利"。案："贯鱼"即古人常说的"贯鱼之次"、"贯鱼之序"，古书也叫"鱼贯"，如"鱼贯而进"、"鱼贯而行"、"鱼贯而出"、"鱼贯而入"。

硕果不食 "硕果"，疑指匏瓜（葫芦）。《论语·阳货》："吾岂匏瓜也哉，焉能系而不食。"这里比喻一阳独大。

君子得舆，小人剥庐 "舆"，古书常常代替"车"。《释文》

引董遇本作"车",马王堆本亦作"车"(上博本缺)。车是大人、君子出门的代步工具。"庐",是小人居住的草庐,也就是茅屋。六五讲女人,上九讲男人。古人认为,男人分两种,大人、君子是真男人,小人虽为男人,却与妇女为一类。这里是说,君子出门有车代步,但小人,就连仅可栖身的茅屋也被强制拆迁。

复卦第二十四
——迷途知返

䷗ 复：亨，出入无疾，朋来无咎。反复其道，七日来复，利有攸往。

䷗ 复卦：通于神明，进进出出不得病，朋友来了无祸殃。原路返回，七天一个来回，此卦利于出行。

初九，不远复，无祗悔，元吉。

阳爻一，如果出门没多远就从原路返回，当然不会太后悔，反而觉得吉祥。

六二，休复，吉。

阴爻二，高高兴兴往回走，吉。

六三，频（颦）复，厉，无咎。

阴爻三，愁眉苦脸往回走，虽然有点危险，尚无大患。

六四，中行独复。

阴爻四，即使走了一半，也要自己拿主意，毅然决然往回走。

六五，敦复，无悔。

阴爻五，只要老老实实往回走，就不会后悔。

上六，迷复，凶，有灾眚。用行师，
　　终有大败。以其国，君凶，至于
　　十年不克征。

阴爻六，如果迷失方向，找不到回家的路，那可不妙，必有大难临头。如果用兵也如此，结果一定是大败。特别是倾国之力，毕其功于一役，国君将有大难，以致十年之内，都不敢再出兵。

【大义】

此卦下震上坤，❶讲出行一定要原路返回。

《复》卦与《剥》卦相反，《剥》卦是一阳领五阴，象征彻底剥夺，《复》卦是五阴领一阳，象征彻底恢复，互为逆过程。《序卦》："致饰，然后亨则尽矣，故受之以《剥》。剥者剥也。物不可以终尽剥，穷上反下，故受之以《复》。"《杂卦》："剥，烂（阑）也；《复》，反也。"这里是以"反复其道"讲逆过程。

此卦卦辞有"七日来复"说。"七日来复"是以六日为一轮，第七天属下一轮。这和西历的星期完全不一样。❷近代，西历传入，我国才有星期。星期天，旧称"来复日"，其实是用中国概念翻译西历术语，根本旧不到哪儿。现在，中国的尊孔复古派，视所有西洋节日为奇耻大辱，但取消星期天，谈何容易。你叫他周末上班，他也不干。或说，星期天，必须改叫"来复日"。可是，这种"来复日"，中国哪有？明明是跟西方抬杠，成心造出来的。中国的"国粹"大多如此。

❶《左传》成公十六年记晋史之占，其卦遇《复》。又《左传》襄公二十八年记子大叔之占，在《复》之《颐》，涉及此卦上六。

❷西历的星期源自《创世记》。他们有所谓安息日（sabbath）。犹太教以星期六为安息日。基督教，有些派别以星期日为安息日，有些派别以星期六为安息日。他们还有安息年（sabbatical year），也是七年为一轮。古代犹太人，每七年要休耕一年；美国大学教授，每七年可以轮休一年，就是休安息年。

【校读】

复 有往复、回复、答复、报复、反复、恢复等不同用法。这里主要指返回。

七日来复 一卦六爻,每爻配一日,一共是六日,到第七日,已经属于下一卦,其实是六日一轮,而非七日一轮。案:《易经》配日,始于何时,是个值得探讨的问题,这条材料很重要。汉易讲卦气,有所谓六日七分说,即以360日分配60卦,每卦得6日,每爻得一日,剩下的5.25日,每日合80分,共计420分,平均分配到60卦中,每卦可得7分(参看孔颖达疏)。《易经》创作的时代,虽然还不能证明有这种卦气说,但古人有六日一轮的说法还是很重要。下《震》卦六二、《既济》六二有"七日得",同此。

祇悔 "祇"音zhī。孔颖达疏引韩氏说、《周易集解》引侯果说,都说"祇悔"是大悔。《说文解字·大部》:"奃,大也。""奃"相当"大抵"的"抵",就是这个字。

休复 上《否》卦九五有"休否","休"字的用法同此。

频复 与上"休复"相反。"频"读颦,指皱眉头,一脸苦相。王弼注和马融、虞翻注(《周易集解》引)皆以"频"为频蹙、愁苦之义。下《巽》卦九三有"频巽",频是频繁之义,与此不同。

中行独复 "中行"是半道。这种用法的"中行",《易经》有三个例子。上文有《泰》卦九二,下文有《夬》卦九五。一般认为,"中行"和"得中"有关,《易经》的"中"是指下卦之中和上卦之中,即第二、第五爻,但这里的"中行"却见于六四。虞翻说，此例"不在二五，何得称'中行'耳"（《周易集解》引）。其实，"中"字还有一种用法，是指六爻之中，即第二、三、四、五爻。❶ "独复"，指独断专行，不受他人影响，决心往回走。

敦复 王弼注、孔颖达疏以"敦"为敦厚义。案：此卦六二与六五敌，"敦"有对义。

迷复，凶 见《左传》襄公二十八年。

❶ 尚秉和《周易尚氏学》125页："《文言》乾九四云：'中不在人。'中谓三四，居一卦之中也。又《系辞》云：'其初难知，其上易知……若夫杂物撰德……非其中爻不备。'中爻谓中四爻，即下所谓二与四、三与五也。四居卦中，独与初应，故曰中行独复。虞翻谓'四不在二五，何得称中行？'岂知三四称中爻，易固有明例也。"

无妄第二十五

——没有期望，也就没有失望

无妄：元亨，利贞，其匪（非）正有眚，不利有攸往。

无妄卦：非常顺利，利于占卜，但如果违反正常，有意外的灾难，也不利出行。

初九，无妄（望），往吉。

阳爻一，没有期望，出行大吉。

六二，不耕获，不菑畬，则利有攸往。

阴爻二，就像不耕不种也能有所收获，不换田休耕也能恢复地力。如此出行，当然有利。

六三，无妄（望）之灾：或系之牛，行人之得，邑人之灾。

阴爻三，什么叫"无妄之灾"：有个本地老乡把牛拴在路边，被路过的人顺手牵走。这对那个外地人来说是意外收获，但对牛的主人却是飞来横祸。

九四，可贞，无咎。

阳爻四，〔这类事〕，可以占卜，没有祸殃。

九五,无妄(望)之疾,勿药有喜。　　阳爻五,什么叫"无妄之疾",就是不吃药也会好。

上九,无妄(望)行,有眚,无攸利。　　阳爻六,但没抱什么希望,出门还是碰上麻烦,照样属于不利。

【大义】

此卦下震上乾,讲出行。作者说,没有期望才最有利,但又说,如果违反正常,碰上意外,也要有所估计。比如六三说的"无妄(望)之灾",就是飞来横祸。我们的生活充满意外。占卜面对的是无数突发、偶然、意外、难料的事,这个概念很重要。它涉及占卜的心理问题,不限于出行。

大家都知道"无妄(望)之灾",却不知道"无妄(望)之福"。作者更多强调的,其实是"无妄(望)之福"。

"有心栽花花不开,无心插柳柳成荫。"无所期待,不抱希望,心理最健康。虽然生活充满意外,但意外是生活常态。

【校读】

无妄　读"无望"。惠栋《周易述》:"妄读为望,言无所望也。"❶案:《说文解字·女部》:"妄,乱也。"非此所当。妄字必须读破,不能照字面理解,当胡作非为、轻举妄动一类意思。如当这类意思,用于六三、九五,显然讲不通。此卦,上博本作"亡忘",马王堆本作"无孟",双古堆本作"无亡",皆通假字。《释文》:"马(马融)、郑(郑玄)、王肃皆云妄犹望,谓无所希望也。"才是最合适的读法。《史记·春申君列传》"世

❶ 惠栋《周易述》,74页。

有毋望之福，又有毋望之祸，今君处毋望之世，事无望之主，安可以无毋望之人乎"，正义："毋望，谓不望而忽至也。"也写成"毋望"。❶《汉书·谷永传》"遭无妄之卦运"，应劭曰："无妄者，无所望也。万物无所望于天，灾异之最大者也。""无妄"亦见其他古书，如《管子·宙合》："此言君之所出令无妄也，而无所不顺……此言臣之所任力无妄也，而无所不得……本乎无妄之治，运乎无方之事，应变不失之谓当。"《庄子·在宥》："游者鞅掌，以观无妄。"《大戴礼·卫将军文子》："贤人无妄，知贤则难。"这三个例子，读成"无望"也文通字顺。

其匪正有眚 "匪"读非，指违反正常，有意料之外的灾难。如六三的"无妄（望）之灾"，就是这种眚。"正"，马王堆本同，上博本作"𧻹（復）"，双古堆本作"𧺇（征）"。

不耕获 不耕种，也能收获。

不菑畬 "菑畬"音 zī yú，为农业史术语。上博本作"畬（畲）之（菑）"，马王堆本作"菑馀（畬）"。《尔雅·释地》："田一岁曰菑，二岁曰新田，三岁曰畬。"古代休耕，三年要换田。古人把刚刚开垦一年的土地叫菑，两年的叫新，三年的叫畬。这里是说，不换田休耕，也能恢复地力，把荒田变成熟田。案：这两句话是顺承上爻，用稼穑之事打比方，进一步说明，没有期望，才有出行之利。

无妄之灾 现在已成成语。这种"灾"就是卦辞说的"匪（非）正有眚"。

行人 路过此邑的人。

---

❶ 正义作"毋望"，略同马融、郑玄、王肃说。索隐："《周易》有无妄卦，其义殊也。"盖取妄乱之训，故云殊也。

邑人　住在此邑的人。

可贞，无咎　这是呼应卦辞的"元亨，利贞"。

勿药有喜　这里的"喜"指病情好转，与瘥、瘉（同愈）、瘳类似。王弼注："'无妄之疾'者灾，勿治自复，非妄而药之则凶，故曰'勿药有喜'。"下《损》卦六四、《兑》卦九四也有这种用法的"喜"。案：这种用法的喜字，古书也用念、忬、豫、怿等字表达。念与愉、愈、瘉通，也是既指病愈，也有喜义。《说文解字·心部》："念……《周书》曰：'有疾不念。'念，喜也。"正是以喜释念。其引文出自《书·金縢》，今本作"王有疾弗豫"。清华楚简《保训》、《金縢》，"念"作"瘥"。❶

无妄行，有眚　即卦辞说的"匪（非）正有眚"。马王堆本作"无孟（望）之行，有省（眚）"，可见"行"字应连上读。

❶ 李学勤主编《清华大学藏战国竹简》（壹），上海：中西书局，2010 年，下册，143、158 页。

大畜第二十六
——养牲口是门大学问

䷙ 大畜：利贞。不家（稼）食，吉。利涉大川。

大畜卦：利于占卜。不耕不种，也有饭吃，当然好。利渡大河。

初九，有厉，利巳。

九二，舆说（脱）輹。

阳爻一，有危险，还是及时制止好。

阳爻二，〔辕马受惊〕，把车厢下的伏兔颠掉。

九三，良马逐，利艰贞，曰闲（娴）舆卫，利有攸往。

阳爻三，好马最容易受惊，狂奔乱跑，这倒有利于卜问艰难，答案是：只有经过调驯，让它熟悉驾车，才利于出行。

六四，童牛之牿（梏），元吉。

阴爻四，〔为了防止撞坏角〕，要在小牛头上架横木，这事最吉利。

六五，豮豕之牙，吉。

阴爻五，〔为了防止撞坏牙〕，要把猪的睾丸劁掉，这样的猪也很吉利。

上九，何（荷）天之衢，亨。

阳爻六，上承天道，通于神明。

【大义】

此卦下乾上艮，讲养牲口。它和《小畜》不同。《小畜》的"畜"是"密云畜雨"，《大畜》的"畜"是养牲口。作者先讲马。马这种动物，胆最小，一惊一乍，如果不加调驯，一旦受惊，尥起蹶子，狂奔不已，会把车子颠坏，把人摔下来，所以必须驯化。然后讲牛。牛的特点是脾气太倔，急了，会拿角乱撞。为了防止它撞坏角，就得在它的角上驾横木，好像罪犯在手上戴手铐。最后讲猪。猪有獠牙，为了防止它撞坏牙，就得把它的睾丸劁掉，让他跟太监一样。这就是"大畜"。

养牲口是门大学问，可推广于人。人养人，让人当牛做马，也要调教和训练，我叫"畜生人类学"。人类最早的文明社会，就是拿人当畜生，至今断不了根。

《无妄》和《大畜》是什么关系，好像看不出。《序卦》："《复》则不妄矣，故受之以《无妄》。有《无妄》然后可畜，故受之以《大畜》。"语义含混，让人摸不着头脑。《杂卦》："《大畜》，时也；《无妄》，灾也。""灾"，疑指"无妄之灾"。"时"，疑指"有厉，利已"，这样解释，也是生拉硬扯。

【校读】

大畜 牲口叫畜，养牲口也叫畜。这里指畜养大牲口。《归藏》佚文，"小畜"作"小毒（笃）畜"，"大畜"作"大毒（笃）畜"，"笃畜"是厚养之义。案：六畜见《易经》，马11见，牛8见，羊5见（包括羝羊），豕10见（包括豶豕和豚），《中孚》上九"翰音"与鸡有关，所缺唯犬。这里提到马、牛、豕，未及羊、鸡、犬。❶

❶《说卦》以马为乾，以牛为坤，以羊为兑，以鸡为巽，以狗为艮，以豕为坎，六畜皆有。

不家食 疑读"不稼食"。"不稼食",是不靠种地吃饭。《诗·唐风·伐檀》有"不稼不穑,胡取禾三百廛兮"等语。《礼记·坊记》也说:"故君子仕则不稼。"❶王弼注:"有大畜之实养贤,令贤者不家食。"谓国有积蓄,可以养士,士食禄于国,不靠家里养活,恐非正诂。

利已 古文字,已、巳是一字,和己字明显不同。这里读已,不读祀。

舆说輹 "舆",常用为车。上博本、马王堆本作"车",《释文》:"本或作輂。""輂"同舆。参看上《小畜》九三和下《大壮》九四。

良马逐 好马敏感,容易受惊,乱踢乱咬,四处狂奔。"逐",郑玄本、姚信本(《释文》引)作"逐逐",高亨指出,这是"后人依《颐》卦而妄增"。❷此字,古本皆为单字,上博本作"由",马王堆本、双古堆本作"遂"。《京氏易传》作"逐"(《汉书·五行志下之上》引),可证高说是对的。案:顺遂之遂,商周古文字往往作述,战国秦汉的遂字往往不是遂字,而是逐字的异体。西汉以来,虽有表示顺遂之义的遂字,但其中仍有不少是逐字。参看下《遯》卦关于豚字的讨论。

闲舆卫 "舆",可代车。上博本作"班车戏〔卫〕",马王堆本作"阑车〔卫〕",但马王堆帛书《昭力》篇有问"阑舆之义"节,则作"舆"。"闲"读娴。马融、郑玄训习(《释文》引),以为娴习之娴;王弼训阂(音hé),以为隔阂之阂。此从马、郑说。"舆卫",指养马之所。养马之所,必设围栏,防止马匹奔逸四散。案:汉武帝设武功爵,共11级,其中第二级叫"闲舆卫"

---

❶ 近见吴辛丑文,也有类似看法,见氏著《〈周易·大畜〉卦辞"不家食"新解》,收入中山大学古文字研究所编《康乐集——曾宪通教授七十寿庆论文集》,广州:中山大学出版社,2006年,165–168页。

❷ 高亨《周易古经今注》(增订本),234页。

(《史记集解·平准书》引《茂陵中书》），就是以此为名。

童牛之牿 童牛，小牛。牿音 gù，朱骏声以为楛之借字，上博本作"楎"，就是楚文字的楛字。楛，施之于人，指手铐类的刑具，用之于牛，则叫楅。虞翻、侯果皆以楅解释"童牛之牿"。楅是架在牛角上，防止牛乱撞的横木，也叫"楅衡"。

豶豕之牙 豶音 fén，劁过的猪。劁过的猪，牙齿不易伤人。 ❶

何天之衢 上博本作"訶天之柰"，马王堆本作"何天之瞿"。从丘的字是之部字，从瞿的字是鱼部字，之、鱼二部为旁转字。"何"读荷，参看上《噬嗑》上九校读。这句话与下述辞例相似：

（一）何天类

（1）何天之休（《诗·商颂·长发》）

（2）何天之龙（宠）（同上）

（二）承天类

（1）承天之休（《左传》襄公二十八年、《仪礼·士冠礼》）

（2）承天之祜（《仪礼·士冠礼》、《礼记·礼运》）

（3）承天之庆（《仪礼·士冠礼》）

（4）承天之道（《礼记·礼运》）

（三）受天类

（1）受天之祜（《诗·小雅》的《信南山》、《桑扈》，《大雅》的《下武》）

（2）受天之庆（《仪礼·士冠礼》）

比较这八个例子，我们可以看得很清楚，此卦"何"字类似承、受，"衢"字类似道，"何天之衢"是上承天道的意思。 ❷

❶ 豶，上博本作"芬"，马王堆本讹为"哭"。

❷ 参看高亨《周易古经今注》（重订本），236 页。高书把此句读成"荷天之休"，以为荷是受义。他已提到这里的大部分例子，但没提到《左传》襄公二十八年和《礼记·礼运》的辞例，而且把祜字误写成祐字。

颐卦第二十七
——用腮帮子占卜

䷚ 颐：贞吉。观颐，自求口实。

䷚ 颐卦：占卜结果是吉。只要看看他的腮帮子，就能猜出他嘴里含着什么。

初九，舍尔灵龟，观我朵颐，凶。

阳爻一，放弃你的卜龟，只看我的腮帮子怎么动，凶。

六二，颠颐，拂经于丘颐，征凶。

阴爻二，如果我的腮帮子是先上下动，再左右动，远行凶。

六三，拂颐，贞凶。十年勿用，无攸利。

阴爻三，如果我的腮帮子是左右动，占卜的结果是凶。十年都不能有所作为，没有好处。

六四，颠颐，吉。虎视眈眈，其欲逐逐，无咎。

阴爻四，如果我的腮帮子是上下动，吉。虽然好像老虎盯着你，马上就会扑上来，但没有祸殃。

六五，拂经，居（处）贞吉，不可涉大川。

上九，由颐，厉，吉，利涉大川。

阴爻五，如果腮帮子是左右动，卜问居处吉，但不可渡大河。

阳爻六，如果腮帮子是顺其自然随便动，虽有危险，却很吉利，利于渡大河。

【大义】

此卦下震上艮，❶上下卦相反，有如镜面反射。六十四卦，这种卦只有两对，一对是《颐》卦和《大过》，一对是《中孚》和《小过》。

《颐》卦讲相术。这种相术很特殊，它凭两颊的咀嚼动作，就能判断吉凶。这里，"朵颐"、"颠颐"、"拂经"、"丘颐"、"拂颐"、"由颐"是六个专门术语。由于缺乏解读线索，这里只能试为解释，未必可靠。我怀疑，初九"朵颐"是不动，六二"颠颐"是上下动转左右动，六三"拂颐"是左右动，六四"颠颐"又转回上下动，六五"拂经"又转回左右动，上九"由颐"是上下左右随便动。

❶《左传》襄公二十八年记子大叔之占，在《复》之《颐》，涉及此卦上九。

【校读】

颐　是两颊里面，靠近后槽牙的部位，俗称腮帮子。人吃饭，会把食物含在这个地方咀嚼。《说文解字·𦣞部》："𦣞，顄也。象形。"顄即颔字，本来就和含食咀嚼有关。许慎以𦣞为古文，颐为篆文。𦣞，姬、熙等字所从，古文字像侧视的脸部，分上下颔。颐，古人训养。它是咀嚼食物的地方，人要靠吃饭来活

命，所以训养。有趣的是，此卦六爻，上下两爻是阳爻，中间四爻是阴爻，看上去，像一张大嘴，上下两片嘴唇，中间龇着牙。❶

❶ 参看闻一多《周易义证类纂》，60–61页。

观颐 即下"观我朵颐"。

舍尔灵龟 "舍"，上博本作"豫"，但马王堆本、双古堆本均作"舍"。"豫"是假借字。古人把卜龟叫灵龟或灵。灵验的灵，一开始就和卜龟有关。

朵颐 上博本作"敝颐"，马王堆本作"掘颐"，双古堆本作"端颐"，京房本、郑玄本作"瑞颐"（《释文》引），字多从耑。"大快朵颐"这个词，大家都知道，但"朵颐"是什么意思，却是糊涂账。这个词是专门术语，除《易经》外，很少见，见也是出典于此。旧注歧说。一训动，如郑玄注："朵，动也。"《广雅·释诂一》作"揣"，训为动。易家有"震为动"说，此卦下震上艮，"朵颐"在下卦，自当属于动。二训嚼，如王弼说："朵颐者，嚼也。"三训持，如孔颖达疏："朵是动义，如手之捉物谓之朵也。"这种"朵"，字亦作"揣"，《汉书·贾谊传》有"控揣"一词，颜师古注引孟康说："揣，持也。"类似今语端（即"端盘子"的"端"）。案：《说文解字·木部》："朵，树木垂朵朵也。"这种"朵"是今语"花儿朵朵"的"朵"，垂、朵音近，属于音训。"朵颐"未必是说，腮帮子鼓得像花朵。我怀疑，"朵颐"可能指咀嚼着的颐。

颠颐 也是专门术语。王弼注、孔颖达疏，还有王肃注（《周易集解》引），都说"颠颐"是倒养于下，"无应于上，反而养初"，曲里拐弯。我怀疑，这是指食物在腮帮子里上下咀嚼。

拂经于丘颐 "拂经"、"丘颐"也是两个专门术语。"拂"，旧注训逆。"经"，王弼训义，王肃训常。"丘"，王弼训常，王肃训"小山"。"小山"是指上卦艮山的六五。他们的意思是说，颠颐本应对应于上卦六五，现在搞反了，照顾的是初九。这也是曲说。我怀疑，"丘颐"只是两个鼓起来的腮帮子。❶ "拂经"是说食物从左边的腮帮子传递到右边，然后又由右边传递到左边。

拂颐 疑即"拂经于丘颐"的省称，指左右动。

颠颐 六四的"颠颐"是重复六二的"颠颐"。

虎视眈眈 是形容老虎的目光。"眈眈"音 dān dān，《说文解字·目部》："眈，视近而志远。"引《易》及此。前人说，眈眈是深视。此句，双古堆本同，上博本作"簪簪（融融）"，马王堆本作"沈沈"。融是喻母冬部字，眈、沈是端母侵部字，属于冬、侵旁转。

其欲逐逐 是形容老虎跃跃欲试，马上就要扑上来的样子。上博本作"亓猷（欲）攸攸（逐逐）"，马王堆本作"其容（欲）笛笛（逐逐）"，双古堆本作"其□遂遂（逐逐）"。"逐逐"，《子夏易传》作"攸攸"（《释文》引），同上博本。荀爽本作"悠悠"。注意，双古堆本的"遂"字并非后世遂字，而是逐字的异体。

拂经 估计也是"拂经于丘颐"的省略。六五的"拂经"是重复六三的"拂颐"。

由颐 大概指腮帮子上下左右，自由自在随便动。❷

❶ "丘颐"，上博本、马王堆本作"北颐"，双古堆本作"丘颐"。古文字，丘字与北字非常像，只是北字下面加一横。

❷ "由"，上博本作"繇"。

大过第二十八
——上梁不正下梁歪

☱☴ 大过：栋挠（桡），利有攸往，亨。

大过卦：大梁弯曲，利于出行，通于神明。

初六，藉用白茅，无咎。

阴爻一，用白茅铺垫，陈放祭品，没有祸殃。

九二，枯杨生稊，老夫得其女妻，无不利。

阳爻二，老头子以小姑娘为妻，好像干枯的杨树长出嫩叶，事无不利。

九三，栋（挠）〔桡〕，凶。

阳爻三，大梁向下弯，凶。

九四，栋隆，吉；有它，吝。

阳爻四，大梁朝上翘，吉；如有例外，很遗憾。

九五，枯杨生华，老妇得其士夫，无咎无誉。

阳爻五，老太婆以小伙子为夫，好像干枯的杨树开花，没人怪，也没人夸。

上六，过涉灭顶，凶，无咎。

阴爻六，徒步过河，水太深，没过头顶，当然不吉利，但尚无大祸。

【大义】

此卦下巽上兑，❶上下卦相反，有如镜面反射，下卦是二阳乘一阴（乘是在上），上卦是二阳承一阴（承是在下），彼此对称。白茅垫底，大水没顶，是第一重对称。老夫少妻，老妻少夫，是第二重对称；大梁下弯，大梁上翘，是第三重对称。这三重对称都是讲过分。过分当然不好，但卦辞曰亨，初六曰无咎，九二曰无不利，九四曰吉而有它吝，九五曰无咎无誉，上六曰凶无咎，六爻之中，除九三曰凶，并无大不利。

此卦，下卦是二阳压一阴，为老夫少妻之象，白茅垫底，是拿小姑娘垫底。古代帝王都是老牛吃嫩草，越找越小。这是"上梁不正下梁歪"。上卦，一阴在上，二阳在下，是老妇少夫之象，大水没顶，是老妇的祸水没了顶。古代女主专权，可以养小白脸（面首）。这也是"上梁不正下梁歪"。栋桡向下歪，栋隆向上歪，都属于过。这种过是上流社会才有，所以叫"大过"。"老夫少妻"是男权社会的正面，"老妻少夫"是男权社会的反面。两者都属于男权社会。"大过"是男权社会的"过"。

《易经》有两个卦讲"过"：《大过》和《小过》。"大过"是大者之过，二阴包四阳，阳太盛，"小过"是小者之讨，四阴包二阳，阴太盛。《小过》讲飞鸟过邑，飞鸟不祥，属于阴太盛，与此不同。

《颐》卦和《大过》是什么关系，好像不太清楚。《序卦》14："物畜然后可养，故受之以《颐》，颐者养也。不养则不可动，故受之以《大过》。"说得糊里糊涂。《杂卦》12："《大过》，颠也。"《杂卦》14："《颐》，养正也。"两卦是分开讲。

❶《左传》襄公二十五年记崔武子之占，遇《困》之《大过》，涉及此卦九三。

"《大过》,颠也。"指上六"过涉灭顶",也看不出与"《颐》,养正也"有什么关系。

【校读】

大过 指阳太盛。《大过》和下《小过》都以"过"为名,但正好相反。《大过》以四阳应上下二阴,属于"大者过"。《小过》以四阴应中之二阳,属于"小者过"。"大者"指中四阳,"小者"指中二阳。这是两者的不同。案:《易经》讲"阴顺阳逆",阴爻是从下往上走,越往上越老;阳爻是从上往下走,越往下越老。下面老夫配少妻,老妇配士夫,就是按这样的概念讲。

栋桡 "栋"是屋脊大梁。"桡"音 náo,弯曲。卦辞"栋桡"可能是泛言,既包括九三的"栋桡",也包括九四的"栋隆"。

藉用白茅 是用白茅铺垫,陈放祭品。此爻《小象》(《象上》28):"'藉用白茅',柔在下也。"初六是最下一爻,正是用来垫底。白茅(Imperata cylindrical),初生曰荑,色白而柔,为女子阴柔之象。如《诗·召南·野有死麕》以"白茅"暗示"有女怀春""有女如玉",《卫风·硕人》以"柔荑"形容女子的纤纤玉手。九二讲老夫少妻,所娶少女即初六。❶

枯杨生稊 杨树长出嫩叶。"稊"音 tí,嫩叶,字与荑通。郑玄注作"荑"(《释文》引)。"枯杨"指"老夫","稊"指"女妻"。

老夫得其女妻 指老头子娶小姑娘。"老夫"是老男人,指九二。"女妻",是以少女为妻,"女"是未婚处女,指初六。这句话,下文是"无不利"。老夫少妻,在古代上流社会很正常。但

❶《说卦》2:8 以巽为长女(一阴在下),兑为少女(一阴在上)。但尚秉和据《焦氏易林》,以巽为少女,兑为老妇,见氏著《周易尚氏学》,141 页。

此卦《小象》(《象上》28)说"过以相与也"(意思是"不般配"),彼此冲突。

栋桡 大梁向下弯。这是第二次出现,与下"栋隆"相对。这里指阳乘阴,九二、九三在上,压着初六。大梁向下压,所以向下弯。案:九三"栋桡"与九四"栋隆"相对,两者应有所区别。"栋隆"指大梁朝上翘,"栋桡"指大梁向下弯。

栋隆 大梁朝上翘。这里指阳承阴,九四、九五在下,顶着上六。大梁向上顶,所以朝上翘。

枯杨生华 杨树开花。"枯杨"指"老妇","华"即花,指"士夫"。

老妇得其士夫 指老太婆嫁小伙子。"老妇"是老女人,指上六。"士夫"是以小伙子为丈夫,"士"是未婚童男,指九五。案:士与女相对,指年轻未婚的男女,见《诗·郑风·溱洧》。这句话,下文是"无咎无誉",但此爻《小象》(《象上》28)说"亦可丑也",彼此冲突。

过涉灭顶 过河,被水淹过了头顶。《杂卦》12"《大过》颠也",就是连卦名读,读为"大过颠也",指大水淹过头顶。上六是最上一爻,正当六爻之首。这句话,下文是"无咎",但此爻《小象》(《象上》28)说"不可咎也",彼此冲突。

习坎第二十九

——土牢的原型

䷜ 习坎：有孚。维心亨，行有尚。

习坎卦：不出所料。只要心与神通，路上就会有人相助。

初六，习坎，入于坎窞，凶。

九二，坎有险，求小得。

六三，来之坎，坎险且枕（沈）。入于坎窞，勿用。

六四，樽酒、簋贰、用缶，纳约自牖，终无咎。

九五，坎不盈，祗（底）既平，无咎。

上六，系用徽纆，寘于丛棘，三岁不得，凶。

阴爻一，坑中有坑，身陷坑中坑，凶。

阳爻二，坑壁很陡，但愿有人搭救，早日脱离苦海。

阴爻三，来到这个坑，坑壁陡，坑底深。身陷坑中坑，插翅难逃。

阴爻四，〔只要有人送吃喝〕：一樽酒、两簋饭，外加一罐水，用绳子垂吊，从坑口的天窗往下送，最终没有祸殃。

阳爻五，如果坑口没有封死，坑底也还平坦，没有祸殃。

阴爻六，用绳子捆紧，投入地牢，周围插满荆棘，如果三年出不去，那可不妙。

【大义】

此卦重坎（下坎上坎），讲牢狱之灾。此卦《象辞》(《象上》29)、《象辞》(《象上》29)称"习坎",《序卦》15、《杂卦》11 只叫"坎"。

闻一多指出，"习坎"是囚禁犯人的地牢，很正确。❶《周礼·秋官·司圜》，郑玄注引郑众说："圜，为圜土也。圜土，谓狱城也。""圜土"就是地牢。今语"监牢"是由监、牢二字合成。监同槛，是模仿兽笼。兽笼叫槛。监的雏形是兽笼，很清楚。牢是什么？许慎说是"闲养牛马圈也"(《说文解字·牛部》)。甲骨文的字形很形象，它是个三面围死，一面开口，用来关牲口的地方，里面的牲口，可以是牛，也可以是羊。圈牛叫大牢（里面是牛），圈羊叫小牢（里面是羊）。❷ 这种圈养牲口的地方，一般多以为是以围栏围起来，如同现代牧场的样子。但牢同窖，窖是地坑、地穴。如《孙子·行军》有"天牢"，就是天坑类的地形，属于凶险之地。银雀山汉简本作"天窖"。我怀疑，监牢的牢，最初很可能是捕兽的陷阱，后来发现，可以圈牲口，才成了养牲口的地方。再后来，人类进入文明社会，拿人不当人，奴隶和罪犯，视同牛马，照样可以把他们关进地牢（早期人类也穴居野处）。闻一多说，这里的习坎是地牢，旁征博引，证据很有力。❸ 此卦，《归藏》佚文作"荦"，王家台秦简《归藏》作"劳"，《说卦》也有"劳乎坎"。过去都以为，劳指劳倦。其实，劳可读牢，如《后汉书·应奉传》"多其牢赏"，李贤注："牢，或作劳。"我怀疑，"劳乎坎"的"劳"是"牢"的假借字。

❶ 闻一多《周易义证类纂》，34-35 页。

❷ 于省吾主编《甲骨文字诂林》，北京：中华书局，1996 年，第二册，1504-1517 页；1548；1538-1540 页；1564。

❸ 闻一多《周易义证类纂》，34-35 页。他举《汉书》的《苏武传》《尹赏传》、《三国典略》佚文和《论衡·乱龙》为例，证明古代往往用地牢囚禁犯人，如系牲之牢圈，很正确。但他说窨"读如槛，槛声转为牢"则可商。

【校读】

习坎 一个坑套着一个坑。"习"同袭,是彼此重合的意思。"坎"同凵。凵是坎的初文,字像深坑的剖面,上有口,旁有壁,下有底,很形象。此卦,马王堆本作"习赣"(上博本缺),"赣"是坎的通假字。

维 马王堆本、双古堆本作"鹬(繘)"。参看上《随》卦上六注。

行有尚 "尚"是佑助之义。参看上《泰》卦九二"得尚于中行"校读。下《丰》卦初九、《节》卦九五有"往有尚"是类似表达。

坎窞 "坎"是坑。"窞"音 dàn,是坑中之坑。坑中之坑,即"习坎",❶这里指囚禁犯人的地牢。

来之坎 "之"训是。

险 与"易"相反。易是平坦,险是高下之差大。这里指坑壁近于垂直。

小得 指小有希望,得脱于险。

枕 读沈,训深。马王堆本作"訦",古文本和司马本作"沈"(《释文》引)。

樽酒、簋贰、用缶 王弼本以"樽酒"、"簋贰"、"用缶"并列,《释文》:"旧读'樽酒簋'绝句,'贰用缶'一句。"此从王弼本。"樽"音 zūn,酒器。"簋"音 guǐ,食器,用以盛稻粱。周秦系的文字常把二写成贰。"缶",是一种小口大腹的器物,可以盛酒,也可以盛水,这里指盛水的陶罐。兵器铭文,戈、矛、

❶ 窞,见《说文解字·穴部》,大徐本作:"窞,坎中小坎也。从穴从臽,臽亦声。《易》曰:'入于坎窞。'一曰旁入也。"小徐本作:"坎中复有坎也。"清代学者多认为,"坎中小坎"和"一曰旁入"是《字林》语,"坎中更有坎"才是《说文》原文。

剑，常以"自作用戈""自作用矛""自作用剑"（或"自作元用戈""自作元用矛""自作元用剑"）自名，这种"用"字都是加在随身携带的器物上，这里的"用缶"可能是类似的词汇。

纳约自牖 "约"是吊绳。"牖"音 yǒu，本指木格子窗，用以供室内采光，这里指地牢的天窗。闻一多说，"古狱凿地为窖，故牖在室上，如今天窗然"。文王拘羑里，羑里亦作牖里。牖里是殷代的国家级监狱。崔觐注："'纳约'，文王于纣时行此道，从羑里纳约，卒免于难。故曰'自牖，终无咎也'。"（《周易集解》引）闻一多怀疑，文王拘牖里的牖里也是这种地牢。❶

系用徽纆 用绳索捆绑犯人。《释文》："刘（刘表）云：三股曰徽，两股曰纆，皆索名。""徽"是三股绳拧成的绳索，"纆"音 mò，是两股绳拧成的绳索。

祇既平 读"底既平"。❷

寘于丛棘 "寘"音 zhì，放置。"丛棘"，是在地牢周围插满荆棘，如同现代监狱的铁丝网，目的是防止犯人逃跑。虞翻注："狱外种九棘，故称丛棘。"（《周易集解》引）"九棘"见《周礼·秋官》的《大司寇》《朝士》。古代听讼（法庭辩论），有三槐、九棘（左九棘、右九棘）、二石（嘉石、肺石）之设。这种地方是听讼之所，相当法庭，而非监牢。《礼记·王制》说"大司寇听之棘木之下"，也是指这种地方。当时，不仅法庭设棘，监牢也设棘。《左传》哀公八年："邾子又无道，吴子使太宰子馀讨之，囚诸楼台，栫之以棘。"才是直接有关的辞例。❸

三岁不得 虞翻注："不得，谓不得出狱。"（《周易集解》引）

❶ 闻一多《周易义证类纂》，35–36 页。

❷ 马王堆本作"(塯)〔堤〕"，郑玄本作"坁"（《释文》引），京房本、《说文解字·示部》作"禔"，《释文》作"祇尽平"。

❸ 闻一多《周易义证类纂》，36–37 页。

离卦第三十
——夕阳无限好

离：利贞，亨，畜牝牛吉。

初九，履错（踏）然，敬之，无咎。

六二，黄离，元吉。

九三，日昃之离，不鼓缶而歌，则大耋之嗟，凶。

九四，突如其来如，焚如，死如，弃如。

六五，出涕沱若，戚嗟若，吉。

上九，王用出征，有嘉折首，获匪（彼）其醜，无咎。

离卦：利于占卜，通于神明，养母牛吉。

阳爻一，走路小心翼翼，心存敬意，没有祸殃。

阴爻二，黄昏来临，最为吉祥。

阳爻三，日影西斜，白昼将去，若不及时行乐，击缶而歌，老了就会长吁短叹，这可不吉利。

阳爻四，一切来得很突然：刚才还像烈火燃烧，现在却死一般沉寂，光明弃我而去。

阴爻五，该哭就哭，该叹就叹，反而吉。

阳爻六，我王派兵出征，嘉奖有功之臣。他们不但砍了很多脑袋，还抓了不少俘虏，没有祸殃。

【大义】

此卦重离（下离上离），❶讲夕阳西下。离为火象，兼指日、月、光明。下《晋》卦也讲日落，可参看。

《坎》卦象水，《离》卦象火，相反相成。《易经》八纯卦，《乾》、《坤》是一对，在上经之首；《坎》、《离》是一对，在上经之末。下经不同，《震》、《艮》不在开头，《巽》、《兑》不在结尾。它的开头是《咸》、《恒》，结尾是《既济》、《未济》。《既济》是下离上坎，《未济》是下坎上离，就是从《坎》、《离》变出。

❶《左传》宣公六年记伯廖之占，遇《丰》之《离》，涉及此卦上九。

【校读】

离 传本《归藏》作"离"，同今本。王家台秦简《归藏》作"丽"，此卦《彖辞》（《彖上》30）也以丽训离。马王堆本作"罗"（上博本缺）。案：离字有多种读法，一可读为分离之离，二可读为离弃之离，三可读为亮丽之丽，四可读为美丽之丽，五可读为附丽之丽，六可读为俪俪之俪，七可读为网罗之罗，八可读为罹难之罹。下文"离"字有多重含义。

畜牝牛吉 离卦的上下卦，皆以阴爻居中，是为畜母牛之象。

错 马王堆本作"昔"，双古堆本作"菩"（上博本缺）。王弼注："错然者，敬慎之貌也"。案：古书有踖（音 jí）字，正是表示步履敬慎。《论语·乡党》："君在，踧踖如也，与与如也。"《说文解字·足部》："踖，踧踖。"这里读踖。

黄离 王弼注、孔颖达疏以黄为中色（五行方色，以黄为中色），指六二居中，分上卦为两。其他猜测还有多种，如以黄离为黄罗，或以黄离为鸟名。《尔雅·释鸟》："皇，黄鸟。"郭璞

注："俗呼黄离留，亦名搏黍。"黄离留，即黄鹂（*Oriolus chinensis diffusus*）。也许，"黄离"并无复杂含义，只是黄昏的别名。黄昏叫黄离可能指的是：落日的余晖是黄色，日附于地，白昼将去。

日昃之离 "日昃"，昃音 zè，指日影西斜。"离"的意思同"黄离"，也有多重含义。

不鼓缶而歌 《诗·陈风·宛丘》："坎其击缶，宛丘之道。"古人以击缶为乐，屡见于书。此及时行乐之义也。

大耋之嗟 垂暮之叹。"耋"音 dié，年老，古人有三说：八十、七十、六十，而以八十之说最流行。"嗟"音 jiē，叹气。

突如其来如，焚如，死如，弃如 疑取离去之义。案：汉儒重孝，上文讲老人，因而穿凿附会，说这里的"突"是不孝子，"焚如，死如，弃如"是火刑、死刑、流刑，都是用以惩罚不孝子。如王莽复古，作"焚如之刑"（《汉书》的《匈奴传下》），就是用火刑惩罚不孝子。郑玄注采用此说（《周礼·秋官·掌戮》孔颖达疏引）。《说文解字·云部》："㐬，不顺忽出也。从到（倒）子。《易》曰：'突如其来如。'不孝子突出，不容于内也。"许慎把倒写的 🦰（子字的古文）当《易经》的突字。这种写法的突字，见于《古文四声韵》卷五。❶ 惠栋推崇汉易，干脆把"突"改成"㐬"。其实，这都是望文生义的曲解，反不如王弼注、孔颖达疏只讲阳光变化，更平实可靠。此篇主题是讲日落。我理解，这里是说太阳落山，好像很突然，刚才还残阳如火，没多久就消失。"突如其来如"，现在去掉第二个"如"字，已变成语，意思正如孔颖达所解释，"突然而至，忽然而来"。

❶ 参看徐在国《传抄古文字编》，中册，729–730 页。

折首 西周金文讲战功，常说"折首执讯"。"折首"是斩首，"执讯"是生擒。《易经》以最上一爻为"首"，最下一爻为"尾"。这里可能是双关语。

获匪其醜 马王堆本作"獲不（彼）戠（俦）"（上博本缺），不是帮母之部字，彼是帮母歌部字，古音相近。"获"，或与网罗之义有关。"匪其"读"彼其"。"彼其"的意思仍是彼，常用于四字句。参看上《大有》九四"匪（彼）其彭（㫄）"。"获醜"是获众，醜音 chǒu，与俦同义，盖取俦俪之义。《诗·小雅》有"执讯获醜"（《出车》、《采芑》），传统解释都说醜是敌之同类。但醜和讯的区别是什么？仍然值得讨论。我理解，讯是战俘，其金文字形，象人反剪双手，醜则异于是，当指敌方的民众。这些民众是非战斗人员。

易经·下经

咸卦第三十一

——妇女，非礼勿动

☷ 咸：亨，利贞，取（娶）女吉。

☷ 咸卦：通于神明，利于占卜，娶媳妇吉。

初六，咸（缄）其拇。

阴爻一，控制她的大脚趾，别让她的双脚动。

六二，咸（缄）其腓，凶，居（处）吉。

阴爻二，控制她的小腿肚，别让她的小腿动，〔出门〕凶，在家吉。

九三，咸（缄）其股，执其随（骽），往吝。

阳爻三，控制她的大腿根，别让她的大腿动，出门必有遗憾。

九四，贞吉，悔亡，憧憧往来，朋从尔思。

阳爻四，占卜结果是吉，唯恐有失，匆匆迎娶匆匆归，朋友跟着你。

九五，咸（缄）其脢，无悔。

阳爻五，控制她的背部，别让她的上身动，就不会后悔。

上六，咸（缄）其辅颊、舌。

阴爻六，控制她的脸蛋和舌头，别让她到处乱说。

【大义】

此卦下艮上兑,与娶媳妇有关。艮是山,兑是泽。此卦《象辞》(《象下》31):"咸,感也。"此卦《大象》(《象下》31):"山上有泽,咸。"《说卦》2:1:"山泽通气。"传统解释是以咸为感,指山泽通气,上下交感。这是《易传》的理解,用于《易经》,根本讲不通。我们读原文,只有一个印象,这里的五个"咸"字都是指控制身体,娶媳妇,好像捆猪。它要讲的道理是:妇道人家,非礼勿动。男人一定要把妇女的身体,从脚到头,完全控制住。先要管住她的腿,后要管住她的嘴,不许乱说,不许乱动。

这里,我们要注意:

第一,《说卦》2:8谓艮为少男,兑为少女。少男娶少女,是燕尔新婚。它是讲,刚过门的媳妇,一定要把她看好。

第二,《咸》与《艮》有关,两者都含艮,艮训止,和限的意思一样。它们都是从下往上讲人体:先讲下身,再讲上身,从脚到小腿到大腿到胸腹肩背,最后到头。注意,下文的理解要符合这一顺序。

这个卦太有意思,它竟然对娶媳妇有利。男权思想,跃然纸上。

【校读】

咸 王家台秦简《归藏》作"咸",同于今本。上博本、马王堆本和《归藏》佚文则作"钦"。咸可读缄,《说文解字·糸部》:"缄,束箧也。"缄有封、束之义。此卦上六《小象》(《象下》31)"咸其辅颊、舌,滕(媵)口说也"亦可证明,这个"咸"字应读"金人三缄其口"(见《金人铭》)的"缄",❶ 引申义是束缚、控

❶《金人铭》见《说苑·敬慎》、《孔子家语·观周》,参看郑良树《金人铭与老子》,收入氏著《诸子著作年代考》,北京:北京图书馆出版社,2001年,12–20页。

制。钦与禁古音相近，或与禁字通假，禁也有这类含义。这才是卦名的正确读法。

拇 大拇指。手足的大指都可叫拇。这里指脚趾。"拇"又见《解》卦九四。控制脚趾的运动，才能控制脚的运动。这里是以初六为脚。

腓 音 féi，小腿肚子。控制小腿肚子的运动，才能控制小腿的运动。"腓"，上博本作"脾"，乃股字，因涉下爻而误。马王堆本作"瞪"，《释文》："腓，本亦作肥。"这个字才相当腓字。

凶 与下"居（处）吉"相反，疑指往凶。

股 上博本作"脾"，从文本对读看，应即股字。马王堆本误作"瞪"。

随 读骽（音 tuǐ），指大腿骨与骨盆衔接处，即今语所谓髋部。《慧琳音义》卷一四引《字书》、卷六一引《玉篇》："骽，髋也。"《说文解字·骨部》："髋，髀上也。"《集韵·贿韵》："骽，股也。或作腿。"❶案：腿是骽的俗字。今语所谓腿，是大腿和小腿的统称。大腿指股（也叫髀），小腿指胫，小腿与大腿连接处是膝，大腿与屁股连接处是髋。这里指大腿最上部，俗称大腿根。参看俞樾《群经平议·周易一》"咸其股，执其随"条。❷

憧憧往来 "憧憧"音 chōng chōng，形容往来不定，意思如同来去匆匆。

脢 音 méi，背肉，这里指身体的躯干部分。上博本误作"拇"（字形相近），马王堆本误作"股"。

辅颊 脸蛋。"辅"，上博本作"頌"，马王堆本作"胶"，双

❶《集篆古文韵海》有骽字，就是写成腿。参看徐在国《传世古文字编》，上册，400 页。

❷ 王先谦编《清经解续编》，第五册，1029 页。

古堆本作"父",虞翻本作"酺"(《释文》引)。案:辅、颊连言,是指人的脸蛋,但分开讲,还不太一样。《说文解字·车部》:"辅,人颊车也。"《面部》:"酺,颊也。"酺是脸蛋里面的牙床骨,古书多借车辅之辅为之。"颊",《说文解字·页部》:"颊,面旁也。"才是指脸蛋。颊、辅和夹辅之义有关。"辅车相依"(《左传》僖公五年)的"辅车"是指牙床骨,上牙床骨叫"辅",下牙床骨叫"车"。"辅颊"则指人的脸蛋,辅是里面的骨头,颊是外面的皮肉。

恒卦第三十二

——妇女，从一而终

☳☴ 恒：亨，无咎，利贞，利有攸往。

☳☴ 恒卦：通于神明，没有祸殃。利于占卜，利于出行。

初六，浚恒，贞凶，无攸利。

阴爻一，变换不定，占卜结果是凶，没有好处。

九二，悔亡。

阳爻二，唯恐有失。

九三，不恒其德，或承之羞，贞吝。

阳爻三，不能持之以恒，难免招来耻辱，占卜结果是小有遗憾。

九四，田无禽（擒）。

阳爻四，田猎，将无擒获。

六五，恒其德，贞妇人吉，夫子凶。

阴爻五，卜问妇德是否守恒，吉；卜问夫德是否守恒，凶。

上六，振恒，凶。

阴爻六，变换不定，凶。

【大义】

此卦下巽上震,也与男女有关。上卦讲男女,是少男少女,"女"是刚过门的小媳妇;此卦讲男女,是讲老夫老妻,"女"是久为人妇的老女人。《说卦》2:8谓巽为长女,震为长男。震为动在上,巽为顺在下,是个夫唱妇随之象。《咸》卦强调不许动,此卦相反,是说可以动,但不能随便动,而是女人顺着男人动,男权的味道也很浓。

孔子重恒,《论语》、《礼记》两次提到此卦。但有趣的是,此卦所谓"恒",不是男人要守恒,而是女人要守恒:嫁出去,就别后悔,绝对从一而终,守着一个老公,一守一辈子。

《序卦》:"有天地然後有万物,有万物然後有男女,有男女然後有夫妇,有夫妇然後有父子,有父子然後有君臣,有君臣然後有上下,有上下然後礼仪有所错。夫妇之道不可以不久也,故受之以《恒》。恒者,久也。"传统解《易》,都说上经讲天地,下经讲人伦,人伦始于男女。《咸》、《恒》二卦居下经之首,据说就是根据这个道理。这两卦是下经头一对,的确是讲人伦,但我们千万不要以为,下经全部都是讲人伦。

《咸》、《恒》二卦都讲妇道,是内容相关的一对。

【校读】

恒 守恒,指坚守妇道,虽久不变。《序卦》:"有天地然後有万物,有万物然後有男女,有男女然後有夫妇,有夫妇然後有父子,有父子然後有君臣,有君臣然後有上下,有上下然後礼仪有所错。夫妇之道不可以不久也,故受之以恒,恒者久也。"

《序卦》所谓的"夫妇之道",主要是夫唱妇随之道。

浚恒 上博本作"叡恒",马王堆本作"夐恒"。浚同濬,郑玄本作"濬"。这里的"浚恒"似乎是"恒"的反义词,疑指变换不定。案:叡即叡(音ruì)或夐字(音xuàn)。它们都与夐字有关。叡是上夐下目,右加攴旁(后省作又),夐是上夐中目,下加攴旁,三字同源,都是从夐字分化。古代从叡或从夐的字与从旋的字读音相同,如璿、瓊,都是璇字的异体。下《涣》卦的涣字,上博本作"䘏",亦从叡。"浚恒",从上下文看,似与"恒"相反,这里疑读"旋恒"或"换恒"。

不恒其德,或承之羞。恒其德,贞妇人吉,夫子凶 强调女人要从一而终。"恒其德"与"不恒其德"相对,可见"贞"字应属下读。此爻《小象》(《象下》32):"妇人贞吉,从一而终也;夫子制义,从妇凶也。"也说明"贞"是问妇道。它的意思是说,女人要从一而终,"恒"是妇道,不是夫道,男人掌握话语权,叫你恒就得恒,绝不能听女人摆布。听女人摆布,那结果可是凶得很呀。案:"羞",上博本作"憂"(从爪从頁从心),马王堆本同今本。孔子论恒,曾引用这段话,《论语·子路》作"不恒其德,或承之羞"。无后三句。《礼记·缁衣》作"《易》曰:不恒其德,或承之羞。恒其德,侦(贞)妇人吉,夫子凶"。可见孔子对这段话非常重视。

振恒,凶 "振",上博本作"叡",马王堆本作"夐",均与初六同,可见这里的"振恒"即初六的"浚恒",两者都可读成"换恒"。今本"振恒",张璠本(《释文》引)、虞翻本(《周易集解》引)作"震恒",马融释"动也"(《释文》引),也是当"震"理解。此卦上卦为震,改震可能是为了应其象。❶

---

❶《说文解字·木部》引作"楮恒,凶",与各本差异较大,学者疑出孟氏。

遯卦第三十三

—— 小肥猪，最可爱

☱ 遯：亨，小利贞。　　　　　　☱ 遯卦：通于神明，小利占卜。

初六，遯（豚）尾，厉，勿用有攸往。　　阴爻一，小猪的尾巴，〔揪是揪不住〕。此爻凶险，不可出行。

六二，（执）〔鞏〕之用黄牛之革，莫之胜说（脱）。　　阴爻二，用黄牛皮做的皮绳捆小猪，它就跑不掉了。

九三，系遯（豚），有疾，厉；畜臣妾，吉。　　阳爻三，把小猪捆起来，如果生病，很危险，但把奴婢关起来养，却很吉利。

九四，好遯（豚），君子吉，小人否。　　阳爻四，占得可爱的小猪，对君子吉，对小人凶。

九五，嘉遯（豚），贞吉。　　阳爻五，占得漂亮的小猪，也很吉祥。

上九，肥遯（豚），无不利。　　阳爻六，占得肥胖的小猪，事无不利。

【大义】

此卦下艮上乾。艮是止，下卦讲捆小猪，强调止。乾是健，上卦讲小猪胖，强调健。小猪特健，有劲儿，揪尾巴可揪不住，得拿牛皮绳捆它的脚。捆小猪，是怕它跑了。跑了就没肉吃。

遯字从豚，字面含义是猪跑了，引而申之，则同于遁，泛指逃跑。此卦《大象》(《象下》33)"君子以远小人"，是以君子躲避小人解释《遯》卦。《序卦》17、《杂卦》9 也说遯是退的意思。 受《易传》影响，旧注皆以君子逍遥，隐遁山林为说，这样解释原文，一句也讲不通。古人说，尧让天下于许由，许由不受。不受也就罢了，还拔腿就跑，听都不要听，唯恐脏了自己的耳朵。 许由是中国隐士的楷模。大家千万不要以为，《遯》卦是讲这种遁。原文就算讲遁，也是讲猪跑，而不是人跑。

此卦爻辞，遯字五见，全是名词，而非动词，没一个当遁字讲。"逃跑的尾巴"、"捆住逃跑"、"肥胖的逃跑"，这叫什么话？只有读豚才通。而上博本正好作豚，读豚，则每句皆顺。此卦有两点值得注意，第一，它把捆小猪与畜奴婢并说：猪，捆起来，如果生病，就糟了，但奴婢不一样，圈起来养，挺好；第二，猪有君子之相，古人说的上等人，是以肥白为美，越白越胖越可爱。❶

【校读】

遯 音 dùn，字从豚。遯亦作遁，这里读豚。❷豚是小猪。上博本作"豚"，马王堆本作"掾"，双古堆本作"椽"，传本《归藏》和王家台秦简《归藏》作"遂"。豚是卦名的本字。《一切经

---

❶ 猪很聪明，智力不下于狗（但不如狗讨人喜欢）。它对人类贡献很大，但人骂猪超过所有动物。中国畜牧史，六畜之中，猪最有特色。牛是耕畜，除用于祭祀，一般不许杀，中国人很少吃牛。马是挽畜，中国人也不大吃。吃肉，主要是吃猪肉（其次才是羊肉、狗肉、鸡肉）。古代养猪，最初是放养，和马、牛、羊一样，后来才改圈养。定居农业下的猪是养在家里，像狗、猫、鸡一样，和人的关系很密切。家字本身就是屋檐底下有口猪。

❷《中孚》卦辞"豚鱼吉"。黄颖本"豚"作"遯"（《释文》引）。高亨指出，"遯疑借为豚"，见氏著《周易古经今注》（重订本），254 页。

音义》卷八以遂为遁之异体。《说文解字·彑部》以彖为豕走，也与遯字有关（音义俱近）。这里值得注意的是，上博本的"豚"字，其豕旁上面有两笔，它可以证明，简帛文字常见的遂字往往是逐字。

遯尾　读"豚尾"。《易经》六爻一般是以初为尾，以上为首，如《既济》、《未济》都是如此，但《履》卦提到"履虎尾"，则在六三、九四。猪尾巴很小，但猪很有劲儿，揪尾巴可揪不住。

执之用黄牛之革　六二为下卦之中，黄为中色。"执之"，是"巩之"之误。此句，上博本作"攼用黄牛之革"，马王堆本作"共（拲）之用黄牛之勒（革）"。攼，楚简多用为饰字，非此所当，也是巩字之误。下文《革》卦初九有"鞏用黄牛之革"，上博本作"巩（鞏）用黄牛之革"，马王堆本作"共（拲）用黄牛之勒（革）"。《说文解字·革部》："鞏，以韦束也。《易》曰：'鞏用黄牛之革。'"字亦作鞏。❶中国的牛，分黄牛（Bos Taurus domestica）和水牛（Bubalus bubalus）。黄牛主要分布在秦岭、淮河以北，水牛主要分布在秦岭、淮河以南。黄牛，南方也有，但水牛不见于北方。

莫之胜说　"说"读"脱"。许慎以挩为脱（《说文解字·手部》）。❷

系遯　读"系豚"。案：今本"系"，原作"係"。全书一共出现过八次。《蒙》卦上九以"擊"为"繫"。上博本，除《姤》卦初六作"繫"，其他五次皆作"係"，同今本。马王堆本则或作"擊"，或作"係"。

臣妾　男奴曰臣，女奴曰妾。"臣"在《易经》中出现过四

❶ 牛皮很结实，不仅可以捆猪，也可捆人。比如宋万，力气奇大，"陈人使妇人饮之酒，而以犀革裹之。比及宋，手足皆见"（《左传》庄公十二年）。

❷ "说"，马王堆本作"夺"。上博本作"䬠"，疑是写坏的敚字。

次，除此，还有《蹇》卦六二、《损》卦上九、《小过》六二。上博本同今本，马王堆本作"仆"。案：楚文字，仆字多有臣旁。

好遯　读"好豚"。"好"作动词是喜欢，作形容词是可爱。

君子吉，小人否　贵族大鱼大肉、养尊处优，当然白白胖胖，小人吃糠咽菜、风吹日晒，当然又黑又瘦。古人以肥白为美，黧黑为丑。肥白是君子之相，黧黑是小人之相。此爻是阳爻，对君子有利，对小人不利。

嘉遯　读"嘉豚"。嘉可训美，并有吉祥之义。如古以嘉谷、嘉禾为祥瑞。旧称退隐为"嘉遯"，意思是全身而退，溜得好。如《三国志·魏志·管宁传》："在乾之姤，匿景藏光，嘉遁养浩，韬韫儒墨，潜化傍流，畅于殊俗。"魏晋南北朝时期，这种说法很流行。唐代墓志还有"嘉遁称肥"的说法。其实"嘉遯"只是美丽的小猪，吉祥的小猪，哪有这种意思？这样的小猪还要称肥，那不是等着挨宰吗？经典误读，一至于此，真是太有意思了。

肥遯　读"肥豚"，指肥胖的小猪。汉人或改读"飞遯"，说是光跑不行，还得飞快地跑，这是妄改。❶"肥"，上博本、马王堆本皆如此，并不作"飞"或"蜚"，足以证明"肥"是原貌。小猪于古，其用大矣，一物而有三用：食品、礼品、祭品。古人喜欢肥猪，好豚不如嘉豚，嘉豚不如肥豚，越肥越好。❷古代，士相见，豚是见面礼，如阳货见孔子，就是以豚为见面礼（见《论语·阳货》）。

❶ "肥遯"的"肥"显然是形容词，旧注以遯为遁，实在讲不通，只好改读，有各种奇怪的解释。如《后汉书·张衡传》注引《淮南九师训》、《焦氏易林》就把此字读为飞，尚秉和从之，见氏著《周易尚氏学》，163页。

❷ 但猪肥了，就会挨刀。小时候有个招贴画：《肥猪浑身都是宝》，猪肉可以吃，猪胰子可以做肥皂……有很多小箭头加以说明。俗话说，猪狗不如，但猪不如狗。狗有人疼（特别是欧美人士疼），猪无人爱。很多保护动物主义者不吃猫狗，却大吃牛羊猪而不惭。人类有人类的局限，人类有人类的虚伪。他们的理由挺充分：谁让它们不向人类靠拢，住在家里面？上帝造就它们，不就是为了咱们的肚子吗？

大壮第三十四
——老公羊，脾气坏

䷡ 大壮：利贞。

初九，壮于趾，征凶，有孚。
九二，贞吉。
九三，小人用壮，君子用罔，贞厉。
　　羝羊触藩，羸其角。

九四，贞吉，悔亡。藩决不羸，壮于
　　大舆之輹。

六五，丧羊于易，无悔。

上六，羝羊触藩，不能退，不能遂
　　（逐），无攸利。艰则吉。

大壮卦：利于占卜。

阳爻一，腿脚健，远行反而凶，此说可信。
阳爻二，占卜结果是吉。
阳爻三，小人逞强，君子相反，占卜
　　结果是危险，就像公羊拿脑袋撞
　　围栏，只会把角撞坏。

阳爻四，占卜结果是吉，唯恐有失。
　　公羊要想把围栏撞破而无伤于
　　角，不容易，除非它的角比牛车
　　的伏兔还结实。

阴爻五，是王亥"丧羊于易"之占，
　　用不着后悔。

阴爻六，公羊撞围栏，退不能退，进不能
　　进，徒劳无益。困难大，反而吉祥。

【大义】

此卦下乾上震，换讲羊。老公羊，脾气犟，非拿脑袋撞篱笆墙。这种大撞，就是一种"大壮"。俗话说"人怕出名猪怕壮"。猪大壮，难免挨刀，这是猪大壮的下场。但前面讲了，猪大壮是君子之象，没有负面含义。《易经》讲大壮，选的是羊。羝羊，有一副很硬的角。但角再硬，"羝羊触藩"，不是照样撞坏了？这是羊大壮的下场。

《遯》卦讲猪，《大壮》讲羊，是有趣的一对。

【校读】

大壮 即太壮。这里的"壮"，是"物壮则老"的"壮"。司马谈《六家要指》有一段名言："至于大道之要，去健羡，绌聪明，释此而任术。"（《史记·太史公自序》引）"大壮"就是"健羡"，翻译成现在的话，就是过于逞强。它的反面是"羸"。作者选用"羸"作反义词，很有意思。这个字恰好从羊。《左传》昭公三十二年记史墨语。史墨曰"在《易》卦雷乘乾曰《大壮》"，提到这一卦。

君子用罔 马王堆本作"君子用亡"（上博本缺）。马融、王肃读无（《释文》引）。罔训无，这里是对壮的否定。

羝 音 dī，公羊。

羸 音 léi，是壮的反义词。这里指公羊恃其角壮，想把围栏撞破，结果却把角撞坏了，想壮也壮不起来。《说文解字·羊部》："羸，瘦也。"本指羊很瘦，引申开来，则一切疲病瘦弱都可以叫羸。《释文》引各本："王肃作纍，音螺。郑（郑玄）、虞

（虞翻）作纍，蜀才作累，张（张璠）作藥。"累、纍、縲等字，古书多作系累之累。闻一多说，"羸"应读僆或儽，是败坏之义。❶《说文解字·人部》有僆、儽二字，许慎说，僆是"垂皃（貌）"，"一曰嬾（懒）解（懈）"，儽是"相败也"。前者，有点像北京话说的滴里搭拉或滴里嘟噜，是疲弱不振非常累赘的样子。后者也是由疲病之义引申。陆氏所引皆东汉以来传本，所用为通假字，马王堆本、双古堆本作"羸"，可见西汉早期的本子作"羸"。

❶ 闻一多《周易义证类纂》，20页。

大舆之輹 "大舆"，马王堆本作"泰（大）车"（上博本缺）。"輹"，《释文》："本又作辐。"其误与《小畜》同。案：古书常以大车指牛车。牛车，也叫重车，主要用于辎重运输，一般比马车笨重和结实。这里的"大舆"指什么，有三种可能，一种指大型的车厢，一种指大型的车辆，一种指牛车。无论哪一种，"大舆之輹"都是指最结实的伏兔。参看上《小畜》九三、《大畜》九二。

丧羊于易 "易"，有易氏。易与狄通。有易氏是狄人，据说住在易水流域。殷祖王亥曾为有易氏之君绵臣和河伯（河伯也是狄人之一支）放牧牛羊，结果被杀，牛羊尽丧于有易。后来，王亥的儿子上甲微，借河伯之师，伐灭有易，报了杀父之仇。《山海经·大荒东经》："有困民国，勾姓而食。有人曰王亥，两手操鸟，方食其头。王亥托于有易、河伯仆（服）牛，有易杀王亥，取仆（服）牛。河念有易，有易潜出，为国于兽，方食之，名曰摇民。帝舜生戏，戏生摇民。"郭璞注引《竹书纪年》："殷王子亥宾于有易而淫焉，有易之君绵臣杀而放之。是故殷（主）〔上〕甲微假师于河伯以伐有易，灭之，遂杀其君绵臣。"这里因为讲羝羊触藩，所以用了这个典故，意思是说，即使丧羊，也未必不祥。《旅》卦上九有"丧牛于易"，也用这个典故。这是《易经》的第二大典故。这个典故可能类似后世所谓的"塞翁失马，焉知非福"（出自《淮南子·人间》），也是讲祸福相依的辩证法。

不能遂 读"不能逐"。马王堆本同（上博本缺）。《易经》中，遂字三见，另外两例是《家人》六二的"无攸遂"、《震》卦九四的"震遂泥"。前者读逐，后者读遂。案：先秦古文字，顺遂之遂是假述字为之，❶无作遂者。西汉虽有用如今义的遂字，但不少遂字仍是当逐字用。如上《大畜》九三的"良马逐"，马王堆本和双古堆本皆作"良马遂"，"遂"就是逐字。逐是追击，与退相反，含有进义。《京氏易传》"逐，进也"（《汉书·五行志下之上》引），就是以进释逐。此爻，虞翻注"遂，进也"（《周易集解》引），孔颖达疏："退谓退避，遂谓进往。"虽然是讲遂字，但和京房对逐字的解释完全相同，可见是当逐字。

❶ 徐在国《传抄古文字编》，上册，165 页。

晋卦第三十五
——旭日东升

䷢ 晋：康侯用锡（赐）马蕃庶，昼日三接。

晋卦：康侯用天子赏赐的马配种，培育出许多良马，一个大白天，就受到三次接见。

初六，晋如摧如，贞吉。罔孚裕（欲），无咎。

阴爻一，出名难免被名毁，〔懂得收敛〕，占卜结果是吉。即使不如人意，也无大患。

六二，晋如愁如，贞吉。受兹介福，于其王母。

阴爻二，出名难免使人愁，〔懂得发愁〕，占卜结果是吉。我从我奶奶受此大福。

六三，众允，悔亡。

阴爻三，众人越是觉得满意，我越唯恐有失。

九四，晋如鼫（硕）鼠，贞厉。

阳爻四，出名好像变成大老鼠，占卜结果是危险。

六五，悔亡，失得勿恤。往吉，无不利。

上九，晋其角，维（唯）用伐邑，厉吉，无咎，贞吝。

阴爻五，唯恐有失，其实不必计较得失。出门吉，事无不利。

阳爻六，伸出你的角，只适于攻城夺邑。此事虽危险，却很吉利，没有祸殃，占卜结果是遗憾。

【大义】

此卦下坤上离，讲卫康叔养马有功，受周天子表扬，大出其名。坤是地，离是日，乃日出之象。此卦《大象》（《象下》35）："明出地上，晋。"晋者，如日东升，蒸蒸日上。这个卦和升官发财出大名有关，汉代吉语叫"高迁"、"高升"（常见于汉镜和汉瓦当）。人，爬到头，叫"如日中天"。上卦讲羊大壮，这里讲人大壮。俗话说"人怕出名猪怕壮"，人出名出得太厉害，也有大麻烦。这里好有一比，"晋如鼫（硕）鼠"。过街老鼠，个儿越大，越遭人讨厌。

【校读】

晋 晋升。六爻之中四见之。《说文解字·日部》："晋，进也。日出万物进。从日从臸。《易》曰：'明出地上，晋。'"所引即此卦《大象》（《象下》35）。

康侯用锡马蕃庶，昼日三接 "锡"读赐。"康侯"，初封于康，后封于卫，即卫国的始祖卫康叔。康是封地名，不是谥号。"康侯"一词，除《周易》，他书未见，但西周铜器有之（如康侯方鼎和康侯簋）。❶ 最近，清华楚简《系年》披露，康叔初封在"庚丘"，庚丘就是康。❷ "昼日三接"，一般都认为，这是说，一

---

❶ 参看李学勤《周易溯源》，成都：巴蜀书社，2006年，16-18页。

❷ 李学勤《清华简〈系年〉及有关古史问题》，《文物》2001年3期，70-74页；李学勤主编《清华大学藏战国竹简》（贰），下册，144页。

日之内，康侯三次受到周天子接见。《周礼·秋官·大行人》有上公三飨三问三劳、诸侯三飨再问再劳、子男三飨一问一劳说，侯果注（《周易集解》引）据以说此。这是《易经》的第三大典故。

罔孚裕 "罔"训无，训不，往往含有彻底否定之义。马王堆本作"悔亡，復（孚）浴（欲）"（上博本缺），"罔"作"亡"，多出"悔"字。

介福 大福。《说文解字》把介列入八部，当界画之界，而把当大讲的介写成夽，列入大部。

王母 康侯的奶奶。《尔雅·释亲》："父之考为王父，父之妣为王母。"卫康叔是文王十子之一，他的奶奶，是挚国之女太妊，《诗·大雅》的《大明》、《思齐》作"大任"。太妊是王季的配偶、文王的母亲。

鼫鼠 读"硕鼠"。马王堆本作"炙鼠"。案：鼫音 shí，《说文解字·鼠部》："鼫，五技鼠也。能飞不能过屋，能缘不能穷木，能游不能渡谷，能穴不能掩身，能走不能先人。"未必是这里的鼠。《子夏易传》（《释文》引）和郑玄注（孔颖达疏引）作"硕鼠"，《周易集解》也作"硕鼠"。硕鼠，见《诗·魏风·硕鼠》，是大田鼠。

晋其角 伸出其角，指锋芒毕露。虞翻注："位在首上称角。"这里指上九。案：《易经》三见角字，除上《大壮》九三"羸其角"，角是羊角，其他两例皆见于上九，一是此卦上九的"晋其角"，二是下《姤》卦上九的"姤（拘）其角"，也与卦首有关。

维用伐邑 读"唯用伐邑"。马王堆本作"唯用伐邑"（上博本缺）。

明夷第三十六

——金乌西落

䷣ 明夷：利艰贞。

䷣ 明夷卦：利于占卜困难。

初九，明夷于飞，垂其翼。君子于行，三日不食。有攸往，主人有言（谴）。

阳爻一，明夷天上飞，垂其双翼。君子地上走，三天不吃饭。旅行在外，客舍的主人会责骂。

六二，明夷夷于左股，用拯马壮，吉。

阴爻二，明夷伤了左大腿，但如果用调驯过的良马代步，仍很吉祥。

九三，明夷〔夷〕于南狩，得其大首，不可疾贞。

阳爻三，明夷伤于南巡，但获其魁首，不可速占。

六四，入于左腹，获明夷之心，于出门庭。

阴爻四，刚出门庭，就钻进明夷的左腹，获得它的心。

六五，箕子之明夷，利贞。

阴爻五，为"箕子之明夷"之占，利于占卜。

上六，不明，晦，初登于天，後入于地。

阴爻六，天色渐渐暗下来，终于到了傍晚时分，最初太阳是往天上爬，现在却钻到了地下。

【大义】

此卦下离上坤，❶ 离是日，坤是地，日在地下，为日落之象。"明夷"是太阳鸟。此卦《彖辞》(《彖上》36)、《大象》(《象下》36)都说："明入地中，明夷。"可见"明夷"的意思是日落。它的六爻，是讲太阳由明到晦的六段：初九，日出东方；六二，日上三竿；九三，日当中天；六四，日影西斜；六五，日薄西山；上六，日没于地。太阳，正午爬得最高，但它爬得再高，也得掉下来，何况人乎？

《明夷》与《晋》卦相反，《晋》卦讲日出，《明夷》讲日落，正好是一对。

❶《左传》昭公五年记庄叔之占，遇《明夷》之《谦》，涉及此卦初九。

【校读】

明夷 太阳鸟，即古书中的金乌。"明"是光明，"夷"是毁伤。古人以金乌为日，玉兔为月，常以金乌西落比喻太阳下山。

利艰贞 "艰"指大难。文王拘羑里，箕子佯狂为奴，是古代圣王、仁人蒙难的著名故事。此卦《彖辞》："内文明而外柔顺，以蒙大难，文王以之。利坚贞，晦其明也。内难而能正其志，箕子以之。"六五《小象》(《象下》36)："箕子之贞，明不可息也。"就是以这类典故讲人应该在黑暗中坚守光明。

明夷于飞，垂其翼 这是以金乌起飞比喻太阳初升。此爻为阳爻，像其明也。《左传》昭公五年引此节，谓"《明夷》，日也。日之数十，故有十时，亦当十位"，"日之《谦》，当鸟，故曰'明夷于飞'"，可以作为旁证。"翼"，马王堆本作"左翼"。盖求齐于下文"左股"。

夷于左股 字面含义是伤了左大腿，到底暗示什么，值得推敲。我怀疑，六二是讲日头高升。高升之后，光芒必有所减弱。此爻作阴爻，为日明之初伤。古人讲阴阳，以左阳右阴为通例，伤于左股，疑指金乌从东往西飞，左为阳，右为阴，明伤于南。

拯马 这个词也见于《涣》卦初六，上博本作"赦马"，❶ "赦"同抍。这两处的"拯马"，马王堆本皆作"撜马"。《说文解字·手部》："抍，上举也。抍或从登。"这里的拯字与抍、撜同。❷ "拯马"可以有两种读法，一种读"登马"，指征发马匹；一种读"整马"，指调驯马匹。整有调驯、整治之义。《尔雅·释言》："服，整也。"如"整旅"指训练军队。这里是按后一理解翻译。

明夷于南狩 高亨怀疑，"于"下脱"飞"，不对。❸今得马王堆本（上博本缺），可知"于"上脱"夷"，今补"夷"字。九三是阳之盛，盛极则衰。我怀疑，此爻相当正午时分。正午，太阳离地面最高，日巡中天，偏于南，故以"南狩"为喻。过此，日将西斜。这是又一种伤。

得其大首 获其魁首。疑指日头最高。

不可疾贞 这里的"疾"不是疾病之疾，而是急的意思。

入于左腹，获明夷之心 还是讲日之伤明。六四以下皆阴爻，是讲太阳走下坡路的过程，日之伤明更甚。上文九二伤于股，还在下体，此则伤于腹心。上句，马王堆本作"明夷夷于左腹"（上博本缺），可见还是讲伤。

箕子之明夷 这是《易经》的第四大典故。❹案：箕子是纣王的叔叔。此爻《小象》说："箕子之贞，明不可息也。"意思

---

❶ 参看徐在国《上博竹书（三）〈周易〉释文补正》，简帛研究网，2004年4月24日；陈斯鹏《楚简〈周易〉初读记》，孔子2000网，2004年4月25日。

❷ 或读"乘马"，见李镜池《周易通义》，北京：中华书局，1981年，72页；或读"骤马"，见高亨《周易古经今注》（重订本），264页。案："乘马"见《屯》卦六二、六四、上六，不这样写。骤马是割去睾丸的马，也不可信。

❸ 高亨《周易古经今注》（重订本），264–265页。

❹《释文》："蜀才箕作其，刘向云：'今《易》箕子作荄滋。'邹湛云：'训箕为荄，诂子为滋，漫衍无经，不可致诘。'以讥荀爽。"

是说，纣王无道，天下黑暗，但箕子仍守志不移，不肯屈从于当时的黑暗。《论语·微子》："微子去之，箕子为之奴，比干谏而死。孔子曰：殷有三仁焉。"箕子佯狂，是韬光养晦，以图东山再起。

初登于天，後入于地 这是讲日出日落，由明到晦。日出东方，逐渐爬升，正午适当中天，是为"初登于天"。过了正午，日影西斜，最后没于地下，是为"後入于地"。此卦以阳爻始，以阴爻终，正像日出日落。

家人第三十七
——家和万事兴

䷤ 家人：利女贞。

䷤ 家人卦：利于卜问女人。

初九，闲（娴）有（于）家，悔亡。

六二，无攸遂（逐），在中馈，贞吉。

九三，家人嗃嗃（嗷嗷），悔厉，吉；妇子嘻嘻，终吝。

六四，富家，大吉。

九五，王假（格）有家，勿恤，吉。

上九，有孚威如，终吉。

阳爻一，熟悉家务事，唯恐有失。

阴爻二，用不着寻寻觅觅，问题全在柴米油盐，占卜结果是吉。

阳爻三，家人啼饥号寒，唯恐过不下去，倒可能交好运；老婆孩子乐陶陶，早晚要倒霉。

阴爻四，家财日进，大吉大利。

阳爻五，先王显灵，降临我家，不用担心，也很吉祥。

阳爻六，民信其上，敬上畏上，结果一定圆满。

【大义】

此卦下离上巽,讲妻子儿女。下经讲人伦,以《咸》、《恒》为始,中间隔了四个卦,这里才接着讲。

家是社会细胞,古今中外,谁都重视。中国现在的民居,多以瓷砖装饰门面,上面最多的话就是"家和万事兴"。

【校读】

家人 包括父母、兄弟、夫妇、子女。古称卿大夫之家及其采邑为家。

闲有家 "闲",读娴,"有"读于。有、于是之、鱼二部的旁转字,可以通假。高亨说:"有犹於也。"并以此卦九五"王假有家"、《萃》卦卦辞"王假有庙"、《萃》卦九五"萃有位"、《震》六五"意无丧有事"、《涣》卦卦辞"王假有庙"、《涣》卦六四"涣有丘"、《既济》六四"繻有衣袽"为同例。这七个例子,除《萃》卦九五的例子可商,皆可成立。❶《易经》"有"字的这种用法,过去被误解。参看下《萃》卦卦辞"王假(格)有庙"注。

无攸遂 这里的"遂"是用为逐字。逐是追寻。参看上《大壮》上六"不能遂(逐)"注。

嗃嗃 音 hè hè,古本传写各异。❷这个词与"嘻嘻"相反,高亨读"嗷嗷"。❸《说文解字·口部》:"嗷,众口愁也。从口敖声。《诗》曰:'哀鸣嗷嗷。'"引《诗》见《小雅·鸿雁》。"嗷嗷"是愁怨之声。

嘻嘻 嬉笑之声。

王假有家 "王",估计是死去的先王。"假",《礼记·祭统》

---

❶ 高亨《周易古经今注》(重订本),267页。

❷ 《说文新附字·口部》:"嗃,嗃嗃,严酷皃。"《释文》:"马(马融)云悦乐自得皃,郑(郑玄)云苦热之意,荀(荀爽)作'確確',刘(刘表)作'熇熇'(音 hè hè)。"马融本似作"乐乐",郑玄本似作"熇熇"("熇熇"是火热之义),同刘表本。马王堆本作"乐乐"(上博本缺),似同马融本。

❸ 高亨《周易古经今注》,268页。

引孔悝之鼎铭有"公假于太庙",于省吾据金文辞例,把"假"读为格,甚是。❶ 这里的"假",恐怕不是一般意义上表示到达之义的"格",而是《尚书》常见的"降格"(见《多士》、《多方》、《吕刑》),即表示先王显灵,降临人世的"降格"。参看下《丰》卦卦辞"王假之",《萃》、《涣》二卦卦辞"王假有庙"。金文辞例,"格"后多接"于",但于氏并未把"有"解释成"于",反从王引之说,以为"辞之助"。此从高亨说。

有孚威如 参看上《大有》六五"厥孚交如威如"。

❶ 于省吾《双剑誃易经新证》,718–720 页。

睽卦第三十八
——活见鬼

☲ 睽：小事吉。

☲ 睽卦：卜问小事吉。

初九，悔亡。丧马，勿逐自复。见恶人，无咎。

阳爻一，小心翼翼，唯恐有失。丢了马，不用追，它会自动跑回来。虽遇恶人，没有祸殃。

九二，遇主于巷，无咎。

阳爻二，小巷中，撞见鬼，没有祸殃。这鬼不是别人，乃是先君之主。

六三，见舆（车）曳（辙），其牛掣（觢）。其人天且劓，无初有终。

阴爻三，牛拉车，见车辙，双角耸。那鬼头发被剃，鼻子被割，〔样子很可怕〕。但此卦虽无善始，却有善终。

九四，睽孤（顾），遇元（髡）夫，交孚，厉，无咎。

阳爻四，蓦然回首，撞见那个秃头之鬼，彼此会心，似有前缘，虽很吓人，却无大患。

六五，悔亡。（厥）〔登〕宗噬膚，往何咎？

阴爻五，小心翼翼，唯恐有失。死者有人供奉，好酒好肉有吃喝，就是迎头撞见，能有什么祸？

上九，睽孤（顾），见豕负塗（途），载鬼一车，先张之弧，後说（悦）之弧（壺）。匪（非）寇婚媾，往遇雨则吉。

阳爻九，蓦然回首，看见一头猪，拉着一车鬼，背道而驰。先张弓欲射，后备酒相迎。他们不是来杀人越货，而是来迎娶新娘。此卦似凶而吉，就像出门碰上雨，未必不好。

❶《左传》僖公十五年记史苏之占，遇《归妹》之《睽》，涉及此卦上九。《左传》僖公二十五年记卜偃之占，遇《大有》之《睽》，涉及此卦六三。

【大义】

此卦下兑上离，❶讲的尽是些活见鬼的事。鬼是一种心理现象，与生病、做梦特别是濒死体验有关。这里可能是讲梦中见鬼。

卦名有三种读法，一读睽，二读乖，三读鬼。三种读法，以鬼为主。从头到尾，主要讲的是鬼。此卦之鬼，长相虽可怕，但是个好鬼，最后一个字是"吉"。

这是个逢凶化吉的卦。

《周礼·春官·大卜》说大卜之官掌"三兆之法"、"三易之法"、"三梦之法"。两周占卜以卜、筮、占梦最重要，三者是交替为用。

《家人》讲人，《睽》卦讲鬼，这也是一对。

【校读】

睽　音kuí，《说文解字·目部》："睽，目不相听也。"指双目相乖，不能聚焦于同一目标，医学术语叫外斜视。睽，西周金文往往从双目从癸，❶《归藏》佚文作"瞿"，亦从双目。此字，上博本作"楑"，马王堆本作"乖"。睽是两目相违，古音为溪母脂部字，乖是互相违背，古音为见母微部字，音义俱近。爻辞讲梦中见鬼，鬼是见母微部字，也是谐音借读字。鬼与畏同源，是可怕的东西。

❶ 容庚《金文编》，235 页。

小事吉 王弼注："大事谓兴役动众……小事谓饮食衣服。"《左传》成公十三年："国之大事，在祀与戎。"《周礼》常以大事、小事并举。这里是说，此卦只对卜问小事有利。

悔亡丧马 上博本作"悬（悔）亾₌马"，马王堆本作"悔亡₌馬"，双古堆本作"𠘧亡喪馬"。中间两字，无论读亡读丧，或一读亡一读丧，亡和丧都指丢失。案：古文字，亡字的初文是在刀刃上加点，指示刀刃；丧字的初文象桑树，后加注亡字于下。楚简亡字有两种写法，有无之无多作亡，丧亡之亡多作亾，有时可以相通，有时又有分别。后者，学者隶定为芒，是错把它的字头当成了屮旁（艸字之省）。其实，这个字是丧字的省体，它的字头是丧字的字头，与屮旁无关，释亡释丧皆可，但绝不当有无之无。今本《周易》的"无悔"，上博本作"亡悔"，马王堆本和双古堆本作"无悔"。"亡悔"与"悔亡"没有关系。

遇主于巷 此卦讲鬼，这里的"主"，疑是先君之主，属于鬼。

勿逐自复 "逐"，上博本作"由"，马王堆本作"遂"。这种写法的"遂"并非后世遂字，而是逐字的异体。

见舆曳，其牛掣 读"见车辙，其牛觢"。意思是说，牛拉着车，一见车辙，就惊耸双角。辙者陷也，觢者举也，盖取相悖之义。案：这两句，上博本作"见车🅡（辙），亓牛🅡（觢）"。马王堆本作"見車挈，其牛謑"，应正为"見車謑（辙），其牛挈（觢）"，双古堆本作"見車渫（辙），其牛絜（觢）"。"舆"读车，"曳"读辙，"挈"是挈之讹，字与觢（音 shì）通。❶《尔雅·释畜》："角一俯一仰，觭；皆踊，觢。"《说文解字·角部》引《易》，作"其牛觢"。

其人天且劓 劓音 yì。"其人"，即初九"恶人"。马融注："凿其额曰天。"（《释文》引）虞翻注："黥额为天，割鼻为劓。"（《周易集解》引）黥属墨刑。

无初有终 初九遇恶人，虽不吉利，但此鬼却非作祟害人的厉鬼，逢凶，上九化吉。

睽孤 "孤"读顾，睽顾是反顾，也与乖字的含义有关。虞翻注读"睽顾"（《周易集解》引）。下文"弧"与此谐音。

元夫 髡亦作髠，从元与从兀同。这里疑读"髡夫"，即六三剃发削鼻者。❷

交孚 心灵相通，彼此信任。王弼注："同志相得而无疑焉，故曰交孚也。"参看上《大有》六五"厥孚交如威如"。

厥宗噬肤 疑指以酒食祭鬼。"厥宗"是"登宗"之误，疑指升天之主。"厥"，上博本作"陞"，马王堆本作"登"。"厥"同氒，古文字，字形与升相近，因而讹为厥。❸ "宗"训主，疑即此卦九二之"主"。"噬肤"，吃五花肉，参看《噬嗑》六二。

见豕负涂 一般都以为是猪背涂泥，如虞翻注（《周易集解》引）、孔颖达疏都这样解释。今按"负"通背、倍，与乖相类。我

---

❶ "挈"，《释文》引郑玄本作"挈"，引《子夏易传》作"契"，引《说文解字》和刘表本作"觢"，引荀爽本作"觭"。《周易集解》作"觢"。

❷ 俞樾读元为兀，但不以"元夫"为髡者，反以"元夫"为劓者，见氏著《群经平议·周易一》"其人天且劓"条，收入王先谦编《清经解续编》，第五册，1029页。闻一多提到"《说文》髡重文作髡"，但结论仍同俞氏，见氏著《周易义证类纂》，38页。

❸ 何琳仪《上海博物馆藏楚竹书〈周易〉》，96页。

怀疑,原文是说见豕曳车,背道而驰,"塗"指路。

载鬼一车 "车",马王堆本同(上博本缺)。案:二十八宿,南方七宿有鬼宿,也叫舆鬼。《史记·天官书》:"舆鬼,鬼祠事;中白者为质。"正义:"舆鬼四星,主祠事,天目也,主视,明察奸谋,东北星主积马,东南星主积兵,西南星主积布帛,西北星主积金玉,随其变占之。中一星为积尸,一名质,主丧死祠祀。"质即斧质之质(剁肉的砧板),东井有钺星,舆鬼有质星,与杀伐和祭祀死者有关。舆鬼就是"载鬼一车"。

先张之弧 先张弓欲射。《左传》僖公十五年,史苏之占,遇《归妹》之《睽》,引及此卦,作"归妹、睽孤,寇张之弧"。

後说之弧 读"後说(脱)之壶"。案:"弧",马王堆本、双古堆本作"壶"(上博本缺),《释文》引京房、马融、郑玄、王肃、翟子玄诸本和《周易集解》同。王弼本误。"先张之弧",是开头误以鬼车是来抢亲,故张弓欲射。"後说(悦)之壶",是后来明白,对方其实是来迎亲,所以备酒相迎。"弧"指弓矢,所以御敌;"壶"是酒器,所以待客。上九之辞可能与冥婚有关。

匪寇婚媾 鬼来迎新,当与冥婚有关。《周礼·地官·媒氏》有迁葬嫁殇之禁,郑玄注:"迁葬,谓生时非夫妇,死既葬,迁之使相从也。殇十九以下未嫁而死者,生不以礼相接,死而合之,是亦乱人伦者也。郑司农云:'嫁殇者,谓嫁死人也。今时娶会是也。'"嫁殇即冥婚。

往遇雨则吉 出门遇雨,本来不好,但这里却说"吉"。可见这是个逢凶化吉,与常理相反的卦。

蹇卦第三十九
——行路难

☱ 蹇：利西南，不利东北。利见大人，贞吉。

蹇卦：利于从西往南，不利从东往北。利见大人，占卜结果是吉。

初六，往蹇来誉。
六二，王臣蹇蹇，匪（非）躬（今）之故。
九三，往蹇来反（返）。
六四，往蹇来连。
九五，大蹇朋来。
上六，往蹇来硕（适），吉，利见大人。

阴爻一，此去行路难，回来运气好。
阴爻二，王臣行路难，不是现在难。
阳爻三，此去行路难，趁早往回走。
阴爻四，此去行路难，回来费周折。
阳爻五，路上遇险阻，才有朋友来。
阴爻六，此去行路难，终于把家还。
占卜结果是吉，利见大人。

【大义】

此卦下艮上坎，艮为山，坎为水，乃山水之象。坎又为险，艮又为止，万水千山，遇险辄止，不得行，乃难行之象。

《易经》占往之辞最多，64卦，有36卦讲往，占一半以上。此卦是个专讲出行的卦。

【校读】

蹇 音 jiǎn，字通謇（亦音 jiǎn）。蹇是腿瘸，属于走路难，所以从足。謇是口吃，属于说话难，所以从言。上博本作"訐"，是謇的假借字；马王堆本、双古堆本作蹇，是蹇的异体。此卦六二"王臣蹇蹇"，古书往往作"王臣謇謇"，高亨说，蹇是謇的假借字。❶ 但《易经》讲往来，皆与出行有关，此卦分明讲走路，而非说话。从内容考虑，还是以今本的读法更合适。

❶ 高亨《周易古经今注》（重订本），273 页。

利于西南，不利东北 从西往南是阴从阳，阴从阳则顺；从东往北是阳从阴，阳从阴则不顺。《坤》卦卦辞也有"西南得朋，东北丧朋"。请看该篇校读。

往蹇来誉 《易》卦六爻，上行叫"往"，下行叫"来"。"蹇"是难行。"誉"与"咎"相反，运气不好叫"咎"，运气好叫"誉"。这里是说，上行不顺，下行顺。

王臣 王的奴仆。上博本作"王臣"，马王堆本作"王仆"。

匪躬之故 上博本作"非今之故"。马王堆本，此句正好缺第二字，但其《二三子问》引作"非今之故"，可见古本作"非今之故"。案：躬读今，亦冬、侵通假之例（躬是见母冬部字，今是见母侵部字）。这里是说，王臣行路难，不是现在难，从来如此。

连 郑玄注："迟久之意。"

大蹇朋来 "朋"，上博本作"不"，乃阴阳对转字（不是帮母之部字，朋是並母蒸部字）。马王堆本作"佣"，乃"倗"之讹。

来硕 读"来适"，这里指回到出发地点。"硕"，上博本同，马王堆本作"石"。硕可训大，非此所当。此字怎么读，过去有各种猜测。❷ 案：楚简有"迈"字，旧读跖（zhí）或赿

❷ 如高亨读度，见氏著《周易古经今注》（重订本），274 页。案：高氏提到跖与蹠通，柘与樜通。

❶ 李学勤主编《清华大学藏战国竹简》（贰），下册，150、167、170、186 页。

（zhī），今读适（適的简化字）。❶ 硕是禅母铎部字，适是书母锡部字，古音相近。"来适"是从他处来到此处。如《孔子家语·贤君》："齐景公来适鲁。"就是从齐国来到鲁国。

吉 即卦辞所说"贞吉"，这里按卦辞之义翻译。

利见大人 九五为尊，指上六下从九五。

解卦第四十
——得饶人处且饶人

䷧ 解：利西南。无所往，其来复，吉。有攸往，夙吉。

䷧ 解卦：利于从西往南。自己不去，对方却来，吉。自己去，也是早点上路好。

初六，无咎。

九二，田获三狐，得黄矢，贞吉。

六三，负且乘，致寇至，贞吝。

九四，解（而）〔元〕拇，朋至斯孚。

六五，君子维有解，吉，有孚于小人。

上六，公用射隼于高墉之上，获之，无不利。

阴爻一，没有祸殃。

阳爻二，田猎，捉到三只狐狸，卜问用什么样箭射才吉利，答案是黄色的箭。

阴爻三，肩扛手提，满载而归，会招来强盗，占卜结果是遗憾。

阳爻四，放开这些猎物的脚，反而有更多的鸟兽来。

阴爻五，为君子松绑，吉，可取信于小人。

阴爻六，王公在高高的城墙上射隼，终于把它射下来，事无不利。

【大义】

此卦下坎上震，讲打猎，猎狐猎隼。作者用打猎为喻，说肩扛手提，满载而归，只会招强盗，不如有所释放。老谋深算的"猎手"对他的"猎物"（政治对手和军事对手）要手下留情。放一个人，是为了赢得多数；放君子，是为了赢得小人。关键是擒贼擒王。下面两卦讲损益，正是发挥这个道理。

《解》、《蹇》相反。"蹇"是陷于困难，遇险辄止；"解"是摆脱困难，遇险而动。两者正好是一对。

【校读】

解 松绑。指九四"解而（尔）拇"、六五"君子维有解"。

利西南 《蹇》卦卦辞有"利西南，不利东北"，这里省去后一句。

无所往，其来复 暗示：自己不动手，等对手自动投诚，前来归附。

有攸往，夙吉 暗示：如果自己动手，则先下手为强。

田获三狐 "田"，田猎。"三狐"，疑指六三、六五、上六。如《未济》卦辞即以"小狐"指阴爻。案："田"，上博本作"畋"，马王堆本作"田"。《说文解字·支部》："畋，平田也。从支、田。《周书》曰：'畋尔田。'""畋尔田"出《书·多方》，指治田。许慎以"畋"为平整土地，不能说不对。但治田与打猎有关，往往先焚草莱，驱鸟兽，猎而杀之，然后才平整土地，耕耨其中。两者并无矛盾。这里的"田"指田猎。

得黄矢 黄为中色，或指六二，或指六五。九二与六五应，这里指六五。

负且乘，致寇至　"负且乘"，是说猎获物太多，不但得靠人背，而且得用车载，"致寇至"，见上《需》卦九三，是说会把强盗招来。❶

夙　古书训早，指一天的早段。夙与夜相反，夙是白天，夜是黑夜。

解而拇　而与亓，字形相近，上博本、马王堆本作"亓"。丁四新指出，这里的"而"是"亓"之误，甚确。❷案：《咸》卦初六有"咸其拇"，与此相反。

君子维有解，吉，有孚于小人　是说宽赦地位高的对手，会让比他地位低的对手信任。

隼　音 sǔn，一种猛禽，与鹰类似。鹰隼类的猛禽分鹰科（Accipiter）和隼科（Falco）两大类。鹰科包括鹰属（Accipiter，英文叫 hawk）、雕属（Aquila，英文叫 eagle）、鹞属（Circus，英文叫 Harrier）等。隼科包括游隼（Falco peregrinus leucogenys）、燕隼（Falco subbuteo streichi）、红脚隼（Falco vespertinus amurensis）等（英文叫 falcon）。高墙射隼是比喻擒贼擒王。

❶《系辞上》15："子曰：作《易》者其知盗乎？《易》曰：'负且乘，致寇至。'负也者，小人之事也。乘也者，君子之器也。小人而乘君子之器，盗思夺之矣。上慢下暴，盗思伐之矣。慢藏诲盗，冶容诲淫。《易》曰：'负且乘，致寇至。'盗之招也。"意思是说，君子有车，小人不配坐，小人的命，是以步为轮，以背为舆。如果小人不安分，也一屁股坐车上，那就糟了，强盗就来了。这是添油加醋的发挥，而非对文义本身的解释。

❷ 丁四新《楚竹书与汉帛书周易校注》，上海：上海古籍出版社，2011年，112-113页。

损卦第四十一
——损下益上

䷨ 损：有孚，元吉，无咎，可贞，利有攸往。曷之用？二簋可用享。

损卦：不出所料，最吉利，没有祸殃。可以占卜，利于出行。祭祀用什么？两件簋就够了。

初九，已事遄往，无咎，酌损之。

阳爻一，已经过去的事就让它快点过去吧，没有祸殃，该省略就省略吧。

九二，利贞，征凶，弗损，益之。

阳爻二，利于占卜，远行凶，不可减损，只可增加。

六三，三人行，则损一人；一人行，则得其友。

阴爻三，三人上路，往往会减少一人；一人上路，反有朋友相助。

六四，损其疾，使遄有喜，无咎。

阴爻四，减轻他的病痛，让他尽快康复，没有祸殃。

六五，或益之十朋之龟，弗克违，元吉。

阴爻五，有人赠送珍贵的卜龟，价值十朋，让你无法拒绝，最吉利。

上九，弗损，益之，无咎，贞吉，利有攸往，得臣无家。　　阳爻六，不能减，只能加，没有祸殃，占卜结果是吉，利于出行，新获的奴仆没有家。

【大义】

此卦下兑上艮，讲损益之道的"损"。它是把《泰》卦的九三与上六换位而成，体现的是损下益上。此卦六四讲生病，六五讲得朋，得朋是获龟。当时有人送十朋之龟，等于白得了一大笔钱。俗话说，有什么别有病，没什么别没钱。病要损之，钱要益之。此卦正是讲这个道理。

【校读】

损　此卦六爻，初九与六四应，皆用"损"字；九二与六五应，皆用"益"字；六三与上九应，先用"损"字，后用"益"字。

曷　音 hé，是何的意思。

无咎，可贞，利有攸往　指上九。

二簋可用享　簋是祭器。祭祀，鼎用奇数，簋用偶数。此用"享"，不用"亨"，马王堆本作"芳"（上博本缺）。

已事遄往　"已事"，是已经过去的事。"遄往"，是很快就会过去。遄音 chuán，是迅速的意思。案：古文字，已、巳同，《周易集解》引虞翻注谓"祀，旧作巳也"，李道平指出："虞因卦辞言'二簋用享'，故不从旧本作巳，直从古义作祀，训祭祀也。"❶ 可见"祀"是虞翻改字。

❶ 李道平《周易集解纂疏》，北京：中华书局，1994 年，376–377 页。

弗损，益之 旧注皆分读，意思是不可减，只能加。如果连读，就成了既不减，也不加。

三人行，则损一人 指六三损阳为阴，使下卦缺少一阳。

一人行，则得其友 指初九与九二比连。

损其疾，使遄有喜 "疾"指病，"喜"指病愈。

或益之十朋之龟，弗克违 "益之"读"赐之"。"赐"作"益"，是为了与《益》的卦名保持一致。❶ "十朋之龟"，朋字像两串贝，每串五枚，共十枚。汉儒有两贝为朋说和五贝为朋说，王国维正为十贝为朋。❷ 商周货币包括金、银、铜、玉、贝、皮、帛等不同材质。《周礼》六币还包括马（《秋官·小行人》）。古代与财货有关的字多从贝。所有货币，贝币最古老。当时的货币单位，金以锊计，玉以珏计，帛以束计，贝以朋计。10朋是100个贝，很贵。"龟"，软壳曰鳖，硬壳为龟。中国有龟灵崇拜，龟用于卜，有些品种很贵重。随葬古玉，常见玉龟壳。《论语·季氏》"龟玉毁于椟中"，"龟玉"也可能是玉龟壳。贝币在商周时期如后世之圜钱。圜钱有孔，可以穿绳，一枚一文，一贯千枚，古人叫缗钱。贝币也是以串为计。

得臣无家 马王堆本作"得仆无家"（上博本缺），意思相同，都是指单身的奴仆。西周金文，赐臣之例分三种，一种是赐臣多少家，一种是赐臣多少夫，一种是赐臣多少人，后两种就是单身的奴仆。❸

---

❶ 西周金文，易或作𥝩，见容庚《金文编》，670–673页：1594。郭沫若说，这种写法的易字是益的简化字，见氏著《由周初四德器的考释谈到殷代已在进行文字简化》，《文物》1957年7期，1–2页。

❷ 王国维《说珏朋》，收入《王国维遗书》，上海：上海古籍书店，第一册，《观堂集林》卷三，19页背–21页正。

❸ 参看张亚初《殷周金文集成引得》，北京：中华书局，2001年，941–943页。

益卦第四十二
——损上益下

☴☳ 益：利有攸往，利涉大川。

益卦：利于出行，利于渡大河。

初九，利用为大作，元吉，无咎。

阳爻一，利于大兴土木，此事最吉利，没有祸殃。

六二，或益之十朋之龟，弗克违，永贞吉。王用享于帝，吉。

阴爻二，有人赠送珍贵的卜龟，价值十朋，让你无法拒绝，凡有卜问，永远吉祥。我王祭祀上帝，也很吉祥。

六三，益之，用（凶）〔工〕事，无咎，有孚。中行告公，用圭。

阴爻三，中行手里拿着圭，向王公大人报告：请扩大上述工程，没有祸殃，有求必应。

六四，中行告公，从，利用为依迁国。

阴爻四，中行的报告被王公大人接受，将有利于迁居他国。

九五，有孚惠心，勿问，元吉；有 　　阳爻五，只要出于利民之心，不用卜
　　孚惠我，德（得）。　　　　　　 　　问，最吉利；利民也是利自己，
　　　　　　　　　　　　　　　　　　 　　肯定成功。

上九，莫益之，或击之。立心勿恒，凶。 阳爻六，别再扩大工程了，有人可能攻
　　　　　　　　　　　　　　　　　　 　　打。不能立志守恒，必有凶险。

【大义】

此卦下震上巽，讲损益之道的"益"。它是把《否》卦的初六与九四换位而成，体现的是损上益下。

《损》、《益》是互为消长的一对。

【校读】

益 此卦六爻，初九与六四应，未见"损"字和"益"字；六二与九五应，六二用"益"字，九五未见"损"字和"益"字；六三与上九应，皆用"益"字。《杂卦》3："《损》、《益》盛衰之始也。"《损》是损下一阳以益上卦，《益》是损上一阳以益下卦。

利用为大作 "大作"，指大兴土木。孔颖达疏："大作，谓兴作大事也。"没有具体说是什么大事。虞翻注："大作谓耕播，'耒耨之利'，盖取诸此也。"（《周易集解》引）侯果注："大作，谓耕植也。"皆以"大作"指农事。"大作"还可指各种土木工程，如《书·召诰》孔颖达疏称营建城邑为"经营大作"。案："大作"又见《逸周书·祭公》（《礼记·缁衣》引佚文）、《尚书大传》卷四、

《韩诗外传》卷八、《史记·齐太公世家》、《汉书·楚元王传》等书。周原甲骨也有这个词。❶ 此卦所说的土木工程，当与下"为依迁国"有关，应指迁都之处的土木工程，或与周公营建洛邑有关。

或益之十朋之龟 此句见于《损》卦六五，指损九二以益六五。这里相反，指损九五以益六二。

王用享于帝 此用"享"，不用"亨"，马王堆本作"芳"（上博本缺）。

益之用凶事 "益之"，指损上九以益六三。"大作"是工程，算不上什么凶事。马王堆本作"益之，用工事"（上博本缺），据改。

中行 疑是人名。

利用为依迁国 于省吾读"利用为殷迁国"。他说："曰'利用为殷迁国'者，指成王时事以为言也。《史记·周本纪》：'周公奉成王命伐诛武庚、管叔，放蔡叔，以微子开代殷后，国于宋，颇收殷余民，以封武王少弟封为卫康叔。'是迁殷国于宋，而封康叔于殷虚朝歌也。"❷ 但马王堆本作"利用为家迁国"（上博本缺），"依"可能是"家"之误。"为家"可能指安家，与"迁国"互文，不一定指迁殷于宋。商周时期，古人所谓国，皆指首都，而非国土。国土叫邦，不叫国。这里的"迁国"应指迁都。如此说可以落实，也是《周易》中涉及殷周史事的重要记载。案：此爻与初九应。初九说"利用为大作"，看来这里的"利用为依迁国"就是"大作"的目的。

❶ 曹玮《周原甲骨文》，12页：H11:12，46页：H11:59。

❷ 于省吾《双剑誃易经新证》，729–731页。

夬卦第四十三
——军情紧急,毅然前往

䷪ 夬:扬于王庭,孚号有厉,告自邑。不利即戎,利有攸往。

夬卦:有人从某城赶来报警,号啕大哭,哭声不止,声震王庭。我方不利接敌,利于派兵增援。

初九,壮于前趾,往不胜为咎。

阳爻一,先头部队腿脚健,此行不胜,必将有大难。

九二,惕号:莫(暮)夜有戎。勿恤。

阳爻二,那人心惊胆战,哭诉说"天黑,将有敌军来犯"。请不要担心。

九三,壮于頄,有凶。君子夬夬(决决)独行,遇雨若濡(雾),有愠无咎。

阳爻三,〔勇敢不是挂在脸上〕,颧骨硬,反而是凶兆。君子不同,毅然上路独自行。路上非雨即雾,〔难免沾湿之苦〕,虽然心里不快,好在平安无事。

九四，臀无膚，其行次（趑）且（趄），牵羊悔亡，闻言（譖）不信。

阳爻四，士兵的屁股掉了膘，跌跌撞撞往前赶，带兵好像赶羊，就怕有人掉队，虽然会遭士兵骂，不必放在心上。

九五，莧陸夬夬，中行无咎。

阳爻五，好像莧菜、商陆柔脆易折，一路提心吊胆，好在路上没出事。

上六，无号，终有凶。

阴爻六，假如没人哭告，结果一定很糟。

【大义】

此卦下乾上兑，❶讲边城告警，来搬救兵。援军毅然上路，紧急驰援。

❶《左传》昭公二十九年记蔡墨之占，遇《乾》之《夬》，涉及此卦上六。

【校读】

夬　音 guài，决字所从。此卦《彖辞》（《彖下》43）、《序卦》22 皆以决释夬。下九三和九五有"夬夬"，也是以决释夬。决字，本指水大决溢而出，引申为决裂、决断等义。

扬于王庭，孚号有厉　"孚"，类似"允"、"洵"或"诚哉"、"信乎"，这里是用来加强语气，有点像今语"实在如何"的"实在"或"真怎么样"的"真"。"号"，啼哭。《易经》一共出现过七个"号"字，三见此卦。另外四例，上有《同人》九五"先号咷而後笑"，下有《萃》卦初六"若号，一握为笑"，《旅》卦上九"旅人先笑後号咷"，《涣》卦九五"涣汗其大号"。这七个例子，除最后一例指马叫，全指人哭，而且"号"与"笑"相对，还专指号啕大哭。"厉"，可训扬，这里是扬励之义，和其他"厉"字不同，不是表示危险，而是表示哭得很厉害。这两句话，让我想起申包胥哭秦庭的故事（《左传》定公四年）。伍子胥破楚入郢，申包胥到秦国搬救兵，一连七天，不吃不喝，"立，依于庭墙而哭"，大概就是这个样子。

即戎 指接敌。"戎"字在《易经》中出现过三次，两见于此，都是指军事行动。另外一例见《同人》九三。

頄 音 kuí，颧骨。上博本作"馗"，马王堆本作"頯"，郑玄本（《释文》引）同马王堆本，音义俱同。

夬夬独行 王弼注："决之不疑，故曰夬夬也。""夬夬"，上博本同，马王堆本作"缺缺"，下"苋陆夬夬"同。案：从夬得声的字，多与断、缺之义有关，如决、缺、玦等字是也。诀别之诀，也是从这类意思引申。高亨以为这里的"夬"应读趹，即今语形容疾行的快字，是另一种解释。❶

遇雨若濡 上博本作"遇雨如雺"，马王堆本作"愚（遇）雨如濡"。"如""若"音义俱近，都有或的意思。"濡"，应读雺。需是濡之本字，与雺字形相近。我怀疑，这里的"濡"本作需，乃雺之误。❷ "雨"、"雺"是并列的选择关系。读雺远比读濡好。

臀无肤，其行次且 "臀无肤"，臀是屁股，肤不是皮肤之肤。屁股，走路再多，也不会没有皮肤。这里的肤，不是皮肤，而是肥肉。肤当肥肉讲，见上《噬嗑》六二"噬肤"校读。肤是五花肉，本来在肚子上，这里是泛指。泛指的肥肉，今语叫做膘。❸ 屁股蛋，脂肪高，但跑路跑多了，肥臀会变瘦臀。这里不是说臀无完肤，而是说跑路太多，掉膘了。"次且"读"趑趄"

❶ 高亨《周易古经今注》（重订本），283页。

❷ 雺与霧是从同一字分化。《尔雅·释天》对这两个字的定义是："天气下，地不应，曰雺；地气发，天不应，曰霧。霧谓之晦。"《说文解字·雨部》袭其说，则以"天气下，地不应"为霥（音 méng），"地气发，天不应"为霿（音 wù），并以雺为霿之籀文。

❸《说文解字·肉部》："膘，牛胁后髀前合革肉也。"膘是牛肋和牛后腿之间连皮的腹肉，现在的膘字则泛指肥肉。

（音zī jū），指走路跌跌撞撞。下《姤》卦九三也有这两句话，意思一样。

牵羊 《释文》引《子夏易传》作"挈羊"，"挈"同牵。上博本不同，作"![丧字]（丧）羊"。马王堆本又不同，整理者释"牵"，我查过照片，其实是"茉"字。四种写法，不知孰是。我怀疑，上博本可能是错字。"茉"可读扰。古称驯养六畜为"扰"。这里可能是讲赶羊。《孙子·九地》："帅与之深入诸侯之地，而发其机。若驱群羊，驱而往，驱而来，莫知所之。"就是以赶羊比喻带兵。

闻言不信 上博本作"闻言不终"，马王堆本同今本。这里暂按今本翻译。

苋陆夬夬 "苋陆"，上博本作"苋芣"，马王堆本作"苋勲"。我们从上博本的写法看，"苋陆"肯定是草名。"夬夬"，王弼注："苋陆，草之柔脆者也，决之至易，故曰夬夬也。""苋"音xiàn，旧分六种：人苋、赤苋、白苋、紫苋、马苋、五色苋。其中马苋即马齿苋（*Portulaca oleracea*）。"陆"，从坴（音lù）得声，《说文解字·坴部》以坴为地蕈，旧注多以为苋陆是商陆（*Phytolacca acinosa*），或苋是苋，陆是商陆。❶

中行无咎 "中行"是半道。九五为上卦之中，最尊，所以说"中行无咎"。

无号 马王堆本同今本。上博本作"忘号"，"忘"读亡。

---

❶ 此句，旧说纷纭，一说"苋陆"是兽名（《路史·后记》卷五引孟喜说），一说"苋陆"是草名（《周易正义》引马融、郑玄、王肃、王弼说）。兽名说，可参看高亨《周易古经今注》（重订本），342页。草名说，《释文》孔疏谓子夏、马融、郑玄、王肃以"苋陆"为商陆，宋衷、董遇以"苋"为苋菜或人苋，"陆"为商陆。二说当以草名为是。

姤卦第四十四
——娶妇嫁女

姤：女壮，勿用取（娶）女。

姤卦：女孩年龄大，千万别娶。

初六，系于金柅，贞吉。有攸往，见凶。羸（缧）豕孚蹢（躅）躅。

阴爻一，用铜车轫刹住车轮，占卜结果是吉。如果出行，一定遇凶险。小心，绑好的猪，照样会挣扎。

九二，包（橐）有鱼，无咎，不利宾。

阳爻二，橐中有鱼，虽无祸殃，但不利客人。

九三，臀无肤，其行次（赼）且（趄），厉，无大咎。

阳爻三，屁股掉膘，走起路来跌跌撞撞，虽有危险，尚无大患。

九四，包（橐）无鱼，起凶。

阳爻四，橐中无鱼，启程凶。

九五，以杞包（橐）瓜，含章，有陨自天。

阳爻五，用杞柳编成的篓子，装上花纹美丽的瓜，礼物这么好，简直像天上掉下来的东西。

上九，姤（遘）其角，吝，无咎。

阳爻九，遇到它的角，虽有遗憾，但无祸殃。

【大义】

此卦下巽上乾,讲男婚女嫁。❶巽是长女,乾是父。爻辞难解,细推文义,似讲迎亲之旅,路上带着各种礼物(豕、鱼、瓜)。

《夬》卦讲打仗,《姤》卦讲娶妻。这两卦可以凑成一对。"夬"读决,可训断。"姤"读媾,可训合,两者相反。

【校读】

姤 音 gòu,同媾。❷媾是对偶婚,指两个家族、两个部落、两个国家互相通婚。《说文解字·女部》:"媾,重婚也。从女冓声,《易》曰:'匪寇婚媾。'"媾同遘,遘可训遇。西周金文,"婚媾"的"媾"经常写成"遘"。❸《释文》:"姤,薛(薛虞)云古文作遘,郑(郑玄)同。"此卦卦辞的"姤"是媾,上九的"姤"是遘。

女壮 指年齿盛壮,而非身体强壮。《释名·释言语》:"三十曰壮,言丁壮也。"此卦下卦为巽,巽为长女(见《说卦》2:8),故曰"女壮"。

勿取女 即"勿娶女"。娶妇嫁女,忌姑娘年龄大。这里是说不要娶大龄女子。

金柅 "柅"音 nǐ,❹指车轫。轫是放在车轮底下,防止车轮移动的东西,可以是木制的,也可以是金属做的。《释文》引《子夏易传》作"鑈",即从金旁。这里的"金柅"是金属的车轫。❺案:这里的车是马车还是牛车?下文有"姤(拘)其角",似乎是牛车。

羸豕孚蹢躅 "羸豕"读"缧豕",是捆起来的猪。"蹢躅"音

❶《左传》昭公二十九年记蔡墨之占,遇《乾》之《姤》,涉及此卦初六。

❷ 上博本作"敂",马王堆本作"狗",皆通假字。

❸ 容庚《金文编》,97页:0219。

❹《释文》引王肃本作"抳",引蜀才本作"尼"。《说文解字·木部》作"檷"。

❺ 旧说有二,一种是马融说,以柅为车轫,王弼从之;一种是王肃说,则以柅为络丝工具。二说俱见孔颖达疏。此从马融说。

zhí zhú，即躑躅，本指裹足不前，这里指猪腿被捆，不停挣扎。

包有鱼 "包"读橐（音 pāo）。❶马王堆本作"枹"，上博本作"橐"。这里的读法是从上博本。《说文解字·橐部》："橐，囊张大皃（貌）。"这里是说，囊中有鱼。

臀无肤，其行次且 见上《夬》卦九四。

以杞包瓜 "杞"音 qǐ，指杞柳（Salix sino-purpurea）。《石鼓·汧殹》："其鱼佳（唯）可（何）？佳（唯）鱮佳（唯）鲤。可（何）以橐之？佳（唯）杨及柳。"❷"包"，读与上同。这里是说，用杞柳的树条编成篓子，里面装上瓜。案：中国原产的瓜主要有两种，一种是甜瓜（Cucumis melo），一种是匏瓜（Lagenaria siceraria）。前者也叫香瓜，后者也叫葫芦。

含章 见上《坤》卦六三。

有陨自天 "陨"音 yǔn，降落。这里是说，礼物有如天降。马王堆本作"或（有）塤（陨）自天"。上博本作"又（有）慭（忧）自天"，"慭"可能是错字。

姤其角 读"遘其角"。"角"指上九。马王堆帛书《衷》："句（姤）之离角"，张政烺说："《六十四卦》狗之尚九'狗其角，閵，无咎'。狗（姤）读为遘，遇也。离字假为離，义为遭遇。离角即狗其角。"❸参看上《晋》卦上九"晋其角"。

❶《释文》："本亦作庖。"王弼注、孔颖达疏以庖厨为释，学者多从之。《释文》引虞翻本作"苞"，荀爽本作"胞"，皆通假字。

❷徐宝贵《石鼓文整理研究》，北京：中华书局，2008 年，765–775 页。

❸张政烺《张政烺论易丛稿》，229 页。

萃卦第四十五
—— 聚敛财富

䷬ 萃：亨，王假（格）有（于）庙，利见大人；亨，利贞，用大牲吉，利有攸往。

萃卦：通于神明，我王降临此庙，利见大人；通于神明，利于占卜，用大牲口祭祀吉，利于出行。

初六，有孚不终，乃乱乃萃（悴）。若号，一握为笑。勿恤，往无咎。

阴爻一，〔占卜财运〕，不能始终如愿，难免方寸大乱，灰心丧气。就算哭天抹泪，过不了多久，照样有说有笑。不用担心，出门无祸。

六二，引吉，无咎，孚，乃利用禴。

阴爻二，但愿长吉久利，没有祸殃，果然如此，乃利禴祭。

六三，萃（悴）如嗟如，无攸利。往无咎，小吝。

阴爻三，灰心丧气，长吁短叹，不值得。这样出门，虽无灾祸，小有遗憾。

九四，大吉，无咎。

阳爻四，但愿大吉大利，没有祸殃。

九五，萃有位，无咎。匪（非）孚，元永贞，悔亡。

阳爻五，财富山积，没有祸殃。可惜不能长遂心愿，凡有卜问，总怕失去什么。

上六，赍咨涕洟（泣），无咎。

阴爻六，长吁短叹，痛哭流涕，没有祸殃，〔过不了多久就会好〕。

【大义】

此卦下坤上兑，是卜财运。财运有赔有赚，令人喜忧参半。作者安慰说，人总有不顺心的时候，哭完了，还得笑。

【校读】

萃 此卦有四个"萃"字，卦辞和九五之"萃"是萃聚之萃；初六和六三之"萃"是借读为瘁或悴。此卦《彖辞》（《彖下》45）："萃，聚也。"指聚敛财富，卦名是这个意思。

王假有庙 上博本作"王髩（格）于宙（庙）"。这个例子很重要。过去，王引之《经传释词》把此例"有"字列入"语助也，一字不成，则加有字以配之"类，❶ 杨树达也把此例"有"字列入"语首助词，用在名词之前，无义"类。❷ 今观此例，足以证明，这里的"有"字并非这种用法，而是读为于，高亨的读法是对的。参看上《家人》初九和九五，下《震》卦六五、《涣》卦卦辞和六四、《既济》六四的"有"字。

大牲 郑玄注："大牲，牛也。"（《周易集解》引）《左传》僖公十九年："古者六畜不相为用，小事不用大牲，而况敢用人乎？"

乃乱乃萃 此爻《小象》（《象上》45）："乃乱乃萃，其志乱

❶ 阮元编《清经解》，第七册，12页。

❷ 杨树达《词诠》，北京：中华书局，1954年，387页。

也。""乱"、"萃"互文并见，是形容心理状态不好。"乱"，是心慌意乱。"萃"，高亨读瘁，很对。❶瘁亦作悴，有疲劳、憔悴、忧愁等义。这里译为"灰心丧气"。

一握为笑 上博本作"一斛"，马王堆本作"一屋"。"为"，二本作"于"。王引之《经传释词》卷二有"于犹为也"之例。❷王弼注："一握者，小之貌也。"孔颖达疏："自比一握之间，言至小也。"意思是时间短促。"一握"，古书罕见，这里的翻译是据王注、孔疏，不一定可靠。❸

引吉 引可训长，见《尔雅·释诂》。这个词，古书罕见，旧注已不能明，但殷墟卜辞常用，旧释"弘吉"。于豪亮指出，这个词，其实就是《周易》的"引吉"，很对。❹

乃利用禴 "禴"音 yuè。古礼四时之祭，各有其名：春曰祠，夏曰禴，秋曰烝，冬曰尝，禴是夏祭。王弼注、孔颖达疏说，禴祭是四时祭中之最薄者。案：上"王翌（格）于宥（庙）"和"用大牲"皆指禴祭。《易经》讲禴祭，只有三次，一次是此卦六二；一次是《升》卦九二，也作"乃利用禴"；一次是《既济》九五，作"东邻杀牛，不如西邻之禴祭"。禴祭祭什么？此卦未明说，但《升》卦六四有答案，是"王用亨（享）于岐山"。以此类推，我认为，《随》卦上六"王用亨（享）于西山"也是讲禴祭。甚至我们可以考虑，《大有》九三"公用亨（享）于天子"也是讲禴祭。

萃如嗟如 "萃"读悴或瘁，同初六之"萃"。

萃有位 九五与六二应，处阳位之极，王弼注："处聚之时，最得盛位。"

❶ 高亨《周易古经今注》（重订本），288 页。

❷ 阮元编《清经解》，第七册，5 页和 9 页。

❸ 《释文》引郑玄本作"握"，读为屋，高亨从其说，读"一屋为笑"，"言一室之人皆因而笑之也"，见高亨《周易古经今注》（重订本），288–289 页。

❹ 于豪亮《说引字》，《考古》1977 年 5 期，339–340 页。

赍咨涕洟，无咎 意思是，财运无常，难免有失意之时，没什么大不了，过一阵儿就好了。"赍"音jī，"洟"音tì。"赍咨"是叹息。"涕洟"是涕泣。王弼注："赍咨，嗟叹之辞也。"郑玄注："泣自目曰涕，自鼻曰洟。"（《释文》引）《说文解字·水部》有一组与哭泣有关的字："洟，鼻液也。""潸，涕流皃。""泣，无声出涕。""涕，泣也。"许慎把"泗"当泗水之泗，而以"洟"为鼻液。段玉裁《说文解字注》："泗即洟之假借字也。古书弟、夷二字多相乱，于是谓自鼻出者曰涕，而自目出者别制涙字，皆许不取也。"他说弟、夷往往互换，很对，涕指鼻涕，见于《素问》王冰注，王褒《僮约》已有"鼻涕"，也不错，但谓泗是洟的假借字却不妥。《礼记·檀弓上》有"垂涕洟"，涕、洟并出，与此同。《孟子·告子下》作"垂涕泣"，与洟对应的字是泣。涕，古人有两说，一说是眼泪，一说是鼻涕，当以后说为是。眼泪说，盖因涕、泣往往连言，遂至混为一谈。泣是流泪。泣下是涙下。涙是来母月部字，泣从立，立是来母缉部字，古音相近。泣，字本作眔。商周古文字，眔字象泪水从眼睛流出，即泣的本字，旧释涕，不对。如郭店楚简《五行》有"㴸（泣）涕女（如）雨"（简17），语出《诗·邶风·燕燕》，就是以㴸字为泣。❶涙，后世作泪，从水从目，也是从眔字而来。"涕洟"，马王堆本作"涕洎"（上博本缺），"洎"同㴸。㴸字从自从水，是眔的讹写，同样可以读泣。凡此数证，都可说明，"涕洟"应读涕泣。

---

❶ "涕"上一字，释文作"㴸"，参看荆门市博物馆《郭店楚墓竹简》，北京：文物出版社，1998年，图版32页，释文149–150页。152页注释〔一九〕裘锡圭案："'涕'上一字不从'具'疑是'深'之讹字。"

易下·萃四十五

升卦第四十六

——登高必自卑

䷭ 升：元亨，用见大人，勿恤，南征吉。

升卦：最通神明，利见大人，不用发愁，南征很吉利。

初六，允升，大吉。

阴爻一，步步高升，大吉大利。

九二，孚，乃利用禴，无咎。

阳爻二，如我所求，才利于禴祭，没有祸殃。

九三，升虚（墟）邑。

阳爻三，从山下的城邑开始攀登。

六四，王用亨（享）于岐山，吉，无咎。

阴爻四，我王在岐山祭享，吉，没有祸殃。

六五，贞吉，升阶。

阴爻五，占卜结果是吉，顺着台阶往上走。

上六，冥升，利于不息之贞。

阴爻六，埋头攀登，利于不断占卜。

【大义】

此卦下巽上坤，讲禴祭。这里说的禴祭是祭岐山。祭岐山，要登山而祭。"升"就是讲登山而祭。

《萃》卦是讲聚少成多，《升》卦是讲由下而上，具有类似性。《序卦》23 的解释是："物相遇而后聚，故受之以《萃》。萃者，聚也。聚而上者谓之升，故受之以《升》。"意思是说聚敛是个上升的过程。《杂卦》3 的解释是："《萃》聚而《升》不来也。""不来"是说只上不下。这两卦都提到禴祭。

【校读】

升 攀登。马王堆本作"登"（上博本缺）。这两个字，古代往往通用。

用见大人 《释文》："用见，本或作利见。"马王堆本正作"利见大人"（上博本缺）。

南征 这里指一般的远行，还是军事行动，不好判断。

允升 马王堆本作"允登"（上博本缺）。《说文解字·夲部》引此，作"𡴿升，大吉"。许慎的解释是"𡴿，进也"，朱震《汉上易传》引施雠本，同许慎引。❶ "允"可读俊或峻，字有上出之义。"允升"指向上攀登。❷

乃利用禴 同上卦六二。

虚邑 疑指岐邑。马融以丘释虚（《释文》引），"虚邑"是建于高处的城邑。案：中国古代，城邑多选在高山之下、小山之上。这种聚落，古人叫"丘墟"，因此叫"某丘"的地名很多。"虚"同墟，不是空虚之虚。"虚邑"不是空无一人的废墟，而是

❶ 朱震《汉上易传》卷五，24页正，收入《文渊阁四库全书》，台北：商务印书馆，1999年，第11册，161页。

❷ 许书所收"𡴿"字，见西周铜器兮甲盘和虢季子白盘（容庚《金文编》，707页：1693），是当狁猃的狁字用，非此所当。

有人居住的聚落。

王用亨于岐山 读"王用享于岐山"。岐山,在今陕西岐山县,主峰为箭括岭。❶

❶ 现在的箭括岭,南面有个水泥厂,岐山和这座水泥厂之间有个长长的输送带,炸碎的石头,被源源不断送下山,岐山正在变成水泥。

困卦第四十七

——动辄得咎

困：亨，贞大人吉，无咎，有言（谴）不信。

困卦：通于神明，卜问大人吉，没有祸殃，虽然有人骂，不必放心上。

初六，臀困于株木，入于幽谷，三岁不觌。

阴爻一，好像爬上大树，屁股悬在半空，上不着天，下不着地；好像进了深山大谷，三年都看不见一个人。

九二，困于酒食，朱绂（市）方来，利用享祀。征凶，无咎。

阳爻二，顾不上吃，顾不上喝，左盼右等等不来，就差这件红围裙，只有把它送来，才能举行祭祀。此行虽然艰险，好在尚无大患。

六三，困于石，据于蒺藜。入于其宫，不见其妻，凶。

阴爻三，山石嶙峋，荆棘丛生，路上磕磕绊绊。好不容易进了他的家，却看不见他的妻子，多晦气。

九四，来徐徐，困于金车，吝，有终。　　阳爻四，铜皮装饰的车过于笨重，慢慢悠悠走不快，让人着急，但最后还是到了。

九五，劓（臲）刖（卼），困于赤绂（巿），乃徐有说（脱），利用祭祀。　　阳爻五，因为就差红围裙，心里别提多紧张，左盼右等等不来，现在可以松口气，好在没有耽误祭祀。

上六，困于葛藟，于臲卼，曰动悔有悔，征吉。　　阴爻六，当时那股紧张劲儿，就像被野葛的藤蔓缠绕，怎么也无法解脱。这真是动辄得咎，要多难受有多难受，但此行还算顺利。

【大义】

此卦下坎上兑，❶ 坎训险，兑有毁折之义（见《说卦》3∶8），卦名是取困累之义。其内容是讲，为了举办祭祀活动，必须从远处取一件红围裙，但左盼右等，总是送不来。它的六爻，每爻都有"困于"二字，或曰株木，或曰酒食，或曰山石，或曰金车，或曰赤绂，或曰葛藟，其实最大的"困"是困于什么？是焦急等待，那颗悬着的心。

❶《左传》襄公二十五年记崔武子之占，遇《困》之《大过》，涉及此卦六三。

【校读】

困　困累。

三岁不觌　"觌"音 dí，见面。下《丰》卦上六也有这句话。

朱绂　古代礼服中的围裙，也叫蔽膝。"绂"音 fú，古书亦作巿、韨，《说文解字·巿部》："巿，韠也。上古衣蔽前而已，市以象之。天子朱市，诸侯赤市，大夫葱衡。从巾，象连带之形。韍，篆文市，从韦从犮。"徐铉等曰："今俗作绂，非是。"案：市字，西周金文屡见，其中以赤市最多，朱市见毛公鼎。❶

利用享祀 此用"享"，不用"亨"。马王堆本作"芳"（上博本缺）。

困于石，据于蒺藜。入于其宫，不见其妻，凶 见《左传》襄公二十五年。疑朱绂在其妻手中，往取不遇。

金车 用铜皮装饰的车。❷马王堆本同（上博本缺），《释文》："本亦作金舆。"

劓刖 音 yì yuè。上博本缺，马王堆本作"貳椽"，古书引文，异文甚多。❸这里读"臲卼"（音 niè wù）。"臲卼"是紧张不安的意思。

赤绂 即上"朱绂"。

利用祭祀 上博本同，马王堆本作"利用芳（享）祀"。

葛藟 即野葡萄（*Vitis flexuosa*），有藤蔓。❹"藟"音 lěi。

于臲卼 承上省"困"字。高亨认为"于"上有脱文，据上文"困于石，据于蒺藜"补"据"字。但马王堆本证明，"于"上并无脱文。"于"下二字，马王堆本作"貳椽"，❺说明这个词与上文"劓刖"是同一个词。这里读"臲卼"。

动悔有悔 可能是动辄得咎，悔上加悔的意思。案：此卦《象辞》（《象上》47）所引同，上博本作"达（逐）愳（悔）又（有）愳（悔）"，马王堆本作"悔夷有悔"。❻"动"是定母东部字，"逐"是定母觉部字。侯、屋二部与幽、觉二部近。东部是侯、屋二部的阳声字。此句与上《豫》卦六三"悔迟（夷）有悔"有关，可能意思相近，这里译为"这真是动辄得咎，要多难受有多难受"。

❶《殷周金文集成》（修订增补本），第二册，1534–1543 页：02841A–C。

❷ 晋侯墓地一号墓车马坑出土 01 号车用铜甲片装护，疑即古之所谓金车，见山西省考古研究所、北京大学考古文博学院《山西北赵晋侯墓地一号车马坑发掘简报》，《文物》2010 年 2 期，4–22 页。

❸《释文》引京氏本作"劓刭"，郑玄本作"劓刖"（注："当为倪仉。"），荀爽本、王肃本、陆绩本作"臲卼"。

❹ "葛"，上博本作"𦱤"，马王堆本作"褐"。

❺ 上博本作"剗口"，马王堆本作"貳椽"，皆通假字。

❻ "达"，传世古文的逐字有此一体，参看徐在国《传世古文字编》，上册，166 页。上博楚简和清华楚简也有此字，学者释逐，参看李守奎等《上海博物馆藏战国楚竹书（一—五）文字编》，85 页；李学勤主编《清华大学藏战国竹简》（贰），213 页。

井卦第四十八
——改邑不改井

䷯ 井：改邑不改井，无丧无得，往来井井。汔（迄）至亦未繘（矞）井，羸其瓶，凶。

井卦：村中的房子，拆了盖，盖了拆，水井不会改；人们在同一口井里打水，水不因此少，也不因此多。打水的人来来往往，井然有序。眼看把水瓶提上来，没出井口，却翻了下去，凶。

初六，井泥不食，旧井无禽（擒）。

阴爻一，井底干枯，井泥不能当水喝；这样的旧井，就连小鱼小虾也抓不到。

九二，井谷射鲋，（瓮）〔唯〕敝漏。

阳爻二，如果井中可以射鲫鱼，肯定是因为井壁漏水，〔从别处流进了水〕。

九三，井渫（泄）不食，为我心恻（塞）。可（何）用汲？王明，並（普）受（授）其福。

阳爻三，井水渗漏，这样的井水没法喝，让我心中堵得慌。我将如何找水喝？但愿我王明察此情，普降福祉。

六四，井甃，无咎。　　　　　　阴爻四，砖砌井壁，没有祸殃。
九五，井洌，寒泉食。　　　　　阳爻五，井水清澈，寒泉可饮。
上六，井收勿幕，有孚，元吉。　阴爻六，井水打上来，不要把井口盖
　　　　　　　　　　　　　　　　上。有求必应，大吉大利。

【大义】

此卦下巽上坎。坎是井，巽是绳。《说卦》3:4："（巽）为绳直。"绳在井下，是上下相通之象。

《困》、《井》二卦皆含坎，但卦象正好相反。坎训险。《困》卦是陷危而困，《井》卦是垂绳于井，上下相通。《杂卦》6："《井》通而《困》相遇也。""相遇"是相逆。

【校读】

井 马王堆本、双古堆本同。上博本作"汬"，写法同《说文解字·井部》阱字的古文。许慎把井字当水井之井，阱字当陷阱之阱。其实，这里的汬字是水井之井，并非陷阱之阱。

无丧无得 上博本作"亡𢎘（丧）亡昪（得）"，马王堆本作"无亡无得"。案：第二字与"得"相对，是楚简丧字的省体，读丧最好。如果读亡，也是丧亡之亡，与当有无之无的亡字完全不同。

往来井井 王弼注："不渝变也。"孔颖达疏："此明性常井井，絜静之貌也。往者来者，皆使洁净，不以人有往来改其洗濯之性，故曰往来井井。"《荀子·儒效》："井井兮其有理也。"杨倞注："井井兮，良易（埸）之貌；理，有条理也。"今语"井井有条"出于此。

汔至亦未繘井 意思是眼看把水提上来，还没提出井口。上

博本作"气（汔）至亦毋繘（矞）井"，马王堆本作"氣（汔）至亦未汲井"。"汔"音 qì，孔颖达读几。汔、讫、迄都有止、尽之义。"繘"音 yù，意思是汲水的绳子，旧说读如本字，王引之《经义述闻·周易上》"亦未繘井"条说，此字读如矞（音 yù），矞有出义，指汲水出井，❶其说可从。

羸其瓶 上博本作"羸亓缾（瓶）"，马王堆本作"纍其刑垪（瓶）"。王弼注："井道以已出为功也。几至而覆，与未汲同也。"是以"羸"为倾覆之义。张政烺说："刑盖瓶字之误书。"❷我怀疑，马王堆本的"刑"字可能是衍文，与下"垪"字都是指瓶。

井泥不食 "泥"，上博本作"替"。"替"，古书多用为废的意思。井废不食，意思很好。马王堆本作"泥"，与今本同。"替"可读泥，井水涸，只有泥，没有水，无水可喝，意思也通。

旧井无禽 俞樾《群经评议·周易一》"旧井无禽"条指出，"古者羽毛鳞介，通名为禽"。❸初六是讲枯井。枯井不但没水，也无鱼，故无擒获。

井谷射鲋 九二是讲漏井，与初六相反。漏井，不但有水，而且有鱼（从别处流过来的水和鱼）。"井谷"，是井中容水之处，王弼注叫"井道"。《庄子·秋水》就把井底之蛙所处的井叫做"壑"。"射鲋"，❹"鲋"音 fù，即鲫鱼（Carassius auratus）。古代捕鱼，不尽用钓。射鱼，见《吕氏春秋·知度》、《淮南子·时则》、《说苑·正谏》等书。❺参看王引之《经义述闻·周易上》"井谷射鲋"条。❻

瓮敝漏 此句，王弼注和虞翻注（《周易集解》引）皆有"瓮"字，并以汲器破漏为说，说明魏晋时期已如此。但此句，上博本作"隹（唯）獒（敝）纓（漏）"，马王堆本作"唯敝句（漏）"，双古堆

❶ 阮元编《清经解》，第六册，775 页。

❷ 张政烺《张政烺论易丛稿》，133 页。

❸ 王先谦《清经解续编》，第五册，1030 页。

❹ "鲋"，上博本作"䱁"，马王堆本作"付"，皆通假字。

❺ 《春秋》隐公五年"公矢鱼于棠"，"矢鱼"是射鱼还是陈鱼，前人有争论。静簋铭文讲王命静率贵族子弟"射于大池"（《殷周金文集成》〔修订增补本〕，第四册，2604 页：04273），学者认为是射鱼。

❻ 阮元编《清经解》，第六册，775 页。

本作"〔唯〕敝屡（漏）"，古本皆无"瓮"字。"瓮"，原文作"甕"，上半与"唯""维"相近，容易混淆。何琳仪说，甕是"唯"之讹。[1]原文讲井壁漏水，与汲器无关。今本改"唯"为"甕"，盖惑于此句无主语，其实井壁漏水，正与下爻之辞衔接。

井渫不食　"渫"音 xiè，字通泄，指井壁渗漏。马王堆本作"朁"，亦通泄。上博本作"朻"，盖误用下上六文。

为我心恻　让我心里堵得慌。恻音 cè，是伤痛之义。上博本作"塞"（音 sè），马王堆本作"塞"（音 sè），疑本作"塞"，指心中堵塞。

可用汲　疑读"何用汲"。此句，马王堆本同，上博本作"可以汲"。以可训用，见王引之《经传释词》卷一。[2]

王明，並受其福　"王明"，可能指此王圣明，但此爻《小象》（《象下》48）："求王明，受（授）福也。"是说但愿周王了解上述情况。"並受其福"，王引之《经义述闻·周易上》"亦未繘井"条说，"並受"同"竝受"，读"普受"（普字从竝），并引《书·立政》"率惟谋从容德，以竝受此丕丕基"为证。[3]

井甃　甃是砖砌的井壁，这里指修缮井壁。"甃"音 zhòu，上博本作"鼸"，马王堆本作"椒（椒）"。甃与椒古音相近，可以通假，没问题。鼸，从鼠膚声。古文字，鼠旁多与豸旁通，从膚多与从盧同。我怀疑，此字或相当貉字。貉是匣母铎部字，与盧古音相近，其异体作貊，舟是端母幽部字，古音与甃、椒相近。

井冽　冽音 liè，水清。

井收勿幕　"井收"，收井绳。"勿幕"，不要把井口盖上。幕是覆盖之义，与幂字音义俱近。王弼注："幕，犹覆也。"虞翻注："幕，盖也。收，谓以辘轳收繘也。"（《周易集解》引）

---

[1] 何琳仪《上海博物馆藏楚竹书〈周易〉》，105 页。

[2] 阮元编《清经解》，第七册，3 页。

[3] 阮元编《清经解》，第六册，775 页。

革卦第四十九
——革命在于顺天应人

䷰ 革：巳（改）日乃孚，元亨，利贞，悔亡。

革卦：改日才能如愿，最通神明，利于占卜，唯恐有失。

初九，鞏用黄牛之革。

阳爻一，用黄牛皮做的皮绳捆东西。

六二，巳（改）日乃革之，征吉，无咎。

阴爻二，改日才能带来变化，远行吉，无祸。

九三，征凶，贞厉。革言三就，有孚。

阳爻三，远行凶，占卜有危险。王命变更要重复三遍，然后才被执行。

九四，悔亡，有孚改命，吉。

阳爻四，王命变更被执行，吉，唯恐有失。

九五，大人虎变，未占有孚。

阳爻五，大人之变，是像老虎皮的花纹，要变全变，不用占卜也知道。

上六，君子豹变，小人革面，征凶，居（处）贞吉。

阴爻六，君子之变，是像豹子皮的花纹，要变全变，不像小人，要变只是脸色变，占卜结果是，远行凶，在家吉。

【大义】

此卦下离上兑，卦名是取革除、改变之义。"革"字有三重含义：一是皮革之革，二是变革之革，三是读为勒。此卦《象辞》(《象下》49)："天地革而四时成，汤武革命，顺乎天而应乎人。革之时大矣哉。"今语"革命"出于此，日本人用它翻译西语的 revolution，使它大行于中国。

【校读】

革　皮革。此卦以革为象。《说文解字·革部》："革，兽皮治去其毛，革更之，象古文革之形。"皮革是从动物身上剥下，经过除毛、鞣制，才能使用。革除、变革之义即来源于这种手艺。案：此卦"革"字，上博本全部作"革"，马王堆本全部作"勒"。银雀山汉简有《唐革》，"唐革"即唐勒。❶二者是通假关系。"革"与"勒"音义相关，《遯》卦六二和此卦初九两言"黄牛之革"。

巳日　读"改日"。上博本作"改日"，下"巳日"同。马王堆本、双古堆本，这两处皆残缺。下九四有"改命"。"改日"、"改命"皆与"革"字有关。案：改字从巳或已，不从己。巳、已、己，现在写法相似，但古文字，巳、已无别，而与己完全不同。

元亨，利贞　马王堆本同。上博本作"元羕(永)贞"。

鞏用黄牛之革　"鞏"，从革，意思是用皮条把东西捆紧。上博本作"巩"，马王堆本作"共"，字同鞏。参看上《遯》卦六二"(执)〔鞏〕之用黄牛之革"校读。"黄牛"，黄为中色，或在六二，或在六五，这里指六二。

❶ 银雀山汉墓竹简整理小组《银雀山汉墓竹简》〔贰〕，北京：文物出版社，2010年，249–251页。

革言三就 此"言"是言语之言,疑即下文"改命"。西周铜器上的册命金文有一种常见句式,作"昔先王既命汝……,今余唯申先王命……",或"昔余既命汝……,今余唯申就乃命……",意思是过去已命你担任什么官职,现在又任命你担任什么官职。《史记·孙子吴起列传》说的"三令五申"就属于这种命。❶

有孚改命 "命",本义是命令之命(命、令是同源字)。性命之命、命运之命都是由命令之命引申。上天所授之命叫命(天命),人君所授之命也叫命(君命)。革命就是革除和改变这类命令。这里的"改命"是变更王命。

大人虎变 虎皮的花纹是条状。此爻《小象》(《象下》49):"大人虎变,其文炳也。"古书有"彪炳"一词,"彪"就是虎纹。

君子豹变 豹皮的花纹是块状。此爻《小象》:"君子豹变,其文蔚也。"蔚同郁,《论语·八佾》:"子曰:周监于二代,郁郁乎文哉,吾从周。"这里的"君子",地位低于"大人",但高于"小人"。

❶ 参看裘锡圭《谈曾侯乙钟磬铭文中的几个字(与李家浩合作)》,收入氏著《古文字论集》,422–428页。

鼎卦第五十
——器唯求新

☲☴ 鼎：元吉，亨。

鼎卦：最吉利，通于神明。

初六，鼎颠趾，利出否（妇）。得妾以其子，无咎。

阴爻一，鼎腿朝上，利于休妻。为了求子，再娶个妾，没有祸殃。

九二，鼎有实，我仇有疾，不我能即，吉。

阳爻二，鼎中有食物，我的配偶有病，不能和我一起吃饭，太好了。

九三，鼎耳革，其行塞，雉膏不食，方雨亏悔，终吉。

阳爻三，鼎耳掉了，无法移动，碰上下雨，食物霉烂，野鸡肉没法吃，但结果却很圆满。

九四，鼎折足，覆公𫗧，其形渥，凶。

阳爻四，鼎腿折了，把里面的食物扣出来，撒得满地都是，黏乎乎，太糟糕。

六五，鼎黄耳金铉，利贞。

阴爻五，鼎耳金黄，用铜饰的杠子来扛，利于占卜。

上九，鼎玉铉，大吉，无不利。

阳爻六，鼎，用玉饰的杠子来扛，事无不利。

【大义】

此卦下巽上离，巽是木，离是火，象木上有火，可以炊爨烹饪。此卦《彖辞》(《彖下》50)："鼎，象也。以木巽火，烹饪也。"《大象》(《象下》50)："木上有火，鼎。"《左传》宣公三年："成王定鼎于郏鄏，卜世三十，卜年七百，天所命也。" "鼎"有定义，与"革"相反，代表稳定的东西。《杂卦》10："《革》，去故也；《鼎》，取新也。"后世"鼎革"一词即由此出。王弼注："鼎者，成变之卦也。" "革命"、"定鼎"也是西周留下的重要词汇。

"革"是破旧，"鼎"是立新。《鼎》卦以鼎为象，是取贞、正、定、立之义，与《革》卦相反，这是相反的一对。

【校读】

鼎 是烹煮牲肉（牛、羊、猪等家畜的肉）的青铜礼器，有三足立于地面，予人以四平八稳、非常稳重的感觉。

利出否 疑读"利出妇"，指出妻。马王堆本作"利〔出〕不"。案：否可读妇。如《否》卦的四个"否"字，马王堆本有两种写法，卦辞、九五、上九作"妇"，六二作"不"（上博本缺此卦）。

鼎有实 鼎中肉食，古人叫"鼎实"（汉代经注经常提到这个词）。

鼎耳革 "鼎耳"，鼎有双耳。❶大鼎要用鼎钩钩住鼎耳，用鼎铉（扛鼎的杠子）穿过鼎钩上面的圆环，才能搬动。"革"是变更、废除。

其行塞 指鼎无法移动。

❶ 革，马王堆本作"勒"。

雉膏　"雉"，野鸡（Phasianus colchicus torquatus）；"膏"，肥肉。

餗　音 sù，即鼎实。《释文》："餗，马（马融）云键也，郑（郑玄）云菜也。"《说文解字》："鬻，鼎实，惟苇及蒲，陈留谓键为鬻。"

渥　音 wò，黏稠浓厚。

鼎黄耳金铉　"鼎黄耳"，黄为中色，或在六二，或在六五，此在六五。"金铉"，铉音 xuàn，是以铜为饰或以铜制成，用以扛鼎的杠子。

玉铉　以玉为饰的杠子。

震卦第五十一
——笑对雷声

䷲ 震：亨，震来虩虩，笑言哑哑；震惊百里，不丧匕鬯。

震卦：通于神明，雷声初起吓死人，照样谈笑风生无所谓；雷声惊天动地，方圆百里谁都怕，〔照样大吃二喝〕，铜匕、美酒不失手。

初九，震来虩虩，後笑言哑哑，吉。

阳爻一，雷声初起吓死人，响完了，照样谈笑风生无所谓，这种心态很好。

六二，震来厉，亿（臆）丧贝，跻于九陵，勿逐，七日得。

阴爻二，雷声初起，夺人魂魄，〔一路慌张〕，估计丢了很多贝，不必登上九陵，东张西望到处找，七天之内必得之。

六三，震苏苏，震行无眚。

阴爻三，雷声隆隆吓死人，它响它的，没什么大不了。

九四，震遂泥。

阳爻四，雷声越来越近。

六五，震往来，厉，意（臆）无丧有
　　（于）事。

上六，震索索，视矍矍，征凶。震，不
　　于其躬，于其邻，无咎。婚媾有
　　言（谴）。

阴爻五，雷声滚滚，潜行地下，滚过
　　来，滚过去，馀音袅袅，虽然心
　　有余悸，想必无损于事。

阴爻六，雷声在耳边隆隆作响，电光
　　在眼前一闪一闪，远行凶。雷击
　　很有破坏力，所幸没有伤及本
　　国，伤的只是邻国。但此时娶妇
　　嫁女，一定遭人骂。

【大义】

此卦重震（下震上震），上下都是震。震为雷象，这里主要讲打雷。

【校读】

震　打雷。《说文解字·雨部》："震，劈（霹）历（雳）震物者。"

虩虩　音 xì xì，声音大得吓人，名气大得吓人，都可用这个词。"赫赫有名"的"赫赫"，古文字作"虩虩"，这是西周以来的写法。❶

後笑言哑哑　"後"，或置上句末，虞翻放在此句首。此从虞翻注断句。"笑言哑哑"是形容笑语之声。"哑哑"音 è è，等于今语的"呵呵"或"哈哈"。《说文解字·口部》引此，小徐本作"唲唲"。

亿丧贝　"亿"（原作"億"）读臆。《论语·先进》："赐不

---

❶ 参看高明、涂白奎编著《古文字类编》，上海：上海古籍出版社，2008 年，下册，1260 页。

受命，而货殖焉，亿（臆）则屡中。""亿"是臆度、猜测之义。

震惊百里 此卦《象辞》(《系下》51)："惊远而惧迩也。"❶

不丧匕、鬯 "匕"，与鼎相配，用以挹取鼎中的肉食，形状类似今天的勺子，出土发现，分尖头和圆头两种。"鬯"音 chàng，古书叫"郁鬯"，古人用以调酒，今名郁金（*Curcuma aromatica*）。郁金属姜科，与郁金香（*Tulipa gesneriana*）是两码事。郁金香属百合科。典籍常说的"秬（音 jù）鬯"，是用黑黍酿酒，调以郁金。❷

跻于九陵 "跻"音 jī，登。"九陵"不详，盖指某高山。

勿逐，七日得 又见下《既济》六二。参上《复》卦卦辞"七日来复"校读。马王堆本"逐"作"遂"（上博本缺）。这种写法的遂字并非后世的遂字，而是逐字的异体。

苏苏 马王堆本作"疏疏"（上博本缺）。高亨读"怵怵"，以为畏惧之貌。❸ "震苏苏"也是形容雷声很吓人。

震遂泥 "泥"，疑读迩，指雷声越来越近。此句，马王堆本同（上博本缺）。案：从尼的字往往与从尔或爾的字相通。这里的"泥"恐怕不是泥土的泥，而是读为迩。

意无丧有事 "意"，读臆，同上"亿"字。"有"，读于，参看上《家人》初九和九五、《萃》卦卦辞，下《涣》卦卦辞和六四、《既济》六四的"有"字。

索索 马王堆本作"昔昔"（上博本缺）。郑玄注："犹缩缩，足不正也。"(《释文》引）高亨谓即今语"嗦嗦嗦嗦"的"嗦嗦"。❹ "震索索"也是形容雷声很吓人。

矍矍 音 jué jué，形容眼神惊恐。

婚媾有言 邻国有灾，不恤其难，仍然操办婚事，是要挨骂的。

❶ 民国名人蒋方震，字百里，取于此卦。

❷ 此语，令人想起"煮酒论英雄"的故事。《三国志·蜀志·先主传》："曹公从容谓先主曰：'今天下英雄，唯使君与操耳。本初之徒，不足数也。'先主方食，失匕箸。"《三国演义》加以发挥，说刘备种菜，故为韬晦，被曹操point破，吓得连筷子都掉了，幸亏天上正好打了个雷。为了掩盖心中的恐慌，他说，这都是让雷声给吓的。

❸ 高亨《周易古经今注》（重订本），309页。

❹ 高亨《周易古经今注》（重订本），310页。

艮卦第五十二
——控制身体

䷳ 艮（限）其背，不获其身；行其庭，不见其人，无咎。

艮卦：你能控制他的后背，却无法控制他的胸腹，这就像穿过他家的院子，却看不见他本人，没有祸殃。

初六，艮（限）其趾，无咎，利永贞。

阴爻一，控制他的脚，没有祸殃，利于长期占卜。

六二，艮（限）其腓，不拯其随（骽），其心不快。

阴爻二，控制他的小腿肚，不让他的髋部往起抬，让他心里不痛快。

九三，艮（限）其限，列（捩）其夤（脢），厉，薰心。

阳爻三，控制他的腰，扳着他的背，危险，让他心里火烧火燎。

六四，艮（限）其身，无咎。

阴爻四，控制他的胸腹，没有祸殃。

六五，艮（限）其辅，言有序，悔亡。

阴爻五，控制他的颧骨，说话很有条理，唯恐有失。

上九，敦艮，吉。

阳爻六，上艮下艮相对，吉。

【大义】

此卦重艮（下艮上艮），❶叙述方式类似《咸》卦。它讲控制人体，也是从下往上讲，第一是脚，第二是腿（从小腿肚到大腿根），第三是腰、背，第四是胸、腹，最后是脸。《咸》卦和《艮》卦都含艮。艮有限义，宜其相似。

《说卦》2∶5："震，动也。""艮，止也。"《易传》的《彖辞》、《象辞》通常以"震"为动，"艮"为止，两者是一动一静。《震》、《艮》两卦是《易经》八纯卦的第三对。

【校读】

艮其背 卦名连上读。"艮"读限，旧注训止。

不获其身 "身"与背相反，是身体的正面。

艮其腓 "腓"是小腿肚，这里指小腿。上博本作"足"，马王堆本作"肥"。足不光指脚，膝以下，古人皆可称足。上《咸》卦六二也有"咸其腓"。

不拯其随 "拯"是抬、举之义。❷"随"读骽，指髋部。参看《咸》卦九三"执其随（骽）"。

其心不快 马王堆本同，上博本作"亓心不悸"，意思不一样。"不悸"是不害怕。

艮其限 "限"，旧注以为腰。上博本作"瞑"（马王堆本缺）。若从读音考虑，"限"亦可读肩。这里按旧说翻译。

列其夤 "列"，疑读挒（音 liè），是扳、扭的意思。"夤"音 yín，郑玄本作"䏢"（《释文》引，音同夤），❸字同胂。上《咸》

❶《左传》襄公九年记鲁史之占，遇《艮》之八，鲁史谓即《艮》之《随》，涉及此卦。

❷ "拯"，上博本作"阩"，马王堆本作"登"，皆通假字。

❸ "夤"，上博本作"衞"，是胤字的异体；马王堆本作"肥"，则是肥字（用作腓）之误。

卦九五有"咸其脢"。《说文解字·肉部》以胂、脢并列。许慎的解释是:"胂,夹脊肉也。""脢,背肉也。"段玉裁说,它们的区别是"胂为迫吕之肉,脢为全背之肉。"(《说文解字注》)胂、脢即今语脊、背。

薰心 烧心。上博本"薰"作"凵",可能是通假字。❶

艮其身 上博本作"舼(躬)",马王堆本作"窮(躬)"。许慎以身训躳,以躳训身,意思相近。身,字通娠,古文字象人挺着肚子。虞翻注:"身,腹也。"狭义的身指肚子,广义的身指身体,特别是上身,特别是前身。这里应指前身。

艮其辅 "辅"指脸颊,与说话有关。比较《咸》卦上六"咸其辅颊、舌"。

言有序 说话很有条理。这里的"言"是言语之言。

敦艮 指上艮下艮相对。"敦",旧注以为敦厚之敦。其实,敦与对音义俱近,敦是定母文部字,对是端母物部字,为阳入对转字。敦字,除读 dūn,也读 duì。如器物敦,即读 duì,盖器相扣,取义于对,又"怨憝"亦作"怨怼"。这里指两艮相对。

❶ 参看徐在国《上博竹书(三)〈周易〉释文补正》,收入中山大学古文字研究所编《康乐集——曾宪通教授七十寿庆论文集》,130-133页。

渐卦第五十三
—— 南来的大雁

䷴ 渐：女归吉，利贞。

渐卦：女孩出嫁吉，利于占卜。

初六，鸿渐于干（岸）。小子厉，有言（谴）无咎。

阴爻一，大雁一点点靠近河边的浅滩。小儿子危险，虽有责骂，没有祸殃。

六二，鸿渐于磐（阪）。饮食衎衎（侃侃），吉。

阴爻二，大雁一点点靠近河边的高坡。有吃有喝真快乐，吉。

九三，鸿渐于陆。夫征不复，妇孕不育，凶，利御寇。

阳爻三，大雁一点点靠近岸上的平地。丈夫远行未归，妻子怀孕未生，凶，但对防备强盗有利。

六四，鸿渐于木。或得其桷（枸），无咎。

阴爻四，大雁一点点靠近平地上的树木。有的落在弯弯的树枝上，没有祸殃。

九五，鸿渐于陵。妇三岁不孕，终莫之胜，吉。

阳爻五，大雁一点点靠近山陵。媳妇三年未怀孕，始终没办法，吉。

上九，鸿渐于陆。其羽可用为仪，吉。

阳爻六，大雁一点点靠近平地。它的羽毛，可作仪容之饰，吉。

【大义】

此卦下艮上巽，艮者止也，巽者顺也。它是以大雁南飞，比喻女子出嫁，止于夫家，顺于夫家，所以卦辞一开头就说"女归吉"。爻辞描述大雁归来，先到岸边，再到岸上，再到陆地，再到树上，再到山上，是个渐进的过程。

【校读】

渐 旧注都说"渐"是进的意思。这种进是渐进，一步步靠拢。《说文解字·走部》作"趨"。

女归 《说文解字·女部》："归，女嫁也。"这种用法的归字，不仅见于《易经》，也见于《诗经》、《左传》等书。"女归"是出嫁。出嫁不是出家，而是回家，不是回娘家，而是回婆家。古人认为，嫁人是女人的唯一归宿。

有言无咎 上博本作"有言（谴）不冬（终）"，马王堆本同今本。

鸿渐 此卦六爻，每爻都以"鸿渐"起兴，一共出现了六次。❶ "鸿"是鸿雁（*Anser cygnoides*），《诗·小雅》有《鸿雁》。鸿雁也叫大雁。雁南飞，古今中外都是歌咏对象。

干 读"岸"。如《诗·魏风·伐檀》"寘之河之干兮"，"河之干"即河之岸。上博本作"⿰氵⿱山干"，亦古岸字。郝家坪秦牍《为田律》有"利津⿰氵⿱山干"，❷ "⿰氵⿱山干"字怎么读，过去有各种猜测，现在看来，应读"利津岸"。马王堆本作"渊"，是另一种理解。

小子 小儿子。上博本作"少子"，马王堆本作"小子"。

磐 读"阪"。上博本作"阪"，马王堆本作"板"。

❶ 唐陆羽，字鸿渐，就是取名于此爻。回家是"鸿渐"，回国也是"鸿渐"。钱锺书的《围城》，主人公叫方鸿渐。他从欧洲留学归来，故名"方鸿渐"。

❷ 四川省博物馆、青川县文化馆《青川县出土秦更修田律木牍——四川青川县战国墓发掘简报》，《文物》1982 年 1 期，1—21 页。

衎衎 音 kàn kàn，同侃侃，是快乐的意思。上博本作"𨐅𨐅"，正从侃。马王堆本则作"衍衍"。《说文解字·心部》："愆，过也。"籀文作𠍴。

陆 马融注（《释文》引）和虞翻注（《周易集解》引）皆以"陆"为高平之地。

或得其桷 上博本缺，马王堆本作"或直（得）其寇𠪳（雠）"。我怀疑，马王堆本原作"或直（得）其𠪳（雠）"，意思是或得好逑，而非寇雠。"雠"是配偶，即《诗·周南·关雎》"君子好逑"的"逑"，"寇"是衍文。我们要注意，原文六爻皆以"鸿渐"起兴，后面的句子是另一层意思，主要讲娶妻生子一类事，与鸿雁无关。这种理解比较顺。今本以树枝为说，乃顺承上句，以此句为鸿雁所择之处，反而不一定是本来面目。"桷"音 jué，是盖房用的椽子，也叫榱。方椽叫桷，圆椽叫椽。孔颖达疏说，鸿雁所栖是"堪为桷之枝，取其易直可安也"，即以桷为类似方椽的树枝。但我们见过的树枝都是弯弯曲曲，断面是圆的，哪有这种方树枝？此说不通甚明。案："桷"可读枸或樛。二者皆曲木。桷是见母屋部字，枸是见母侯部字，樛是见母幽部字，可通假。这里暂按曲木翻译。

上九，鸿渐于陆 上九是对应于九三，故所述相同。

其羽可用为仪 "羽"，古人用为装饰。《周礼·地官·舞师》和《春官·乐师》有"羽舞"。"可用为仪"，"为"犹于也，意思是可用于仪。"仪"是仪容，马王堆本作"宜"（上博本缺），为假借字。

归妹第五十四
——少女出嫁

䷵ 归妹：征凶，无攸利。

初九，归妹以娣。跛能履，征吉。

九二，眇能视，利幽人之贞。

六三，归妹以须（嬃），反归以娣。

九四，归妹愆期，迟归有时（待）。

六五，帝乙归妹，其君之袂不如其娣之袂良。月几（既）望，吉。

上六，女承筐无实，士刲羊无血，无攸利。

䷵ 归妹卦：远行凶，无所利。

阳爻一，嫁女，以妹妹陪嫁。即使瘸子也能走路，远行吉。

阳爻二，即使瞎子也能看见，利于囚犯占卜。

阴爻三，嫁女，本来是嫁姐姐，结果被人家退回来，又嫁妹妹。

阳爻四，嫁女，误了日子，一直拖到现在，仍然待字闺中。

阴爻五，帝乙嫁女，姐姐的衣袖不如妹妹的衣袖漂亮。月亮已经圆了，日子很吉祥。

阴爻六，女子端的筐，筐是空的；男子宰的羊，羊没有血，此爻不太有利。

【大义】

此卦下兑上震，❶讲少女出嫁。兑是少女，震是长男。《渐》卦和《归妹》都讲嫁女，是主题相近的一对。

【校读】

归妹 "归"，嫁女；"妹"是少女。

娣 音 dì，《说文解字·女部》："娣，女弟也。"古人娶妻，常以妻子的侄娣陪嫁，侄是侄女，娣是妹妹。

跛能履 见上《履》卦六三。《周易集解》作"跛而履"。

眇能视 见上《履》卦六三。《周易集解》作"眇而视"。

须 同嬃（音 xū），与娣相反，指姐姐。《说文解字·女部》："嬃，女字也。《楚词（辞）》曰：'女嬃之婵媛。'贾侍中（贾逵）说：'楚人谓姊为嬃。'"此处所用乃后一含义。马王堆本（上博本缺）和荀爽、陆绩注（《释文》引）作"嬬"（音 rú）。❷嬬字也有这种含义。

反归以娣 指退姊换妹。

愆期 误期。"愆"音 qiān。

迟归有时 读"迟归有待"。此爻《小象》（《象下》54）："愆期之志，有待而行也。"

帝乙归妹 见上《泰》卦六五。

其君之袂不如其娣之袂良 "君"是君夫人，指上"归妹以须（嬃）"的"嬃"，即先嫁的姐姐。"娣"，指上"反归以娣"的"娣"，即后嫁的妹妹。"袂"音 mèi，衣袖。这里是说，前者的

❶《左传》僖公十五年记史苏之占，遇《归妹》之《睽》，涉及此卦上六。

❷阮元本《十三经注疏》附《经典释文·周易音义》作"孺"，阮元《校勘记》："宋本、卢本作'嬬'。"

衣袖不如后者的漂亮。案：女主称君，古书常见。如《左传》之"君氏"或"小君"就是这种君。《论语·季氏》："邦君之妻，君称之曰夫人，夫人自称曰小童，邦人称之曰君夫人，称诸异邦曰寡小君，异邦人称之亦曰君夫人。"高亨怀疑，"袂"也可能读袂。《说文解字·女部》有这个字，解释是"鼻目间皃（貌）"。我怀疑，"袂"还有可能读玦。

月几望　读"月既望"。参看上《小畜》上九、下《中孚》六四。马王堆本作"日月既望"（上博本缺），荀爽本作"（月）既望"（《释文》引）。

女承筐无实，士刲羊无血　"刲"音 kuī，是刺、割之义。《左传》僖公十五年："史苏占之，曰：'不吉。'其繇曰：'士刲羊，亦无衁也。女承筐，亦无贶也。'"羊、衁、筐、贶押韵，可能是本来面貌。《说文解字·血部》："衁，血也。从血亡声。《春秋传》曰：'士刲羊，亦无衁也。'"与《左传》所引相同。今本的这两句可能经简化和通俗化。

丰卦第五十五
——妖气蔽日

☳☲ 丰：亨，王假（格）之，勿忧，宜日中。

丰卦：通于神明，我王降临于此，不必担忧，正午时分很好。

初九，遇其配主，虽（惟）旬无咎，往有尚。

阳爻一，见到合祭的先君之主，十天之内不会有祸殃，出门在外，有人相助。

六二，丰其蔀（薄），日中见斗。往得疑疾，有孚发若，吉。

阴爻二，日旁妖气很重，正午时分，看见北斗。过去得的疑难病，果然全都好了，非常吉利。

九三，丰其沛（芾），日中见沬（彗）。折其右肱，无咎。

阳爻三，彗星光芒四射，正午时分，看见彗星。彗星的右臂折了，没有祸殃。

九四，丰其蔀（薄），日中见斗。遇其夷主，吉。

阳爻四，日旁妖气很重，正午时分，看见北斗。见到毁庙的先君之主，也很吉利。

六五，来（釐）章（璋），有庆誉，吉。　　阴爻五，获赐玉璋，得到奖赏和表扬，吉。

上六，丰其屋，蔀（薄）其家，窥其户，阒其无人。三岁不觌，凶。　　阴爻六，房子又高又大，里面空空如也，从门外往里瞧，静悄悄，连个人影都没有。三年见不着，凶。

【大义】

此卦下离上震，❶讲各种奇异的天象。虽然正午时分，碰上日蚀、彗孛，天昏地暗，但占卜结果，却并无不利。

【校读】

丰　此卦《彖辞》（《象下》55）、《序卦》28 都说："丰，大也。"这个卦名当与丰隆有关。丰隆，一说是云神，一说是雷神，应以云神为是。❷案：马王堆帛书《刑德》乙种有丰隆、风伯、大音、雷公、雨师。丰隆和雷公显然是不同的神。《北堂书钞》卷一五〇引《归藏》佚文："昔者丰隆（苤）〔筮〕，将云气而（结核）〔枚占〕之也。"❸丰隆和云气有关。古人所谓云气，主要指日蚀、彗孛、云霓一类遮蔽太阳的妖气，古人叫"祲祥"（祲音 jìn）。此篇所述，恰好就是这类天象。《周礼·春官》有眡祲，就是掌视这类天象的职官。

王假之　读"王格之"。这里的"王假之"是"格于家"还是"格于庙"？我想，答案是后者。《易经》的类似辞例还有三个，一是上《家人》九五的"王假（格）有家"，二是上《萃》卦

❶《左传》宣公六年记伯廖之占，遇《丰》之《离》，涉及此卦上六。

❷《楚辞·离骚》："吾令丰隆乘云兮，求宓妃之所在。"王逸注："丰隆，云师，一曰雷师。"《九歌·云中君》，王逸注："云神丰隆也，一曰屏翳。"《淮南子·天文》："季春三月，丰隆乃出，以将其雨。"高诱注："丰隆，雷也。"

❸王家台秦简《归藏》简196 作 "〔大壮曰：昔者丰〕隆卜，将云雨而攴（枚）占"。参看：王明钦《王家台秦简概述》，收入艾兰、邢文编《新出简帛研究》，北京：文物出版社，2004年，26-49页。

卦辞的"王假（格）有庙"，三是下《涣》卦卦辞的"王假（格）有庙"。

宜日中 是说祭享适合在正午时分举行。旧注都说，天子是太阳，如日中天，光芒普照，这是天子之象。但下文所述却是天昏地暗，正午时分，满天星斗，甚可异也。

配主 "配"，配享，古称合祭为配享。"主"，宗庙中的牌位，代表死去的祖先。这里泛指宗庙中供着的先王之主。案："配"，郑玄本（《释文》引）、虞翻本（《周易集解》引）作"妃"，旧说"配主"是女主，恐怕不妥。妃字，本来的意思就是配（配偶），不过是配字的另一写法。这里讲先王之主，为什么单挑女祖先说事，不合理。我怀疑，这里的"配主"是相对于下文的"夷主"。"夷主"是远祖的牌位，毁庙迁出，移入祧庙；"配主"是近祖的牌位，还留在宗庙中。

往有尚 "尚"是佑助之义。参看上《习坎》卦辞校读。下《节》卦九五也有此语。

蔀 音 bù，见六二、九四、上六，均读薄。前两例是薄蚀之薄；第三例，是厚薄之薄，薄与丰相反。《史记·天官书》"日月薄蚀"，集解引孟康说："日月无光曰薄。京房《易传》'日赤黄为薄'。或曰不交而蚀曰薄。"又引韦昭说："气往迫之为薄，亏毁曰蚀。"此字，今王弼、李鼎祚本作"蔀"，《释文》所见汉魏之际的传本，除郑玄、薛氏本作"菩"，马融、王廙、王肃本也作"蔀"。出土本，上博本作"坿"，马王堆本作"剖"。这些都是假借字，旧注失其正读，解释自然不明。案：上述异文，蔀、菩、剖是之部字，圽是侯部字，这些字都可与鱼部的薄字通假，如《汉书·律历志下》"蔀首"作"府首"，《孙子·谋攻》的"蚁附"，《墨子·备城门》作"蛾（蚁）傅"，就是很好的例子。这里的前两个"蔀"字，都是"薄"的通假字，薄是天文术语。王弼注："蔀，覆暧鄣光明之物也。"虞翻注："日蔽云中称蔀。"（《周易集解》引）分明合于薄蚀之薄。可见这些异文都是薄字的假借字。

日中见斗 日中时分不可能看见北斗和星星，只有发生日月食或日月薄蚀，才有可能。

往得疑疾 一般都以为，这是指前往祭祀，得了某种疑神疑鬼的病。我怀疑，"往得"的"往"是以往的往，"疑疾"是疑难之症。

有孚发若 "有孚"是有验。"发"，通拨，是去除的意思。

沛 读芾（音 bèi）。上博本作"芾"，马王堆本作"𧀎"，也是通假字。芾与彗是同一类天象，常与彗字连言，字亦作"茀"。芾和茀，都是草木盛出的样子。古人用它形容彗星的彗尾。❶这也是天文术语。

沬 旧读暗昧之昧。此句与"日中见斗"并出，前人猜测，或与斗勺有关，因谓沬是斗勺附近的暗星。如《释文》引《字林》、《子夏易传》、马融、薛虞注，《周易集解》引虞翻注、《九家注》都有这类说法。案："沬"是沫之误，上博本作"芴"，马王堆本作"茉"。芴是並母月部字，茉是明母月部字，古音相近。闻一多说，这里的"沫"相当彗或孛。❷孛是匣母月部字，这里疑读为彗。

---

❶ 彗，字象彗星，有两条草叶状彗尾。《说文解字·彐部》："彗，扫竹也。"俗称"扫帚星"。马王堆帛书《天文气象杂占》讲彗星，图绘其形，正与字形相合。

❷ 闻一多《周易义证类纂》，14–15 页。

折其右肱 疑指彗星有两条彗尾，有如人之两臂，居右者折。

夷主 "夷"，孔颖达训平，非是。李鼎祚训伤，近是。这里的"夷"，同于"明夷"之"夷"，应是夷毁之义。我怀疑，"夷主"指毁庙之主。古代，天子祭先王，有五庙二祧之说（祧音 tiāo），五庙祭太祖、曾高祖、曾祖、祖、考。二祧祭毁庙的远祖。参看《礼记·祭法》。

来章 "来"读赉（音 lài），字亦作釐，是赐的意思。"章"读璋，礼玉。

庆誉 "庆"是赏赐，"誉"是表扬。

丰其屋 马王堆本同今本，上博本作"丰亓芾"。案：上博本同九三首句，疑误袭上文。

蔀其家 "蔀"与"丰"相对，上文读薄，这里也读薄。

阒其无人 "阒"音 qù，是静无声息的意思。今本出马融、郑玄本。《释文》引姚信本作"阋"，疑是阒字的讹写；引孟喜本作"窒"，可能也是错字。上博本作"𢧵"，以夬为声旁，夬和从夬的字多为见母月部字或溪母月部字。马王堆本作"㚔"，可能是昊字的异体或讹写，一般多以为昊或从昊的字是见母锡部字或溪母锡部字。锡部与月部似乎有距离，但古代却有通假的实例，如《诗·豳风·七月》"七月鸣鵙"的"鵙"，《孟子·滕文公上》赵注引作"䴗"。

三岁不觌 上《困》卦初六也有此语。宗庙是祭死人的地方，不是活人所居，除了祭祀，没人，但三年都没人来，也不像话，所以下文是"凶"。"觌"，上博本同，马王堆本则借"逐"字为之。

旅卦第五十六
——出门不易

䷷ 旅：小亨，旅贞吉。

旅卦：小通神明，卜问旅行，结果是吉。

初六，旅琐琐，斯其所取灾。

阴爻一，路上老是抠抠缩缩，这是客舍被焚的原因。

六二，旅即（既）次，怀其资，得童仆贞。

阴爻二，刚住下来的时候，我身上揣着钱，有小仆人随侍左右，很忠诚。

九三，旅焚其次，丧其童仆贞，厉。

阳爻三，后来客舍被焚，小仆人不再忠诚，情况很不妙。

九四，旅于处，得其资斧，我心不快。

阳爻四，等我返回住处，找回的只是盘缠，心里很不痛快。

六五，射雉，一矢亡，终以誉命。

阳爻五，射野鸡，虽然射空了一箭，但最终还是得到嘉奖。

上九，鸟焚其巢，旅人先笑後号咷。丧牛于易，凶。

阳爻六，像鸟巢被焚，无家可归，出门在外的人，总是先头笑，后来哭。此属王亥"丧牛于易"之占，凶。

【大义】

此卦下艮上离，艮者止，指投止；离者火，指火灾。内容是讲在外投宿，遭遇火灾，是个出门遇凶的卦。

《旅》卦和《丰》卦是什么关系，我有一个猜测，《丰》卦两言"主"，而《旅》卦讲为客，这是以主、客为一对。

【校读】

旅 商旅。客舍，古人叫逆旅。

琐琐 是琐细的意思。这里指斤斤计较，抠抠缩缩。

斯其所取灾 "灾"是火灾，指下九三"旅焚其次"。《说文解字·火部》："烖，天火曰烖。"许慎以灾为烖的籀文。这句话，上博本作"此亓所取懇"，"懇"读誉，与下六五"终以誉命"相呼应，和今本相反。马王堆本作"此其所取火"，则略同今本。案：上博本的"誉"字有两种写法，一种从言（如上《蹇》卦初六"往蹇来誉"的"誉"），一种从心（如上《丰》卦六五"有庆誉"的"誉"）。誉是好运，与咎相反（参上《坤》卦六四"无咎无誉"）。火和灾属于咎。古人说，"大者曰灾，小者曰火"（《公羊传》襄公九年），"国曰灾，邑曰火"（《穀梁传》昭公九年），两者的区别只在大小。

即　上博本、马王堆本作"既",双古堆本作"即",这里读既。

　　资　财货,即下九四"资斧"之"资"。资,秦汉文字皆从次,更早的写法未见。上博本作"次",马王堆本作"茨"。马王堆帛书《昭力》:"《旅》之潘斧,商夫之义也。"资是精母脂部字,茨是从母脂部字,潘是精母真部字,音近。

　　得童仆贞　"童仆",年幼的仆人。童是未行冠礼的年轻人(大约15到19岁),字亦作僮。上博本作"僮",马王堆本作"童"。这里的"贞"不是占卜,而是忠贞、忠诚。

　　资斧　即旅行携带的钱财,后世也叫盘缠。这两字,就字论字,"资"是资财,"斧"是斧斤。❶高亨读"资布",以"资布"为贝币与布币的合称。❷

　　誉命　孔颖达疏以"誉"为"美誉","命"为"爵命"。

　　鸟　马王堆本作"乌"(上博本缺)。

　　丧牛于易　上《大壮》六五有"丧羊于易",两者是同一故事,但这里却说"凶"。

---

❶ 古之车行,必斧斤以随,以备修缮。《司马法》佚文:"辇:一斧、一斤、一凿、一槿(耟)、一锄。周辇加二版二筑。"(《周礼·地官·乡士》郑玄注等引)《管子·海王》:"行服连、轺、辇者,必有一斤、一锯、一锥、一凿,若其事立。"《管子·轻重乙》:"一车必有一斤、一锯、一釭、一钻、一凿、一钵、一轲,然后成为车。"参看:林梅村《青铜时代的造车工具与中国战车的起源》,收入氏著《古道西风》,北京:三联书店,2000年,33-76页。

❷ 高亨《周易古经今注》(重订本),326-327页。

巽卦第五十七
——算筹藏在床底下

☴ 巽：小亨，利有攸往，利见大人。

☴ 巽卦：小通神明，利于出行，利见大人。

初六，进退，利武人之贞。

九二，巽（算）在床下，用史、巫纷若，吉，无咎。

九三，频巽（算），吝。

六四，悔亡，田获三品。

九五，贞吉，悔亡，无不利，无初有终。先庚三日，後庚三日，吉。

上九，巽（算）在床下，丧其资斧，贞凶。

阴爻一，利于军人卜问进退。

阳爻二，算筹藏在床底下，忙坏了史、巫，非常吉利，没有祸殃。

阳爻三，但卜算太频繁，难免有遗憾。

阴爻四，唯恐有失，田猎，捕获三种猎物。

阳爻五，占卜结果是吉，唯恐有失，事无不利，不能善始，却能善终。庚日之前三天，庚日之后三天，吉。

阳爻六，算筹藏在床底下，如果丢了盘缠，占卜结果是凶。

【大义】

此卦重巽（下巽上巽）。卦名有三种读法，一读卜算之算，二读选择之选，三读逊，指伏藏。《杂卦》4："《兑》见（现）而《巽》伏也。"就是以巽为伏藏。

【校读】

巽 音xùn，《归藏》同，马王堆本作"筭"（上博本缺）。《说文解字·竹部》把算字分为筭、算二字，强以筭为算筹之算，算为计算之算，与古文字的实际使用不符。古文字中的算字，无论算筹之算，还是计算之算，原来都作筭，并无这种分别。如《孙子·计》讲庙算，就是以筭为算，简本和今本一样。算字，是篹、篹所从。篹可读选（繁体作選），选字就是以巽为声旁。如银雀山汉简《孙膑兵法》有《篹卒》篇，"篹卒"即读"选卒"。❶算是计算，又与占卜有关。如睡虎地秦简《日书》乙种："不可卜筭、为屋。"（简191贰）❷"卜筭"读"卜筮"，两者都与选择有关。

进退 通过卜算，选择进退。这个词也见于上《观》卦六三。《说卦》3:4："巽为木……为进退……"

武人 见上《履》卦六三注。兵家贵算，兵书四门，权谋为首。权谋家讲究"先计而后战"（《汉书·艺文志·兵书略》）。《孙子兵法》的第一篇就是《计》篇。《计》篇就是讲"庙算"。

巽在床下 "巽"读算，指算筹（许慎作"筭"），又读逊，指伏藏。把算筹藏在床底下，是兼有二义。

史、巫 史、巫掌占卜。

频巽 指频繁卜算。

❶ 《银雀山汉墓竹简》〔壹〕, 58页。

❷ 《睡虎地秦墓竹简》, 248页。

先庚三日，後庚三日 "先庚三日"是丁日，"後庚三日"是癸日。参看《蛊》卦卦辞"先甲三日，後甲三日"注。

丧其资斧 参看上《旅》卦九四"得其资斧"。

兑卦第五十八
——长乐未央

☱ 兑：亨，利贞。　　　　　☱ 兑卦：通于神明，利于占卜。

初九，和兑（悦），吉。　　　　阳爻一，因和谐而喜悦，吉。
九二，孚兑（悦），吉，悔亡。　　阳爻二，因诚信而喜悦，吉，唯恐有失。
六三，来兑（说），凶。　　　　阴爻三，有人来游说，凶。
九四，商（襄）兑（敓）未宁，介疾有喜。　阳爻四，襄夺未停，大病转愈。
九五，孚于剥，有厉。　　　　阳爻五，命中要被剥夺，有危险。
上六，引兑（悦）。　　　　　阴爻六，长乐未央。

【大义】

此卦重兑（下兑上兑）。兑是泽象，和下雨有关。雨，在天曰雨，在地曰泽。雨是泽之因，泽是雨之果。《易》象，风是巽象，雨是坎象，风、雨常可连言。《易》诂，巽读逊，兑读说（同悦），巽、兑亦可并举。兑与坎，兑与巽，都有一定关系。《系辞上》1："是故刚柔相摩，八卦相荡，鼓之以雷霆，润之以风雨；日月运行，一寒一暑。"《说卦》2：4："说（悦）万物者莫说（悦）乎

泽，润万物者莫润乎水。""风以散之，雨以润之。"这四个"润"字都和下雨有关。❶

❶ 毛泽东，字润之，是取于此卦。

《说卦》2∶5："巽，入也。"（入是退的意思）"兑，说也。"《易传》的《彖辞》、《象辞》通常以"巽"为逊顺之义，"兑"为喜悦之义。《巽》、《兑》二卦是《易经》八纯卦的最后一对。

【校读】

兑 马王堆本作"夺"（上博本缺），字同敓。兑字有多种读法，一读说，二读悦，三读敓（同夺），四读脱。

和兑 疑读"和悦"。马王堆本作"休夺"（上博本缺）。

孚兑 疑读"孚悦"。马王堆本脱下字（上博本缺）。

商兑 疑读"禳夺"。马王堆本作"章夺"（上博本缺）。

介疾有喜 马融注以"介疾"为大疾（《释文》引）。"有喜"指病情好转。

孚于剥 "剥"有夺义，此爻虽无"兑"字，但与敓字有关。

引兑 疑读"引悦"。马王堆本作"景夺"（上博本缺）。《萃》卦六二有"引吉"，是类似辞例。

涣卦第五十九
——马儿随风跑

☲ 涣：亨，王假（格）有（于）庙，利涉大川，利贞。

涣卦：通于神明，我王降临此庙，利涉大河，利于占卜。

初六，（用）拯（整）马壮，吉，〔悔亡〕。

阴爻一，调驯精良的马又肥又壮，太好了，就怕它们跑掉。

九二，涣奔其（机）〔处〕，悔亡。

阳爻二，马儿四散逃跑，就怕找不回来。

六三，涣其躬，无悔。

阴爻三，一匹马跑掉，不值得后悔。

六四，涣其群，元吉。涣有（于）丘，匪（非）夷所思。

阴爻四，一群马跑掉，也大吉大利。它们想往高处走，绝非平坦的地方。

九五，涣汗其大号，涣王居（处），无咎。

阳爻五，马儿散处四方，到处都能听到它们的嘶鸣，反正都在王土之中，没有祸殃。

上九，涣其血（恤）去逖（惕）出，无咎。

阳爻六，忧愁、恐惧一扫光，没有祸殃。

【大义】

此卦下坎上巽，坎是水，巽是风。其《大象》(《象下》59)说："风行水上，涣。"风和水是什么关系，恐怕值得讨论。

此卦卦辞讲"利涉大川"。"大川"当然是水。涉大川，靠舟楫和好风。其《彖辞》(《彖下》59)："利涉大川，乘木有功也。""乘木"是指乘木船。大川是坎，舟楫是巽。巽而且是风。这些话都是讲卦象，与爻辞不同。

爻辞讲什么？过去有误解。我理解，爻辞的主题不是舟和水，而是马和风。❶

《序卦》30："兑者说（悦）也，说（悦）而后散之，故受之以《涣》，涣者离也。"《杂卦》7："《涣》离也。"所谓"离"只是散。涣字从水，过去以为爻辞是讲发大水，淹这儿淹那儿，这种理解不对。❷我们要注意，《涣》卦的六爻是从马讲起，它后面的六个"涣"字没有一个字与水有关，其实是讲马群随风四散。《书·费誓》有"马牛其风"，《左传》僖公四年有"风马牛不相及"，"风"的意思，是马牛风逸，牝牡相诱。

❶《易经》六畜，马最多见。马之为象，不主一是。若乾为马，则坤为牛。若乾为牡马，则坤为牝马。马又用于震、坎。震既为雷，故善鸣之马属之。坎中为阳，故美脊之马属之。

❷ 如高亨《周易古经今注》（重订本），333–336页。

【校读】

涣　是散的意思。《说文解字·水部》："涣，流散也。"上博本作"𡇈"，左从睿，右从爰，睿、爰都是声旁（卦名还在睿下加廾）。睿与奂（音 huàn）、夐（音 xuàn）有关。许慎说，奂是夐之省（《说文解字·廾部》），睿是叡的古文（《说文解字·奴部》）。其实，我们从古文字的字形看，叡和夐是同一字，这两字都从奂得声。《鹖冠子》有庞子，《世贤》作"庞煖"，《武灵王》作"庞焕",或即以此为名。《诗·郑风·溱洧》"溱与洧,方涣涣兮","涣涣"是形容溱、洧二水,方春之时,涣然冰释,水流四散。但这里的"涣",不是水散,而是马散。

王假有庙 读"王格于庙"。参看上《家人》初九和九五、《萃》卦卦辞、《震》卦六五,下《既济》六四的"有"字。

用拯马壮,吉 "用"是衍文,上博本、马王堆本均无此字,今删。"拯马",上博本作"㧀马",马王堆本作"撜马"。参看上《豫》卦六二。此句下,上博本有"悔亡",同下爻。虞翻注:"坎为马,初失正动,体《大壮》得位,故'拯马壮吉,悔亡之矣'。"清李道平说:"'悔亡之矣'四字盖衍文,否则虞氏本经有'悔亡'字也。"上博本恰有"悔亡",今补。

涣奔其机 "机"是"处"之误。这里指马群四散,各找各的去处。上博本作"霰(涣)走亓凥(处)",马王堆本作"涣賁(奔)其階"。階、机都是见母脂部字,为通假关系;处是昌母鱼部字,字形含有几,与机字形相近。

涣其躬 "躬"与"群"相对,应指匹马。

无悔 上博本、马王堆本作"无咎"。

涣其群 "群"指马群。

涣有丘 疑读"涣于丘"。上博本"有"作"亓",或即"于"之误。参看上《家人》初九和九五、《萃》卦卦辞、《震》卦六五,下《既济》六四的"有"字。

匪夷所思 今语指"非常理所能想象",不一定是原义。"匪"读非。孔颖达疏说,"夷"是平的意思。我怀疑,它与"丘"相反,指平地。此句,上博本作"非𬎆(夷)所思",马王堆本作"非娣（夷）所思"。

涣汗其大号 "涣"是涣散。"汗"是汗漫，意思是无所不至。"大号"，疑指马儿嘶鸣。上博本无"汗"字，马王堆本作"涣其肝大号"。

涣王居 马王堆本同今本，上博本作"𦥑（涣）亓尻（处）"。这里按今本翻译。

涣其血去逖出 "逖"音 tì。或读"涣其血，去逖出"，误。"血去逖出"即上《小畜》六四的"血（恤）去惕出"。朱熹说："血，谓伤害。逖，当作惕，与《小畜》六四同。言涣其血则去，涣其惕则出也。"❶ 其说虽误，但他已指出，这两处是同样的词句。

❶ 朱熹《周易本义》，206–207 页。

节卦第六十
——见好就收

☰ 节：亨，苦节，不可贞。

节卦：通于神明，苦于节制，不可占卜。

初九，不出户庭，无咎。

阳爻九，不出室门前的院子，没有祸殃。

九二，不出门庭，凶。

阳爻二，不出大门前的空地，凶。

六三，不节若，则嗟若，无咎。

阴爻三，不知见好就收，难免嗟叹后悔，〔知道后悔〕，没有祸殃。

六四，安节，亨。

阴爻四，安于节俭，通于神明。

九五，甘节，吉，往有尚。

阳爻五，乐于节俭，吉，出门有人相助。

上六，苦节，贞凶，悔亡。

阴爻六，苦于节俭，占卜结果是凶，唯恐有失。

【大义】

此卦下兑上坎,是取节制、节俭二义。初九、九二、六三可能是讲节制,主要讲是不是可以出门。六四、九五、上六可能是讲节俭。

《节》卦讲节制、节俭,与《涣》卦相反。涣者散,节者敛,正好是一对。

【校读】

户庭 室门前的院子。户指室门。❶

门庭 宅门前的空地。门指宅门。这个词也见于《明夷》六四。

往有尚 "尚"是佑助之义。上《丰》卦初九也有此语。

❶ "不出户庭"句也见于此卦《小象》(《象下》60)和《系辞上》14。马王堆本作"不出户牖",与今本不同。东汉以来《易》注和古书引用(如《风俗通义·愆礼》、《潜夫论·赞学》)多同今本。

中孚第六十一
——对酒当歌

☲ 中孚：豚鱼吉。利涉大川，利贞。

☲ 中孚卦：用豚、鱼祭祀，吉。利渡大河，利于占卜。

初九，虞吉，有它不燕（宴）。

阳爻一，有所预料，吉；发生意外，令人不安。

九二，鸣鹤在阴（荫），其子和之；我有好爵，吾与尔靡之。

阳爻二，有只仙鹤在树荫下鸣叫，它的孩子随声附和；我有好酒，请与你同乐。

六三，得敌，或鼓或罢，或泣或歌。

阴爻三，有人对饮，时而击鼓时而停，时而哭泣时而唱。

六四，月几（既）望，马匹亡，无咎。

阴爻四，月亮已经圆了，马匹丢了，没有祸殃。

九五，有孚挛如，无咎。

阳爻五，有求必应，好运连连，没有祸殃。

上九，翰音登于天，贞凶。

阳爻六，鸡鸣，声达于天，占卜结果是凶。

【大义】

此卦下兑上巽，讲对饮唱和。它的六爻是四阳包二阴：上面两爻是阳爻，中间两爻是阴爻，下面两爻是阳爻。上下两卦，初九对着上九，九二对着九五，六四对着六三，有如镜面反射，正如对饮唱和。

【校读】

中孚 此卦从中一分为二，上下卦如镜面反射，初与上，二与五，三与四同。孚可读符，这里疑指上、下卦相反相合，若符节然。案：许慎以孚为孵蛋的孵，古文作保（《说文解字·爪部》），字与包、保、伏、覆、付、符通。《周易》中的孚字，《易传》训信。此卦《彖辞》（《彖下》61）："柔在内而刚得中，说（悦）而巽（逊），孚乃化邦也。""柔在内"指六三、六四，"刚得中"指九二、九五。这是解释"中"。后两句，"说而巽"，是以兑为说，当喜悦讲，以巽为逊，当顺从讲，合起来，是说老百姓对君上心悦诚服。"孚乃化邦"，是说民信于上，才能把国家治理好。但经文没有一句话是讲这类意思。我怀疑，孚训信，实由符合之义引申，这里的"中孚"只是一个上下符合的卦。

豚鱼 古代祭祀，豚、鱼是地位较低的祭品，常用于士礼。《礼记·曲礼下》："凡祭宗庙之礼，牛曰一元大武，豕曰刚鬣，豚曰腯肥，羊曰柔毛，鸡曰翰音，犬曰羹献，雉曰疏趾，兔曰明视，脯曰尹祭，槀鱼曰商祭，鲜鱼曰脡祭……"

虞 有准备。王弼注训专，荀爽注训安（《周易集解》引），都不太合适。

有它不燕 读"有它不晏"。"有它",与"虞"相反,是发生意外,出乎预料。"不晏",晏从安声,有安宁之义。马王堆本作"不宁"(上博本缺),属于同义换读。

爵 酒器。古代的爵分两种,一种为三足爵,有柱有流有鋬;一种像斗勺,古人叫废爵。❶

靡 指"我"与"尔"共同消受。马王堆本作"羸"(上博本缺),疑读醹。"靡",王弼注训散,虞翻注训共(《周易集解》引)。虞说出《韩诗》、孟喜(见《释文》)。

得敌 "敌"有匹敌、相偶之义,这里指找到酒友。此"敌"即上爻之"尔"。"尔"是"我"的酒友。此卦,上卦与下卦如镜面反射,是谓"敌"。

或鼓或罢 "鼓",击鼓。"罢",停止。

或泣或歌 高亨说:"泣者,有所哀也。歌者,有所乐也。"❷

月几望 读"月既望"。马王堆本作"月既望",双古堆本作"月几望"(上博本缺)。京房本作"(月)近望"(《释文》引),荀爽本同马王堆本。参看上《小畜》上九、《归妹》六五注。

有孚挛如 见上《小畜》九五。❸

翰音 鸡鸣叫翰音。❹上引《礼记·曲礼下》提到:"鸡曰翰音。"许慎说翰是赤羽天鸡(《说文解字·羽部》)。上文讲月下对饮,这里讲鸡叫,似乎指通宵达旦之饮。

---

❶ 参看李零《铄古铸今——考古发现和复古艺术》,北京:三联书店,2007年,70–76页。

❷ 高亨《周易古经今注》(重订本),340页。

❸ 挛如,马王堆本作"论如"(上博本缺)。

❹ 翰,马王堆本作"鷨",字从鸟旁,双古堆本作"翰"(上博本缺)。

小过第六十二
——飞鸟过邑

☷ 小过：亨，利贞，可小事，不可大事。飞鸟遗之音：不宜上，宜下，大吉。

小过卦：通于神明，利于占卜，可以问小事，不可问大事。飞鸟留下声音：不宜上，宜下，大吉。

初六，飞鸟以凶。

阴爻一，飞鸟带来不祥。

六二，过其祖，遇其妣，不及其君，遇其臣，无咎。

阴爻二，它飞过爷爷，只遇见奶奶，没赶上国君，只遇见臣下，没有祸殃。

九三，弗过防之，从或戕之，凶。

阳爻三，它没飞临此邑，就想拦阻；〔它已飞越此邑〕，又想追杀，两者皆凶。

九四，无咎，弗过遇之。往厉必戒，勿用永贞。

阳爻四，如果它没离开，正好迎面碰上，没有祸殃。但前往有危险，一定要小心，不必反复占卜。

六五，密云不雨，自我西郊。公弋，取彼在穴。

阴爻五，乌云密布，来自这座城邑的西郊，却不下雨。王公大人用缯缴射猎，〔本来想射天上的飞禽〕，结果捉到的是洞中的走兽。

上六，弗遇过之，飞鸟离（罹）之，凶，是谓灾眚。

阴爻六，飞鸟来此，见都没见着，它就飞走了，凶，这是灾难。

【大义】

《小过》在下经的倒数第三卦，《大过》在上经的倒数第三卦。两者的区别是什么，请看《大过》。此卦下艮上震，上下卦相反，也如镜面反射。

《小过》讲鸟情。鸟情是以飞鸟之行和其鸣叫占卜吉凶。《隋书·经籍志·子部》有鸟情之书多种（或与风角有关），其术不仅流行于魏晋，流行于两汉，还见于先秦。如《左传》庄公二十八年、僖公十六年、襄公十八年都记载了鸟情之占。❶

《小过》与《中孚》相反，上下各二阴，中间包二阳。它与《中孚》是什么关系，我有一个猜测，上卦讲"孚"，"孚"是恰当、正好，"小过"是过分，两者构成对立。

【校读】

小过 "小"指"小者"，"过"指过分。此卦《象辞》（《象下》62）："小过，小者过而亨也。""小者"指阴爻，阴爻以飞鸟为象。"过"指初六、六二，经九三、九四，过渡到六五、上六。此卦六爻，初六以"飞鸟"开头，六二用的是"过"，九三、九四

---

❶ 刘瑛《〈左传〉〈国语〉方术研究》，北京：人民文学出版社，2006年，54—56页。

两次用"弗过",六五、上六又回到"过"。此卦四见"过"字,一见"不及",四见"遇"字。"过"是已经超过,"不及"是尚未达到。《论语·先进》:"子曰:'过犹不及。'""过"和"不及"都不合中道。"遇"是介于两者之间,不在其前,不在其后。

可小事,不可大事　参看《睽》卦卦辞"小事吉"校读。此语暗示,此卦宜阴不宜阳。

不宜上,宜下　此卦下艮上震。艮是止,震是动。此语暗示,此卦宜静不宜动。

过其祖,遇其妣　注意,六二为阴爻,这里用的是"过"字。"过"是飞鸟过邑,没有碰到,"遇"是飞鸟过邑,正好碰上。"祖"是男祖先。妣音 bǐ,与祖相对。"妣"是女祖先。此语暗示,此卦宜阴不宜阳。案:妣有二说,一说为考妣之妣:考是死去的父亲,妣是死去的母亲;一说是祖妣之妣,祖是死去的祖父或祖父以上的男祖先,妣是死去的祖母或祖母以上的女祖先。考妣说晚出,《尔雅·释亲》:"父为考,母为妣。"《礼记·曲礼下》:"生曰父,曰母,曰妻;死曰考,曰妣,曰嫔。"顾炎武疑之。其《日知录》"妣"条说:"愚谓古人自祖母以上通谓之妣,经文多以妣对祖而并言之。若《诗》之云'似续妣祖'、'烝畀祖妣',《易》之云'过其祖,遇其妣'是也。"❶ 郭沫若据商代甲骨文进一步论证,"祖妣"说早于"考妣"说。❷

不及其君,遇其臣　"不及"是落在其后。"遇"同上。"君"是上,"臣"是下。❸ 此语暗示,此卦宜下不宜上。

弗过防之,从或戕之,凶　注意,九三为阳爻,与上相反,

❶ 阮元编《清经解》,第一册,62页。

❷ 郭沫若《甲骨文字研究》:《释祖妣》,收入《郭沫若全集》考古编1,北京:科学出版社,2002年,19-64页。

❸ "臣",马王堆本作"仆"(上博本缺)。

这里用的是"弗过"。"弗过"是鸟还没来。没来就"防之",未免失之太早。"从"是紧随其后,"或"是又,"戕"音qiāng,指射杀。紧随其后,说明鸟已离去。鸟已离去,才紧随其后射杀之,未免失之太晚。太早太晚,都没有把握好时机,故凶。

弗过遇之 注意,九四为阳爻,这里也用"弗过"。

往厉必戒 疑指往射有凶,故戒之。

密云不雨,自我西郊 见《小畜》卦辞。

弋 马王堆本作"射"(上博本缺),属于同义换读。射和弋的区别是,弋有缯缴,可以系矢,便于回收射出的矢,也易于发现射落的鸟。射无缯缴,没有这些好处。

取彼在穴 弋是用来射天上的飞禽,而不是地上的走兽。鸟栖于巢,兽伏于穴。猎人从洞穴中捉到的猎物肯定是走兽。走兽是在地上活动。此语也是暗示:此卦宜下不宜上。

弗遇过之 注意,上六为阴爻,这里用的是"过之"。飞鸟过邑,即"小过"之义。

既济第六十三
——已经过河

䷾ 既济：亨，小利贞，初吉，终乱。

既济卦：通于神明，小利占卜，开头吉，最后乱。

初九，曳其轮，濡其尾，无咎。

阳爻一，〔渡河〕，拖着车轮往前走，河水弄湿车尾，没有祸殃。

六二，妇丧其茀（髴），勿逐，七日得。

阴爻二，妇人弄丢了头上的假发，用不着到处找，七天之内必得之。

九三，高宗伐鬼方，三年克之，小人勿用。

阳爻三，高宗伐鬼方，三年才攻克，此事与小人无关。

六四，繻（濡）有（于）衣袽，终日戒。

阴爻四，河水浸透了衣服中的绵絮，整天提心吊胆。

九五，东邻杀牛，不如西邻之禴祭，实受其福。

阳爻五，东方的国家杀牛而祭，很隆重，不如西方的国家只举行朴素的禴祭，反而更得老天眷顾，赐福于它。

上六，濡其首，厉。

阴爻六，河水弄湿车头，这可不妙。

【大义】

此卦下离上坎，讲渡河。它的六爻，从下到上，是按一阳一阴排列，吉凶占断也是一吉一凶，好坏搭配。其上下卦是水火交错，上下爻是阴阳交错，与《未济》相反。

人生这道菜，五味俱全，一会儿苦，一会儿甜，从小到老，好运坏运总是搭配着来。咱们是先甜后苦好，还是先苦后甜好？不同时期，大家有不同的选择，不同的感受。但谁都希望苦尽甘来。《易经》以渡河为喻，很形象。《既济》是已经过河，已经过河，不就是成功了吗？但作者说，这是"初吉，终乱"。原来，它是个先甜后苦的卦。

《易经》经常讲渡河，"利涉大川"出现过九次，"用涉大川"出现过一次，"不利涉大川"和"不可涉大川"各出现过一次，一共12次。它的最后两卦就是专门讲渡河。参看《需》卦卦辞的校读。

【校读】

既济　是已经过河。

初吉，终乱　《易经》以第一爻为"初"，第二至五爻为"中"，第六爻为"终"。这里，"初吉"指初九"无咎"，"终乱"指上六"厉"。

曳其轮　"曳"音yè，拖拽。马王堆本作"抴"（上博本缺），字同"拽"。

濡其尾　《易经》以最下一爻为"尾"，最上一爻为"首"。这里的"尾"指车尾，对应于初九。作者认为，曳车初渡，把车尾弄湿，尚无大碍。

妇丧其茀 "茀"，读髴（音 fú），假发。马融（《释文》引）、王弼都说"茀"是"首饰"，但没说什么"首饰"。❶高亨考证，茀是假发。❷

勿逐，七日得 见上《震》卦六二。马王堆本"逐"作"遂"（上博本缺）。此遂字是逐字的异体。

高宗伐鬼方，三年克之 "高宗"，殷高宗武丁。"鬼方"，商周时期的古部族。❸王国维考证，媿姓出自鬼方。❹"三年"是对应于"九三"。案：周封唐叔于晋，授民授疆土，有所谓"怀姓九宗"（《左传》定公四年）。怀姓即媿姓。怀姓九宗，出河宗氏。河宗氏，来自黄河河套和鄂尔多斯地区，后沿黄河南下，分布于今山西和陕西境内。春秋赤狄即来自怀姓九宗。汉代的先令戎，据说是鬼方的后代，则活动于甘、青地区。"三年"，下《未济》九三的"震用伐鬼方，三年有赏于大国"是讲同样的史事。《易经》五次用"三岁"，只有最后两卦用"三年"。这是《易经》的最后一个典故。

繻有衣袽 "繻"（音 xū）读濡，"袽"（音 xù）读絮，意思是河水浸透了衣服中的绵絮。案："繻"，上博本作"需"（上文"濡"亦作"需"），马王堆本作"襦"。《说文解字·糸部》引此句，一作"繻"（繻字下），一作"需"（絮字下）。王弼注："繻，宜曰濡。"这里应是沾湿之义。"有"，读于，参看上《家人》初九和九五、《萃》卦卦辞、《震》卦六五、《涣》卦卦辞和六四的"有"字。"袽"，《说文解字·糸部》作"絮"，许慎的解释是"絜缊也。一曰敝絮"。古人所谓絮是丝、麻两种纤维的絮，不是棉花

❶ 不是今语"首饰"，而是专指头上的装饰物。

❷ 高亨《周易古经今注》，345–346 页。案：《释文》引《子夏易传》作"髴"，荀爽注作"绂"（fú），是髴的通假字；董遇注作"髢"（音 dí），是同义换读。虞翻注（《周易集解》引）作"髴"，解释略同。

❸ 鬼方，见于商代甲骨文。它在西周的命运如何，是个值得关注的问题。小盂鼎提到的"䖽方"是否为鬼方，还有待证明。参看：李学勤《周易溯源》，7–13 页。

❹ 王国维《鬼方昆夷猃狁考》，收入《王国维遗书》，上海：上海古籍书店，1983 年，第二册：《观堂集林》卷十三，1 页正 –12 页背。

的絮。他们把精绵叫绵,粗绵叫絮。

东邻杀牛,不如西邻之禴祭 意思是说,东方的祭祀比较奢侈,西方的祭祀比较俭朴,奢侈不如俭朴。案:《礼记·坊记》引《易》此文,郑玄注:"东邻,谓纣国中也。西邻,谓文王国中也。"祭祀用的牺牲,牛最尊,号称"大牢"。"杀牛"是很隆重的祭祀。"禴祭",见上《萃》卦六二,《升》卦九二,是四时之祭中之最薄者。

濡其首 《易经》以最下一爻为"尾",最上一爻为"首"。这里的"首"指车头,对应于上六。作者认为,已经过河,却把车头弄湿了,是凶兆。

未济第六十四
—— 尚未过河

☲☵ 未济：亨，小狐汔（迄）济，濡其尾，无攸利。

☲☵ 未济卦：通于神明，小狐狸过河，眼看就要上岸，却弄湿了尾巴，这可不太好。

初六，濡其尾，吝。

阴爻一，过河，弄湿车尾，当然可惜。

九二，曳其轮，贞吉。

阳爻二，但拖着车轮往前走，占卜结果是吉。

六三，未济，征凶，利涉大川。

阴爻三，尚未过河，前途未卜，凶多吉少，反而利于渡大河。

九四，贞吉，悔亡。震用伐鬼方三年，有赏于大（国）〔邦〕。

阳爻四，占卜结果是吉，唯恐有失。当年，震伐鬼方，长达三年，但最后还是得到了大国的犒赏。

六五，贞吉，无悔。君子之光有孚，吉。

阴爻五，占卜结果是吉，不用后悔。君子想得到君子的光荣，就得到了君子的光荣，这很吉利呀。

上九，有孚于饮酒，无咎。濡其首，有孚失是。

阳爻六，〔庆祝胜利〕，想喝酒，就有酒，没有祸殃。但弄湿车头的感受，却正好相反，让人有点失落。

【大义】

此卦下坎上离，与《既济》相反，它的六爻，从下到上，是按一阴一阳排列，水在下而火在上。卦辞讲小狐渡河，但爻辞无一字及狐，全部讲人渡河。

《未济》是讲还没过河。没过河，难免沾湿之苦，前途未卜，凶多吉少，这是痛苦。但孙中山说，"革命尚未成功，同志仍须努力"，奋斗有奋斗的美感。成功了，痛饮庆功酒，是最好的报偿。不成功，"出师未捷身先死，长使英雄泪满襟"（杜甫《蜀相》），也很悲壮。这是个先苦后甜的卦。

《既济》、《未济》都讲渡河，一个过了河，一个没过河，这是最后一对。

这个结尾很好。

【校读】

未济 与《既济》相反，是尚未过河。

吝 马王堆本作"闦"，为通假字。上博本不同，初六残缺，只剩最后一字，却作"利"，疑初六最后三字作"亡卣（攸）利"。

小狐汔济，濡其尾 "小狐"指阴爻。"汔"读迄，指几乎过河。"濡其尾"，见上《既济》初九，指车尾，这里换成狐尾。东汉,九江多虎,宋均任九江太守时,禁止猎虎,传言老虎东游渡江。❶应劭《风俗通义》佚文:"宋均为九江太守,虎负子渡江。案虎毛婆娑,岂犯阳侯波?里语云:'狐欲渡河,无奈尾何。'舟人尚有惧,况虎耶?若德被四海,虎亦能至鬼方也。"(《太平御览》卷八九一引)所引里语盖意引此语。"鬼方"指九江。这段佚文是附会《易经》。

曳其轮 见上《既济》初九。"曳",上博本作"𦥑"。

濡其尾 第二次出现,与卦辞不同,这里的"尾"是车尾,不是狐尾。

利涉大川 上文讲"未济,征凶",这里作"利涉大川",似乎矛盾。高亨认为,原文应作"不利涉大川",❷但上博本、马王堆本都作"利涉大川",可见并无脱文。《易经》讲涉大川,共十次,只有一次是"不利涉大川"(《讼》卦卦辞)。

震用伐鬼方三年,有赏于大国 上《既济》九三:"高宗伐鬼方,三年克之。"与此是同一事。学者怀疑,震是人名,但震是什么人,一直未能论定。❸"大国",马王堆本同,上博本残缺,疑原文作"大邦"。周人称殷为"大邦殷"(《书·召诰》),自称"小邦周"(《书·大诰》)。"大邦"、"小邦"是古人本来的叫法。汉代避高祖讳,才把"大邦"改成"大国","小邦"改成"小国"。

君子之光有孚 "君子之光"是君子的光荣。震伐鬼方有功,受到大国赐赏,让他很荣耀,他想有"君子之光",就有了"君子之光"。"有孚"是有验,指愿望得以实现。下文的两个"有

❶ 参看《后汉书·宋均传》:"迁九江太守。郡多虎暴,数为民患,常募设槛阱而犹多伤害。均到,下记属县曰:'夫虎豹在山,鼋鼍在水,各有所托。且江淮之有猛兽,犹北土之有鸡豚也。今为民害,咎在残吏,而劳勤张捕,非忧恤之本也。其务退奸贪,思进忠善,可一去槛阱,除削课制。'其后传言虎相与东游度(渡)江。"

❷ 高亨《周易古经今注》,348页。

❸ 朱骏声猜测是挚伯,高亨猜测是周君或周臣。参看朱骏声《六十四卦经解》,281页(尚秉和《周易尚氏说》283页引郭琛说同);高亨《周易古经今注》,423页;高亨《周易大传今注》,349页。案:挚伯是卫国的第五代国君,年代太晚,不及武丁世。

孚"也是这个意思。

有孚于饮酒 "饮酒"是喝庆功酒。这个愿望也实现了。

濡其首 见上《既济》上六，指渡河过程中把车头弄湿了。这里的"首"不是小狐的头，更不是饮酒者的头，而是车头。

有孚失是 是说如果把车头弄湿，感受正好相反。

易传

彖上
——《易传》之一

《易传》包括《彖上》、《彖下》、《象上》、《象下》、《系辞上》、《系辞下》、《文言》、《说卦》、《序卦》、《杂卦》,汉代叫"十翼",即十种阅读《易经》的辅助材料。

这十篇,比《易经》长,但比《易经》好读。下面,我不再翻译,也不一字一句讲,只用案语解释疑难。我们先读《彖》。

《彖》分上下篇,原本单行,并不附经。其释经对象主要是卦爻结构,一是上下卦的关系(卦体),二是六爻的关系(爻位)。有时也简释卦名和卦、爻辞。

我们读《易经》,它本身不讲这一套,但汉以来的易家认为,这是《易经》背后的潜台词,古人占断吉凶,是利用这套读法,不懂这套读法,就读不懂卦、爻辞。

《系辞》提到彖字,一共有四次:一次是"彖者,言乎象者也。爻者,言乎变者也"(《系辞上》3),一次是"彖者材也,爻也者效天下之动者也"(《系辞下》3),一次是"知(智)者观其彖辞,则思过半矣"(《系辞下》18),一次是"八卦以象告,爻彖以情言"（《系辞下》20）。

"彖"是什么意思？《系辞下》3："彖者，材也。"刘瓛的解释是："彖，断也，断一卦之才（材）也。"（《周易集解》引）陆德明也说："彖，断也。"（《释文》）这里值得注意的是，马王堆帛书《系辞》作"缘者，制也"。制同製衣之製，製有裁义。裁与材通，疑"材"本作裁，帛书是以製为裁断之义。

归纳上述说法，我们似可认为，"彖"是对一卦的总体判断，主要讲上下卦的关系和六爻的关系。

《彖》讲卦、爻结构，主要利用下述概念：

（1）《易经》的基础是八卦：乾为天，义为健；坤为地，义为顺；坎为水（或云、雨），义为险；离为火（或日、电），义为明（或文明）；震为雷，义为动；艮为山，义为止；巽为风，义为巽（读逊）；兑为泽，义为说（读悦）。

（2）八卦，每卦三爻。乾（纯阳）、震（初阳）、坎（中阳）、艮（上阳）是阳卦，坤（纯阴）、巽（初阴）、离（中阴）、兑（上阴）是阴卦（见《系辞下》4、《说卦》2：8）。八卦相重为六十四卦，每卦都由上下两卦构成，下卦叫"内卦"，上卦叫"外卦"。

（3）六十四卦，每卦六爻。阳爻叫刚，其数为九；阴爻叫柔，其数为六。九、六分居六位，曰初九／初六、九二／六二、九三／六三、九四／六四、九五／六五、上九／上六，像个六层楼的小电梯，可升可降。上行叫"往"，下行叫"来"。

（4）这六爻，上下两卦各分内、中、外：内是第一爻，中是第二爻，外是第三爻。它们，下卦之内与上卦之内相对，下卦之中与上卦之中相对，下卦之外与上卦之外相对，如果对应的两爻，阴阳反叫"应"，阴阳同叫"敌"。❶应者亨通，敌者闭塞。

（5）这六爻，分六位，初、三、五属阳位，二、四、上属阴位。阴爻在阴位，阳爻在阳位，叫"当位"。阴爻在阳位，阳爻在阴位，叫"不当位"。"当位"比"不当位"好。阳爻，九五比九三好，九三比初九好；阴爻，六二比六四好，六四比上六好。

（6）这六爻，有两种中位，一种指三爻（单卦）之中，即二、五；一种指六爻（重卦）之中，即二、三、四、五。阳居二或阳居五是"刚得中"，阴居二或阴居五是"柔得中"。其中，九五与六二反，九二与六五反，最好，叫"刚中而应"，前者比后者更好。

这六条是读《象》的关键，大家把它记熟了，下面的话并不难懂。

1. 乾

大哉乾元，万物资始，乃统天。云行雨施，品物流形。大明终始，六位时成。时乘六龙以御天。乾道变化，各正性命。保合大和，乃利贞。首出庶物，万国咸宁。

案：此卦重乾，六爻皆阳。"大哉乾元"、"万物资始"，元、始二字，是说此卦为六十四卦的首卦，代表最原始的东西。"乃统天"，是说《乾》卦代表天。"云行雨施"，云雨属于天。"品物流形"，"品物"是分门别类的物，即万物；❷"流形"是冶金术语，原指用陶范灌注铜液，铸造器形。这里是说天生万物而成其形质。"大明终始"，指日月之行，寒来暑往。"六位时成"，指六

---

❶《易传》讲"应"比较多，讲"敌"比较少。如《象下》52 的"敌应"是指初六与六四、六二与六五、九三与上九敌，《象上》13 的"敌刚"是指九三与上九敌。

❷ 地球上的物种，最新统计是 870 万种。

爻皆阳。"六龙以御天"，是把六个阳爻比喻成六条龙。古人常以"六龙"比喻天子之驾。天子之驾，夙有驾六、驾四之争，参看《书·五子之歌》孔颖达疏。❶ "首出庶物"，"首"亦始义，"庶物"即万物。

❶ 2002-2003年，河南省洛阳市王城广场发掘的东周车马坑出土过六马一车的天子之驾，后来建成天子驾六博物馆。

2. 坤

至哉坤元，万物资生，乃顺承天。坤厚载物，德合无疆。含弘光大，品物咸亨。"牝马地类"，行地无疆。"柔顺利贞"，君子攸行。"先迷失道"，后顺得常。"西南得朋"，乃与类行。"东北丧朋"，乃终有庆。"安贞之吉"，应地无疆。

案：此卦重坤，六爻皆阴。"至哉坤元"，与"大哉乾元"是类似说法，也是说它是群卦之首。"万物资生"，古人认为，天地交合，万物乃生，万物之生，没有天不行，没有地也不行。"乃顺承天"，是以地承天。坤训顺，下"柔顺利贞"、"后顺得常"，都是解释坤。"牝马地类"、"柔顺利贞"、"先迷失道"、"西南得朋"、"东北丧朋"、"安贞之吉"，引号内的字都是意引卦辞，后面的话就是解释引文，下同。母马和大地为坤象。

3. 屯

屯，刚柔始交而难生。动乎险中，大亨贞。雷雨之动满盈。天造草昧，宜建侯而不宁。

案：此卦下震上坎。震、坎二卦都是一阳二阴，阴阳交错，阳不胜阴，故曰"刚柔始交而难生"。震为动，坎为险，震之中为六二，坎之中为九五，属于九五与六二应，故曰"动乎险中，大亨贞"。《易经》所谓"亨"，多指阴阳相反，特别是九五与六二相反、九二与六五相反；所谓"贞"，见于《象》，皆训正，不作占问解，与经有别。"雷雨之动满盈"，震为雷，坎为雨。"天造草昧"，《屯》卦讲万物初生，属于蒙昧时期，所以这么讲。"宜建侯而不宁"，"宜建侯"即卦辞的"利建侯"，这是从创生的概念引申；"不宁"是不安定，则从难生的概念引申。《比》卦卦辞有"不宁方"，不宁方是不肯臣服的方国。

4．蒙

蒙，山下有险，险而止，蒙。"蒙：亨"，以亨行，时中也。"匪我求童蒙，童蒙求我"，志应也。"初筮告"，以刚中也。"再三渎，渎则不告"。渎，蒙也。蒙以养正，圣功也。

案：此卦下坎上艮。"山下有险"，指艮为山，在上；坎为险，在下。"险而止"，指坎为险，艮为止。此卦九二与六五应，是为"时中"。"时中"是合乎时宜的意思。"志应"是意愿得到回应。"刚中"，指九二。

5．需

需，须也，险在前也。刚健而不陷，其义不困穷矣。"需：有孚，光亨，贞吉"，位乎天位，以正中也。"利涉大川"，往有功也。

案：此卦下乾上坎。"需，须也，险在前也"，是解释卦名。须训待，险指坎，意思是前面有危险，要等待观望一下。"刚健而不陷"，指乾刚遇坎险，只有等待观望，才能不陷。"位乎天位，以正中也"，指九五居上卦之中。九五是君位，这里叫"天位"。

6．讼

讼，上刚下险，险而健，讼。"讼：有孚，窒惕，中吉"，刚来而得中也。"终凶"，讼不可成也。"利见大人"，尚中正也。"不利涉大川"，入于渊也。

案：此卦下坎上乾。"上刚下险，险而健"，指乾为刚为健，在上；坎为险，在下。"刚来而得中也"，"刚"指上卦，"来"指下行，"得中"指九二居下卦之中，与上卦九五应。"中吉"是对初吉、终吉而言，初吉指第一爻吉，终吉指第六爻吉，中吉指中间四爻吉。"终凶"，与终吉相反，指第六爻凶。

7. 师

师，众也。贞，正也。能以众正，可以王矣。刚中而应，行险而顺，以此毒天下，而民从之，吉又何咎矣。

案：此卦下坎上坤。"师，众也"，是解释卦名。"贞，正也"，《彖上》、《彖下》所有"贞"字都是这样解释。"刚中而应"，指九二居下卦之中，六五居上卦之中，彼此刚柔相应。"行险而顺"，坎为险，坤为顺。"以此毒天下，而民从之"，指君以兵祸荼毒天下，而百姓犹从之。"毒"，荼毒。旧说纷纭，当从干宝说。❶《诗·大雅·桑柔》："民之贪乱，宁为荼毒。"上文说，"行险而顺"，"以兵毒天下"是"行险"，"而民从之"是"顺"。

8. 比

比，吉也。比，辅（附）也，下顺从也。"原筮，元永贞，无咎"，以刚中也。"不宁方来"，上下应也。"後夫凶"，其道穷也。

案：此卦下坤上坎。"比"是亲附之义。"辅"可读附。《孙子·谋攻》讲攻城之法，有所谓"蚁附"，《墨子》的《备城门》、《备蛾傅》作"蛾（蚁）傅"，是类似的通假实例。"刚中"，指九五。"不宁方来"，指初六、六二、六三、六四上从九五。"上下

---

❶《周易集解》引干宝注："毒，荼苦也。"马融训治（《释文》引），王弼训役，崔憬训亭毒，俞樾训督。参看：尚秉和《周易尚氏说》，58—59页。

应也",指九五与此四爻相反。"後夫凶",指上六。"其道穷也",指阴穷于上。

9. 小畜

小畜，柔得位而上下应之，曰小畜。健而巽（逊），刚中而志行，乃亨。"密云不雨"，尚往也。"自我西郊"，施未行也。

案：此卦下乾上巽。下文有《大畜》，为下乾上艮。《小畜》是五阳畜一阴，《大畜》是四阳畜二阴。"柔得位"，指六四以阴爻居阴位。"上下应之"，指上下五阳与之应。"上"指九五、上九，"下"指初九、九二、九三。"健而巽"，指五阳逊于一阴。"健"指五阳，"巽"指一阴。巽读逊。逊有卑顺、避让、退让之义。"刚中而志行"，"刚中"指九二、九五，"志行"，又见《象上》16、《象下》46、57，指意愿得以实现。

10. 履

履，柔履刚也。说（悦）而应乎乾，是以"履：虎尾，不咥人，亨"。刚中正，履帝位而不疚，光明也。

案：此卦下兑上乾。"柔履刚也"，指下卦一阴乘二阳（在上曰乘，在下曰承），六三在初九、九二之上。"说而应乎乾"，说读悦，是解释兑，指下兑应上乾。"刚中正"，指九五居上卦之中。"履帝位而不疚"，九五为"帝位"，"不疚"是不病。"光明"，指阳卦乾在上，阴卦兑在下。

11. 泰

泰，"小往大来，吉，亨"，则是天地交而万物通也，上下交而其志同也。内阳而外阴，内健而外顺，内君子而外小人，君子道长，小人道消也。

案：此卦下乾上坤。作者以"通"、"同"解释"泰"。"小往"指坤居上卦。"大来"指乾居下卦。《易传》以阴为小，以阳为大。"天地"指乾、坤。"上下"指上坤下乾。"内阳"、"内健"、"内君子"指乾居内卦（下卦），"外阴"、"外顺"、"外小人"指坤居外卦（上卦）。

12. 否

"否之匪（非）人，不利君子贞，大往小来"，则是天地不交而万物不通也，上下不交而天下无邦也。内阴而外阳，内柔而外刚，内小人而外君子，小人道长，君子道消也。

案：此卦下坤上乾，一切与上相反。

13. 同人

同人，柔得位得中，而应乎乾，曰同人。《同人》曰"同人于野，亨。利涉大川"，乾行也。文明以健，中正而应，君子正也。唯君子为能通天下之志。

案：此卦下离上乾。"柔得位得中，而应乎乾"，指六二以阴爻居阴位，在下卦之中，而与乾卦的九五应。"乾行也"，指乾之九五下行，而与六二应。《易经》讲"利涉大川"，有此例。详《需》卦卦辞注。"文明以健"，"文明"和"健"都是指乾道。"中正而应"，指九五与六二应。"君子正也"，也指乾道。

14. 大有

大有，柔得尊位大中，而上下应之，曰大有。其德刚健而文明，应乎天而时行，是以"元亨"。

案：此卦下乾上离。"柔得尊位大中，而上下应之"，指六五居九五之位，而上下五阳应之。"其德刚健而文明，应乎天而时行"，"刚健"和"天"指乾，"文明"和"时"指离。

15. 谦

谦，亨，天道下济而光明，地道卑而上行。天道亏盈而益谦，地道变盈而流谦，鬼神害盈而福谦，人道恶盈而好谦。谦尊而光，卑而不可踰，君子之终也。

案：此卦下艮上坤。艮为阳卦，代表光明，本应在上，反而在下，所以说"天道下济而光明"。"天道下济而光明"，与下互文，本应作"天道光明而下济"，为谐韵而颠倒其序。❶坤为阴卦，代表卑下，本应在下，所以说"地道卑而上行"。《谦》卦之所以叫"谦"，就是要把在上的变成在下的，把在下的变成在上的。

❶ 陈鼓应、赵建伟《周易今注今译》，北京：商务印书馆，2010年，153页。

16. 豫

豫，刚应而志行，顺以动，豫。豫顺以动，故天地如之，而况建侯行师乎？天地以顺动，故日月不过，而四时不忒。圣人以顺动，则刑罚清而民服。豫之时义大矣哉！

案：此卦下坤上震。"刚应"，指九四上应六五、上六，下应初六、六二、六三，一阳应五阴。"志行"，指其志得行。"顺以动"，坤为顺，震为动。

17. 随

随，刚来而下柔，动而说（悦），随。大亨，贞无咎，而天下随时。随（时之）〔之时〕义大矣哉！

案：此卦下震上兑。"刚来而下柔"，指兑之二阳下履震之二阴。"动而说"，震为动，兑为说，读悦。

18. 蛊

蛊，刚上而柔下，巽（逊）而止，蛊。"蛊：元亨"，而天下治也。"利涉大川"，往有事也。"先甲三日，後甲三日"，终则有始，天行也。

案：此卦下巽上艮。"刚上而柔下"，指上下两卦，阳皆居上，阴皆居下。"巽而止"，巽读逊，艮为止。"利涉大川"，指九二与六五应。"往有事也"，指九二往六五。《序卦》："以喜随人者必有事，故受之以《蛊》。蛊者，事也。"亦以"事"释"蛊"。"先甲三日，後甲三日"，干支记日，以甲为首。"终则有始"，指六十甲子，循环往复，终而复始。

19. 临

临，刚浸而长，说（悦）而顺，刚中而应。大亨以正，天之道也。"至于八月有凶"，消不久也。

案：此卦下兑上坤。"刚浸而长"，指初九、九二上行。"说（悦）而顺"，兑为说，坤为顺。"刚中而应"，指九二与六五应。"消不久也"，指阳气渐消，不可久也。

20. 观

大观在上，顺而巽（逊），中正以观天下。"观：盥而不荐，有孚顒若"，下观而化也。观天之神道，而四时不忒，圣人以神道设教，而天下服矣。

案：此卦下坤上巽。"大观在上"，指阳居九五，高高在上，下观四阴。"顺而巽"，坤为顺，巽读逊。"中正以观天下"，指九五居上卦之中，以观天下。最后两句，"圣人以神道设教"是解释"盥而不荐"，"而天下服矣"是解释"有孚顒若"，孚可训服。

21. 噬嗑

颐中有物，曰噬嗑。噬嗑而亨，刚柔分，动而明，雷电合而章。柔得中而上行，虽不当位，利用狱也。

案：此卦下震上离。"刚柔分"，指阴阳交错。"动而明"，震为动，离为明。"雷电合而章"，震为雷，离为电，指二卦合一而彰明。"柔得中而上行"，指六二居下卦之中，上行变六五。"虽不当位"，指六五以阴爻而居阳位。"利用狱也"，此卦与刑罚有关。

22. 贲

贲，亨。柔来而文刚，故"亨"。分刚上而文柔，故"小利有攸往"。〔刚柔交错〕，天文也；文明以止，人文也。观乎天文，以察时变；观乎人文，以化成天下。

案：此卦下离上艮。"柔来而文刚"是讲上卦，"柔来"指六五下行，"文刚"是以二阴文饰一阳，即以六五、六四配九三。"分刚上而文柔"是讲下卦，"分刚上"指从初九分出九三，"文柔"是以二阳文饰一阴，即以初九、九三配六二。"刚柔交错"，今本脱，据郭京《周易举正》补，指三阳三阴交错❶。"文明以止"，离为明，艮为止。

23. 剥

剥，剥也，柔变刚也。"不利有攸往"，小人长也。顺而止之，观象也。君子尚消息盈虚，天行也。

案：此卦下坤上艮。"剥，剥也"，是解释卦名。这种解释，好像废话，其实是一种训诂体例，前人叫"本字为训"，今多改称"同字为训"。关于本字为训的性质，学者有不同意见。我认为，它强调的是用"本字"而不是"易字"来解释。所谓"本字"，就是按当时的书写习惯和阅读习惯来认定的标准字，"易字"则

❶ 郭京《周易举正》，王云五主编《丛书集成》初编本（长沙：商务印书馆，1939年），卷上，5页。

是假借字或同义字。至于训释字与被训释字是否有词性、词义和读音的差异，并不是问题的关键。这种现象，我在前《蒙》卦注中已经提到。"柔变刚也"，指五阴变一阳。"小人长也"，指初六至六五。"顺而止之"，坤为顺，艮为止。

24. 复

复，亨，刚反动而以顺行。是以"出入无疾，朋来无咎。反复其道，七日来复"，天行也；"利有攸往"，刚长也。复其见天地之心乎！

案：此卦下震上坤。"刚反动而以顺行"，"刚"指初九，"反动"指初九变六二，"顺行"指六二上行，进入坤，坤为顺。"刚长也"，指初九。阳爻以下为长。如《说卦》2∶8以震为长男。

25. 无妄

无妄，刚自外来而为主于内。动而健，刚中而应，大亨以正，天之命也。"其匪正有眚，不利有攸往"，无妄之往，何之矣？天命不祐，行矣哉！

案：此卦下震上乾。"刚自外来而为主于内"，外是上，内是下，上九是最外，初九是最内，这里指阳逆阴而行，从外卦上九而来，变为内卦初九，初九为内卦之主。震为阳卦，初九为其主。"动而健"，震为动，乾为健。"刚中而应"，指九五居上卦之中，六二居下卦之中，刚柔相应。

26. 大畜

大畜，刚健、笃实、辉光，日新其德。刚上而尚贤，能止健，大正也。"不家食吉"，养贤也。"利涉大川"，应乎天也。

案：此卦下乾上艮。"刚健"指下乾为健，"笃实"指上艮为山。乾、艮都是阳卦，故曰"辉光"。"刚上而尚贤"，指上九。"能止健"，指艮止乾。"应乎天也"，指上九。

27．颐

颐，"贞吉"，养正则吉也。"观颐"，观其所养也。"自求口实"，观其自养也。天地养万物，圣人养贤以及万民。颐之时大矣哉！

案：此卦下震上艮。"颐"训养。《序卦》14："颐者，养也。"《杂卦》14："《颐》养正也。"

28．大过

大过，大者过也。"栋（挠）〔桡〕"，本末弱也。刚过而中，巽（逊）而说（悦）行。"利有攸往"，乃亨。大过之时大矣哉！

案：此卦下巽上兑。下经62有《小过》，与此相对。《大过》是阳太过，《小过》是阴太过。"大者过也"，指中间四爻，九二至九五，阳太强。"本末弱也"，指上下二爻，初六、上六，阴太弱。《系辞下》18："其初难知，其上易知，本末也。""本"是第一爻，"末"是第六爻。"刚过而中"，指中间四爻都是阳爻，阴不胜阳。"巽而说行"，巽读逊，说读悦，是解释兑，指阴悦阳，顺从而行。

29．习坎

习坎，重险也。水流而不盈，行险而不失其信。"维心亨"，乃以刚中也。"行有尚"，往有功也。天险，不可升也。地险，山川丘陵也。王公设险以守其国。险之时用大矣哉！

案：此卦重坎。"习坎"指重坎，习是重合之义。坎为险，"重险"即重坎。坎为水，"水流而不盈"，是解释九五的"坎不盈"。"行险而不失其信",是解释卦辞的"有孚"。"乃以刚中也",指九二居下卦之中,九五居上卦之中,皆以阳爻居中。"天险"指上坎,"地险"指下坎。

30. 离

离,丽也。日月丽乎天,百谷草木丽乎土,重明以丽乎正,乃化成天下。柔丽乎中正,故亨,是以"畜牝牛吉"也。

案:此卦重离。"离,丽也",是解释卦名。这里是以附丽之丽解释离。下面的四个"丽"字都是此义。离为日月光明之象。"重明"即重离。"柔丽乎中正",指六二居下卦之中,六五居上卦之中,上下卦都以阴爻居中。离是阴卦。"畜牝牛吉",指二阳夹一阴,很吉利。

象下
——《易传》之二

31. 咸

咸，感也。柔上而刚下，二气感应以相与。止而说（悦），男下女，是以"亨，利贞，取女吉"也。天地感而万物化生，圣人感人心而天下和平。观其所感，而天地万物之情可见矣。

案：此卦下艮上兑。"咸，感也"，是解释卦名（属于音训）。"柔上而刚下"，指兑为柔卦，在上；艮为刚卦，在下。兑是一阴在上，二阳在下；艮是一阳在上，二阴在下，彼此相反。"二气感应以相与"，即《说卦》2∶1的"山泽通气"。"止而说"，艮为止，说读悦，是解释兑，指男女止步，两情相悦。"男下女"，指艮在下，兑在上。艮为少男，兑为少女，见《说卦》2∶8。

32. 恒

恒，久也。刚上而柔下，雷风相与，巽（逊）而动，刚柔皆应，恒。"恒：亨，无咎，利贞"，久于其道也。天地之道，恒久而不已也。"利有攸往"，终则有始也。日月得天而能久照，四时变化而能久成，圣人久于其道而天下化成。观其所恒，而天地万物之情可见矣。

案：此卦下巽上震。"恒，久也"，是解释卦名。"刚上而柔下"，指震为刚卦，在上；巽为柔卦，在下。震是二阴在上，一阳在下；巽是二阳在上，一阴在下，彼此相反。"雷风相与"，震为雷，巽为风。"巽而动"，巽读逊，是逊顺服从的意思，震为动。"刚柔皆应"，指初六与九四应，九二与六五应，九三与上六应。

33. **遯**

遯，亨，遯而亨也。刚当位而应，与时行也。"小利贞"，浸而长也。遯之时义大矣哉！

案：此卦下艮上乾。"遯，亨，遯而亨也"，多以为是逃避隐遁才能亨通。但遯字本指猪跑，经文讲捆小猪，是说捆起来的小猪好吃，不是说猪跑了才好。"刚当位而应"，指九五居上卦之中，阳爻当阳位，六二居下卦之中，阴爻当阴位，彼此刚柔相应。

34. **大壮**

大壮，大者壮也。刚以动，故壮。"大壮：利贞"，大者正也。正大，而天地之情可见矣。

案：此卦下乾上震。"大壮，大者壮也"，是解释卦名。"大者"指阳，"壮"是形容其强盛。"刚以动"，乾为刚，震为动。两正字是解释贞字。

35. **晋**

晋，进也。明出地上，顺而丽乎大明，柔进而上行，是以"康侯用锡（赐）马蕃庶，昼日三接"也。

案：此卦下坤上离。"晋，进也"，是解释卦名，说同《序卦》18。"明出地上"，是日出之象，离为明，坤为地，指离出坤上。"顺而丽乎大明"，坤为顺，离为丽，日出为大明。"柔进而上行"，指坤卦的三阴上行，上居六五。

36. 明夷

明入地中，明夷。内文明而外柔顺，以蒙大难，文王以之。"利艰贞"，晦其明也，内难而能正其志，箕子以之。

案：此卦下离上坤。"明入地中"，是解释卦名。离为明，坤为地，明入地中，是日落之象。"内文明而外柔顺，以蒙大难，文王以之"，离为文明，属内卦（下卦），坤为柔顺，属外卦（上卦），指文王拘羑里，内存文明，而外示柔顺，假装臣服，以迷惑纣王。"晦其明也，内难而能正其志，箕子以之"，指箕子佯狂，韬光养晦，内心虽憋屈，但不降其志。

37. 家人

家人，女正位乎内，男正位乎外。男女正，天地之大义也。家人有严君焉，父母之谓也。父父，子子，兄兄，弟弟，夫夫，妇妇，而家道正。正家而天下定矣。

案：此卦下离上巽。"女正位乎内，男正位乎外"，指六二居内卦（下卦）之中，九五居外卦（上卦）之中，皆正当其位。

38. 睽

睽，火动而上，泽动而下。二女同居，其志不同行。说（悦）而丽乎明，柔进而上行，得中而应乎刚，是以"小事吉"。天地睽而其事同也，男女睽而其志通也，万物睽而其事类也。睽之时用大矣哉！

案：此卦下兑上离。"火动而上"，指上离。"泽动而下"，指下兑。"二女同居"，离为中女，兑为少女，见《说卦》2：8。这里指离、兑同居一卦。"其志不同行"，《睽》卦，睽是二目相乖，马王堆本作"乖"。这里指离、兑上下乖违。尚秉和说："火性炎上而即居上，水润下而即居下，愈去愈远。"❶ "说（悦）而丽乎明"，说读悦，是解释兑；"丽乎明"，离为丽为明。"柔进而上行，得中而应乎刚"，指六三上行，变成六五，居上卦之中，而与九四、上九应。

❶ 尚秉和《周易尚氏学》，180页。

39. 蹇

蹇，难也，险在前也。见险而能止，知（智）矣哉！"蹇：利西南"，往得中也。"不利东北"，其道穷也。"利见大人"，往有功也。当位贞吉，以正邦也。蹇之时用大矣哉！

案：此卦下艮上坎。"蹇：难也"，是解释卦名。"险在前"，坎为险，指坎在上。"见险而能止"，艮为止，指艮遇坎而能止。"往得中也"，指九五当位，居中。"其道穷也"，指上六。"当位贞吉"，指六二居下卦之中，九五居上卦之中，刚柔相对。

40. 解

解，险以动，动而免乎险，解。"解：利西南"，往得众也。"其来复，吉"，乃得中也。"有攸往，夙吉"，往有功也。天地解而雷雨作，雷雨作而百果草木皆甲坼。解之时大矣哉！

案：此卦下坎上震。"险以动，动而免乎险"，指上震之动，脱于下坎之险。"雷雨"，震为雷，坎为雨。

41. 损

损，损下益上，其道上行。"损而有孚，元吉，无咎，可贞，利有攸往，曷之用？二簋可用享。"二簋应有时，损刚益柔有时，损益盈虚，与时偕行。

案：此卦下兑上艮。兑为阴卦，艮为阳卦。"损下益上"，指损下卦第三爻，益上卦第三爻。"损刚益柔"，指损下卦益上卦。

42. 益

益，损上益下，民说（悦）无疆。自上下下，其道大光。"利有攸往"，中正有庆。"利涉大川"，木道乃行。益动而巽（逊），日进无疆。天施地生，其益无方。凡益之道，与时偕行。

案：此卦下震上巽。"自上下下，其道大光"，震是阳卦，巽是阴卦，指震在巽上。"木道乃行"，巽为木，指逊道大行。"益动而巽"，震为动，巽读逊。

43. 夬

夬，决也，刚决柔也。健而说（悦），决而和。"扬于王庭"，柔乘五刚也。"孚号有厉"，其危乃光也。"告自邑，不利即戎"，所尚乃穷也。"利有攸往"，刚长乃终也。

案：此卦下乾上兑。"夬"读决。"刚决柔也"，指五阳决一阴（上六）。"健而说，决而和"，乾为健为决，兑为说（读悦）为和。"柔乘五刚也"，指一阴乘五阳（阴在阳上）。"其危乃光也"，指报警者将危情曝光于王庭。"所尚乃穷也"，指上六为阴。"刚长乃终也"，指五阳上穷于此。

44. 姤

姤，遇也，柔遇刚也。"勿用取女"，不可与长也。天地相遇，品物咸章也。刚遇中正，天下大行也。姤之时义大矣哉！

案：此卦下巽上乾。"姤"同遘，训遇。"柔遇刚也"，巽为柔卦，乾为刚卦，指此卦由刚柔二卦合成。"刚遇中正"，指九二、九五。

45．萃

萃，聚也。顺以说（悦），刚中而应，故聚也。"王假有庙"，致孝享也。"利见大人，亨"，聚以正也。"用大牲吉，利有攸往"，顺天命也。观其所聚，而天地万物之情可见矣。

案：此卦下坤上兑。"顺以说"，坤为顺，说读悦，是解释兑。"刚中而应"，指九五与六二应。

46．升

柔以时升，巽（逊）而顺，刚中而应，是以大亨。"用见大人，勿恤"，有庆也。"南征吉"，志行也。

案：此卦下巽上坤。"柔以时升"，指初六上行，循序渐进，依次上升为六四、六五、上六。"巽而顺"，巽读逊，坤为顺。"刚中而应"，指九二与六五应。"志行"，其志得行，心想事成。

47．困

困，刚揜（掩）也。险以说（悦），困而不失其所，亨。其唯君子乎！"贞大人吉"，以刚中也。"有言不信"，尚口乃穷也。

案：此卦下坎上兑。"刚揜也"，坎是刚卦，兑是柔卦，揜同掩，指坎在兑下，为上卦所掩。"险以说"，坎为险，说读悦，是解释兑。

48．井

巽（逊）乎水而上水，井。井养而不穷也。"改邑不改井"，乃以刚中也。"汔至，亦未繘井"，未有功也。"羸其瓶"，是以凶也。

案：此卦下巽上坎。"巽乎水而上水"，"巽"读逊，指井底位于水下，却用来汲水。"乃以刚中也"，指上下卦皆以阳爻为中。

49．革

革，水火相息，二女同居，其志不相得，曰革。"巳（改）日乃孚"，革而信之。文明以说（悦），大亨以正。革而当，其悔乃亡。天地革而四时成，汤武革命，顺乎天而应乎人。革之时大矣哉！

案：此卦下离上兑。"水火相息"，离为火，兑为泽，相遇则抵消。"二女同居"，离为中女，兑为少女，见《说卦》2：1。"文明以说"，离为文明，说读悦，是解释兑。

50．鼎

鼎，象也，以木巽（爨）火，亨（烹）饪也。圣人亨（烹）以享上帝，而大亨（烹）以养圣贤。巽（逊）而耳目聪明，柔进而上行，得中而应乎刚，是以"元亨"。

案：此卦下巽上离。"以木巽火"，巽读爨，离为火，指以木炊爨。"柔进而上行，得中而应乎刚"，指初六上行，变成六五，六五居上卦之中，而与居下卦之中的九二应。

51．震

震，亨。"震来虩虩"，恐致福也。"笑言哑哑"，後有则也。"震惊百里"，惊远而惧迩也。〔"不丧匕鬯"〕，出可以守宗庙社稷，以为祭主也。

案：此卦重震。"恐致福也"，是说因恐惧而得福。"後有则也",是说後修其德,有所依从。"惊远而惧迩也",是说雷声远而戒惧近。"不丧匕鬯",今本脱,据郭京《周易举正》补。[1] 匕鬯是用于祭祀。

❶ 郭京《周易举正》,卷中,12页。

52. 艮

艮,止也。时止则止,时行则行。动静不失其时,其道光明。"艮其止",止其所也。上下敌应,不相与也。是以"不获其身;行其庭,不见其人,无咎"也。

案:此卦重艮。"艮,止也",是解释卦名。下面的话,是说既得其时,亦得其所。"上下敌应,不相与也",上下六爻,初与四、二与五、三与上相应,阴阳反叫"相与",阴阳同叫"敌应"。相与则行,敌应则不行。艮就是不行。

53. 渐

渐之进也,"女归吉"也。进得位,往有功也;进以正,可以正邦也。其位刚,得中也。止而巽(逊),动不穷也。

案:此卦下艮上巽。"女归吉",指阴爻上行。"进得位,往有功也",指六二得中,以阴爻居阴位,上行应于九五。"进以正,可以正邦也",指六二进于九五,可以君临天下。"其位刚,得中也",指九五为刚,得居上卦之中。"止而巽",艮为止,巽读逊。

54. 归妹

归妹,天地之大义也,天地不交而万物不兴。归妹,人之终始也。说(悦)以动,所归妹也。"征凶",位不当也。"无攸利",柔乘刚也。

案:此卦下兑上震。作者以男婚女嫁为人道终始,比天地交而万物生。"说以动"，说读悦，是解释兑，震为动，指男女相悦，女嫁于男。"征凶"，见卦辞，指不宜远嫁。为什么不宜远嫁？原因是九二、九四是阳爻，却居阴位，六三、六五是阴爻，却居阳位，属于"位不当"。"无攸利"，亦见卦辞，是说这个卦不太好。为什么不太好？原因是六三在九二之上，六五在九四之上，属于"柔乘刚也"。

55．丰

丰，大也。明以动，故丰。"王假之"，尚大也。"勿忧，宜日中"，宜照天下也。日中则昃，月盈则食。天地盈虚，与时消息，而况于人乎，况于鬼神乎？

案：此卦下离上震。"丰，大也"，是解释卦名。"明以动"，离为明，震为动。

56．旅

旅，小亨，柔得中乎外而顺乎刚，止而丽乎明，是以"小亨，旅贞吉"也。旅之时义大矣哉！

案：此卦下艮上离。"柔得中乎外而顺乎刚"，指六五分居外卦（上卦）之中，上六为阳。"止而丽乎明"，艮为止，离为丽为明。

57．巽

重巽以申命，刚巽（逊）乎中正而志行。柔皆顺乎刚，是以"小亨，利有攸往，利见大人"。

案：此卦重巽。"申命"，是重申过去的命令。巽可读训，重巽即重训。"刚巽乎中正而志行"，指九二、九五为上下两卦之中，故其志可申。"柔皆顺乎刚"，指初六、六四位于阳爻之下，阴顺于阳。阴顺阳是"利见大人"之象。

58. 兑

兑，说（悦）也。刚中而柔外，说（悦）以利贞，是以顺乎天而应乎人。说（悦）以先民，民忘其劳。说（悦）以犯难，民忘其死。说（悦）之大，民劝矣哉！

案：此卦重兑。"刚中而柔外"，"刚中"指九二、九五，"柔外"指六三、上六，前者为两卦之中爻，后者为两卦之外爻（上爻）。

59. 涣

涣，亨，刚来而不穷，柔得位乎外而上同。"王假有庙"，王乃在中也。"利涉大川"，乘木有功也。

案：此卦下坎上巽。"刚来而不穷"，指阳爻从上往下数，数到九二，尚未到头。"柔得位乎外而上同"，指六三在下卦之外侧（上爻），而与上六四同。"王乃在中也"，指九五。九五为王位，在上卦之中。"乘木有功也"，坎为川，巽为木，巽在坎上，犹乘舟行于水上，可以涉大川。

60. 节

节，亨，刚柔分而刚得中。"苦节，不可贞"，其道穷也。说（悦）以行险，当位以节，中正以通。天地节而四时成，节以制度，不伤财，不害民。

案：此卦下兑上坎。"刚柔分"，指此卦由二阳、二阴、一阳、一阴构成。"刚得中"，指九二居下卦之中，九五居上卦之中。"其道穷也"，《易经》中的"其道穷也"皆指上六，这里的"苦节，不可贞"也是上六之辞。"说以行险"，说读悦，是解释兑，坎为险。这里的险字，与节字相应，疑读为节俭之俭。"当位以节,中正以通",指九五当位,又居上卦之中。

61. 中孚

中孚,柔在内而刚得中,说(悦)而巽(逊),孚乃化邦也。"豚鱼吉",信及豚鱼也。"利涉大川",乘木舟虚也。中孚以利贞,乃应乎天也。

案:此卦下兑上巽。这里是以六爻中虚解释"中孚",指上下刚,中间柔,刚柔相应。"柔在内",指六三、六四在六爻之中。"刚得中",指九二居下卦之中,九五居上卦之中。"说而巽",说读悦,是解释兑,巽读逊,有逊顺服从之义,指民悦其上,逊顺服从。"孚乃化邦",是说民信民服,乃可化邦。"信及豚鱼",是说推其诚信及于豚鱼。"乘木舟虚",巽为木,刳木为舟,可以涉大川。木舟,中必虚之。这里指《中孚》的中间两爻是阴爻,外刚内柔。

62. 小过

小过,小者过而亨也。过以"利贞",与时行也。柔得中,是以"小事"吉也。刚失位而不中,是以不可"大事"也,有飞鸟之象焉。"飞鸟遗之音,不宜上,宜下,大吉",上逆而下顺也。

案:此卦下艮上震,与《中孚》相反,不是外实内虚,而是外虚内实。所谓"小过"是对"大过"而言。《象上》28 对"大过"的解释是"大者过也"。这里的解释相反,是"小者过而亨也"。"大者"是阳,"小者"是阴。《大过》为二阴夹四阳,阳太盛。《小过》为四阴夹二阳,阴太盛。"柔得中",指六二居下卦之中,六五居上卦之中。"刚失位而不中",指六四失位,六三、六四都不在上下卦之中。"小者"是对应于"小事","大者"是对应于"大事"。"上逆"指上卦阴乘阳（阴在阳上），所以说"不宜上"；"下顺"指下卦阳乘阴（阴在阳下），所以说"宜下"。

63. 既济

既济，亨，小者亨也。"利贞"，刚柔正而位当也。"初吉"，柔得中也。"终止则乱"，其道穷也。

案：此卦下离上坎。"既济，亨"，指阴得阳而通，终于到达终点，犹如已经过河。"小者亨也"，"小者"指阴。"刚柔正而位当也"，指阳爻在初、三、五，阴爻在二、四、上，阴阳爻皆正当其位。"'初吉'，柔得中也"，指六二居下卦之中，与初九相应，这个开头不错。"'终止则乱'，其道穷也"，指上六为阴，柔在远者，过了河，阴之道也就走到头了，这个结尾并不好。

64. 未济

未济，亨，柔得中也。"小狐汔济"，未出中也。"濡其尾，无攸利"，不续终也。虽不当位，刚柔应也。

案：此卦下坎上离。"未济，亨，柔得中也"，此卦阴爻的位置比前者正好慢了一位，犹如尚未过河。"'小狐汔济'，未出中也"，指六五马上就要到达终点，但毕竟未能迈出上卦之中。"小狐"指阴爻，即上卦"小者"。"'濡其尾，无攸利'，不续终也"，指此卦以阴爻开头，但未能走到最后，还有余地。"尾"是初六。"终"是上九。"虽不当位"，指阴爻在初、三、五，阳爻在二、四、上，阴阳皆不当位，这是不好。"刚柔应也"，指初、三、五与二、四、上，一阴一阳，刚柔相错，彼此相应。

象上
——《易传》之三

《象》分上下篇,原本单行,并不附经。此篇除每卦开头第一句话讲卦体(上下卦的关系),很少讲象。

它讲卦,每卦都是三言两语,先讲卦体,再作道德发挥,说"君子"如何,"先王"如何。这种讲卦的话,前人叫"大象"。

它讲爻,每爻也是三言两语,先引《易经》,再作评述。这种讲爻的话,前人叫"小象"。

下文,为醒眉目,《大象》和《小象》之间,皆空一行。《小象》引《易》,多意引。这些话,不管是否准确,皆用引号括起,不破读,不断句。

1. 乾

天行健,君子以自强不息。

"潜龙勿用",阳在下也。

"见龙在田",德施普也。

"终日乾乾",反复道也。

"或跃在渊",进无咎也。

"飞龙在天",大人造也。

"亢龙有悔",盈不可久也。

"用九天德",不可为首也。

案：此卦重乾。乾为天，义为健，故曰"天行健"。"阳在下也"，指初九在下。

2. 坤

地势坤，君子以厚德载物。

"履霜坚冰"，阴始凝也。驯致其道，至坚冰也。

"六二之动"，直以方也。"不习无不利"，地道光也。

"含章可贞"，以时发也。"或从王事"，知光大也。

"括囊无咎"，慎不害也。

"黄裳元吉"，文在中也。

"龙战于野"，其道穷也。

"用六永贞"，以大终也。

案：此卦重阴。"地势坤"，坤为地。"文在中也"，指六五居中。

3. 屯

云雷屯，君子以经纶。

"虽磐桓"，志行正也。以贵下贱，大得民也。

"六二之难"，乘刚也。"十年乃字"，反常也。

"即鹿无虞"，以从禽也。"君子舍之"，往吝穷也。

"求而往"，明也。

"屯其膏"，施未光也。

"泣血涟如"，何可长也。

案：此卦下震上坎。震为雷，坎为水，云畜雨，仍为水，故曰"云雷屯"。"屯"是积聚之义。

4. 蒙

山下出泉，蒙。君子以果行育德。

"利用刑人"，以正法也。

"子克家"，刚柔接也。

"勿用取女"，行不顺也。

"困蒙之吝"，独远实也。

"童蒙之吉"，顺以巽（逊）也。

"利用御寇"，上下顺也。

案：此卦下坎上艮。坎为水，艮为山，故曰"山下出泉"。

5. 需

云上于天，需。君子以饮食宴乐。

"需于郊"，不犯难行也。"利用恒，无咎"，未失常也。

"需于沙"，衍在中也。"虽小有言"，以吉终也。

"需于泥"，灾在外也。"自我致寇"，敬慎不败也。

"需于血"，顺以听也。

"酒食贞吉"，以中正也。

"不速之客来，敬之终吉"，虽不当位，未大失也。

案：此卦下乾上坎。乾为天，坎为云雨，故曰"云上于天"。

6. 讼

天与水违行，讼。君子以作事谋始。

"不永所事"，讼不可长也。"虽小有言"，其辨明也。

"不克讼"，归逋窜也。自下讼上，患至掇（辍）也。

"食旧德"，从上吉也。

"复即命渝"，"安贞"不失也。

"讼元吉"，以中正也。

"以讼受服"，亦不足敬也。

案：此卦下坎上乾。坎为水，乾为天，雨从天降，则两者相违，故曰"天与水相违"。

7. 师

地中有水，师。君子以容民畜众。

"师出以律"，失律凶也。

"在师中吉"，承天宠也。"王三锡命"，怀万邦也。

"师或舆尸"，大无功也。

"左次无咎"，未失常也。

"长子帅师"，以中行也。"弟子舆尸"，使不当也。

"大君有命"，以正功也。"小人勿用"，必乱邦也。

案：此卦下坎上坤。坎为水，坤为地，故曰"地中有水"。"地中"指地下，"地中有水"是地下蓄水。

8. 比

地上有水，比。先王以建万国，亲诸侯。

《比》之初六，"有它吉"也。

"比之自内"，不自失也。

"比之匪人"，不亦伤乎？

"外比于贤"，以从上也。

"显比之吉",位正中也。舍逆取顺,"失前禽"也。"邑人不诫",上使中也。

"比之无首",无所终也。

案:此卦下坤上坎。坤为地,坎为水,故曰"地上有水"。

9. 小畜

风行天上,小畜。君子以懿文德。

"复自道",其义吉也。

"牵复在中",亦不自失也。

"夫妻反目",不能正室也。

"有孚惕出",上合志也。

"有孚挛如",不独富也。

"既雨既处",德积载也。"君子征凶",有所疑也。

案:此卦下乾上巽。乾为天,巽为风,故曰"风行天上"。

10. 履

上天下泽,履。君子以辨上下,定民志。

"素履之往",独行愿也。

"幽人贞吉",中不自乱也。

"眇能视",不足以有明也。"跛能履",不足以与行也。"咥人之凶",位不当也。"武人为于大君",志刚也。

"愬愬终吉",志行也。

"夬履贞厉",位正当也。

"元吉在上",大有庆也。

案:此卦下兑上乾。兑为泽,乾为天,故曰"上天下泽"。

11. 泰

天地交，泰。後以财成天地之道，辅相天地之宜，以左右民。

"拔茅征吉"，志在外也。

"包荒得尚于中行"，以光大也。

"无往不复"，天地际也。

"翩翩不富"，皆失实也。"不戒以孚"，中心愿也。

"以祉元吉"，中以行愿也。

"城复于隍"，其命乱也。

案：此卦下乾上坤。乾道上行，坤道下行，两相迎，故曰"天地交"。

12. 否

天地不交，否。君子以俭德辟难，不可荣以禄。

"拔茅贞吉"，志在君也。

"大人否亨"，不乱群也。

"包羞"，位不当也。

"有命无咎"，志行也。

"大人之吉"，位正当也。

"否终则倾"，何可长也。

案：此卦下坤上乾。坤道下行，乾道上行，两相违，故曰"天地不交"。

13. 同人

天与火，同人。君子以类族辨物。

"出门同人",又谁咎也。

"同人于宗",吝道也。

"伏戎于莽",敌刚也。"三岁不兴",安行也。

"乘其墉",义弗克也。"其吉",则困而反则也。

"同人之先",以中直也。"大师相遇",言相克也。

"同人于郊",志未得也。

案:此卦下离上乾。离为火,乾为天,故曰"天与火"。

14．大有

火在天上,大有。君子以遏恶扬善,顺天休命。

《大有》初九,"无交害"也。

"大车以载",积中不败也。

"公用亨于天子",小人害也。

"匪其彭无咎",明辨晢也。

"厥孚交如",信以发志也。"威如之吉",易而无备也。

大有上吉,"自天祐"也。

案:此卦下乾上离。离为火,乾为天,故曰"火在天上"。

15．谦

地中有山,谦。君子以裒多益寡,称物平施。

"谦谦君子",卑以自牧也。

"鸣谦贞吉",中心得也。

"劳谦君子",万民服也。

"无不利㧑谦",不违则也。

"利用侵伐",征不服也。

"鸣谦",志未得也。"可用行师",征邑国也。

案：此卦下艮上坤。艮为山，坤为地，故曰"地中有山"。"地中"指地下，"地中有山"是地下有山。

16. **豫**

雷出地奋，豫。先王以作乐崇德，殷荐之上帝，以配祖考。

"初六鸣豫"，志穷凶也。

"不终日贞吉"，以中正也。

"盱豫有悔"，位不当也。

"由豫大有得"，志大行也。

"六五贞疾"，乘刚也。"恒不死"，中未亡也。

"冥豫在上"，何可长也？

案：此卦下坤上震。坤为地，震为雷，故曰"雷出地奋"。"奋"指震动。

17. **随**

泽中有雷，随。君子以向晦入宴（安）息。

"官有渝"，从正吉也。"出门交有功"，不失也。

"系小子"，弗兼与也。

"系丈夫"，志舍下也。

"随有获"，其义凶也。"有孚在道"，明功也。

"孚于嘉吉"，位正中也。

"拘系之"，上穷也。

案：此卦下震上兑。震为雷，兑为泽，故曰"泽中有雷"。《象上》17以"天下随时"解释"随"，谓"随（时之）〔之时〕义大矣哉"。这里"君子以向晦入宴（安）息"，谓天一黑，君子就入寝休息，属于"随时"。此义虽不见于卦爻辞，却见于《象辞》、《象辞》。

18. 蛊

山下有风，蛊。君子以振民育德。

"幹父之蛊"，意承考也。

"幹母之蛊"，得中道也。

"幹父之蛊"，终无咎也。

"裕父之蛊"，往未得也。

"幹父用誉"，承以德也。

"不事王侯"，志可则也。

案：此卦下巽上艮。巽为风，艮为山，故曰"山下有风"。

19. 临

泽上有地，临。君子以教思无穷，容保民无疆。

"咸临贞吉"，志行正也。

"咸临吉无不利"，未顺命也。

"甘临"，位不当也。"既忧之"，咎不长也。

"至临无咎"，位当也。

"大君之宜"，行中之谓也。

"敦临之吉"，志在内也。

案：此卦下兑上坤。兑为泽，坤为地，故曰"泽上有地"。

20. 观

风行地上，观。先王以省方，观民设教。

"初六童观"，小人道也。

"闚观女贞"，亦可醜也。

"观我生进退"，未失道也。

"观国之光",尚宾也。

"观我生",观民也。

"观其生",志未平也。

案:此卦下坤上巽。坤为地,巽为风,故曰"风行地上"。

21. 噬嗑

雷电,噬嗑。先王以明罚敕法。

"屦校灭趾",不行也。

"噬肤灭鼻",乘刚也。

"遇毒",位不当也。

"利艰贞吉",未光也。

"贞厉无咎",得当也。

"何校灭耳",聪不明也。

案:此卦下震上离。震为雷,离为电,故曰"雷电"。

22. 贲

山下有火,贲。君子以明庶政,无敢折狱。

"舍车而徒",义弗乘也。

"贲其须",与上兴也。

"永贞之吉",终莫之陵也。

六四当位,疑也。"匪寇婚媾",终无尤也。

"六五之吉",有喜也。

"白贲无咎",上得志也。

案:此卦下离上艮,离为火,艮为山,故曰"山下有火"。

23. 剥

山附于地,剥。上以厚下安宅。

"剥床以足"，以灭下也。

"剥床以辨"，未有与也。

"剥之无咎"，失上下也。

"剥床以肤"，切近灾也。

"以宫人宠"，终无尤也。

"君子得舆"，民所载也。"小人剥庐"，终不可用也。

案：此卦下坤上艮。坤为地，艮为山，故曰"山附于地"。

24. 复

雷在地中，复。先王以至日闭关，商旅不行，后不省方。

"不远之复"，以脩身也。

"休复之吉"，以下仁也。

"频复之厉"，义无咎也。

"中行独复"，以从道也。

"敦复无悔"，中以自考也。

"迷复之凶"，反君道也。

案：此卦下震上坤。震为雷，坤为地，故曰"雷在地中"。"地中"指地下，"雷在地中"是雷在地下。

25. 无妄

天下雷行，物与无妄。先王以茂对时育万物。

"无妄之往"，得志也。

"不耕获"，未富也。

"行人得牛"，"邑人灾"也。

"可贞无咎"，固有之也。

"无妄之药",不可试也。

"无妄之行",穷之灾也。

案:此卦下震上乾。震为雷,乾为天,故曰"天下雷行"。

26. 大畜

天在山中,大畜。君子以多识前言往行,以畜其德。

"有厉利已",不犯灾也。

"舆说輹",中无尤也。

"利有攸往",上合志也。

"六四元吉",有喜也。

"六五之吉",有庆也。

"何天之衢",道大行也。

案:此卦下乾上艮。乾为天,艮为山,故曰"天在山中"。

27. 颐

山下有雷,颐。君子以慎言语,节饮食。

"观我朵颐",亦不足贵也。

"六二征凶",行失类也。

"十年勿用",道大悖也。

"颠颐之吉",上施光也。

"居贞之吉",顺以从上也。

"由颐厉吉",大有庆也。

案:此卦下震上艮。震为雷,艮为山,故曰"山下有雷"。

28. 大过

泽灭木,大过。君子以独立不惧,遁世无闷。

"藉用白茅",柔在下也。

"老夫女妻",过以相与也。

"栋桡之凶",不可以有辅也。

"栋隆之吉",不桡乎下也。

"枯杨生华",何可久也。"老妇士夫",亦可丑也。

"过涉之凶",不可咎也。

案：此卦下巽上兑。巽为风，兑为泽，故曰"泽灭木"。"泽灭木"，指兑在巽上。

29. 习坎

水洊至，习坎。君子以常德行，习教事。

"习坎入坎"，失道凶也。

"求小得"，未出中也。

"来之坎坎"，终无功也。

"樽酒簋贰"，刚柔际也。

"坎不盈"，中未大也。

上六失道，凶三岁也。

案：此卦重坎。"水洊（音 jiàn）至"，犹言水兼至，指重坎。洊，训仍、再、重。"习教事"，则以"习"为学习之习。

30. 离

明两作，离。大人以继明照于四方。

"履错之敬"，以辟咎也。

"黄离元吉"，得中道也。

"日昃之离"，何可久也？

"突如其来如",无所容也。

"六五之吉",离王公也。

"王用出征",以正邦也。

案：此卦重离。"明两作",离为明,这里指重离。"得中道也",黄为中色,指六二居下卦之中。

象下
——《易传》之四

31. 咸

山上有泽，咸。君子以虚受人。

"咸其拇"，志在外也。

"虽凶居吉"，顺不害也。

"咸其股"，亦不处也。志在随人，所执下也。

"贞吉悔亡"，未感害也。"憧憧往来"，未光大也。

"咸其脢"，志末也。

"咸其辅颊、舌"，滕（媵）口说也。

案：此卦下艮上兑。艮为山，兑为泽，故曰"山上有泽"。"滕口说也"，指缄其口。"滕"即《书·金縢》的"縢"。《说文解字·糸部》："縢，缄也。"

32. 恒

雷风，恒。君子以立不易方。

"浚恒之凶"，始求深也。

"九二悔亡",能久中也。

"不恒其德",无所容也。

久非其位,安得禽也。

"妇人贞吉",从一而终也。夫子制义,从妇凶也。

"振恒"在上,大无功也。

案:此卦下巽上震。巽为风,震为雷,故曰"雷风"。

33. 遯

天下有山,遯。君子以远小人,不恶而严。

"遯尾之厉",不往何灾也?

"执用黄牛",固志也。

"系遯之厉",有疾惫也。"畜臣妾吉",不可大事也。

"君子好遯","小人否"也。

"嘉遯贞吉",以正志也。

"肥遯无不利",无所疑也。

案:此卦下艮上乾。艮为山,乾为天,故曰"天下有山"。

34. 大壮

雷在天上,大壮。君子以非礼弗履。

"壮于趾",其孚穷也。

"九二贞吉",以中也。

"小人用壮","君子罔"也。

"藩决不羸",尚往也。

"丧羊于易",位不当也。

"不能退,不能遂",不详也。"艰则吉",咎不长也。

案:此卦下乾上震。乾为天,震为雷,故曰"雷在天上"。

35. 晋

明出地上,晋。君子以自昭明德。

"晋如摧如",独行正也。"裕无咎",未受命也。

"受兹介福",以中正也。

"众允"之,志上行也。

"鼫鼠贞厉",位不当也。

"失得勿恤",往有庆也。

"维用伐邑",道未光也。

案:此卦下坤上离。坤为地,离为明,故曰"明出地上"。六三小象,断何不同。若依王注,当作"众允之,志上行也";若依《集解》,当作"'众允'之志,上行也"。

36. 明夷

明入地中,明夷。君子以莅众,用晦而明。

"君子于行",义不食也。

"六二之吉",顺以则也。

"南狩之志",乃得大也。

"入于左腹",获心意也。

"箕子之贞",明不可息也。

"初登于天",照四国也。"後入天地",失则也。

案:此卦下离上坤。离为明,坤为地,故曰"明入地中"。"地中"指地下。

37. 家人

风自火出,家人。君子以言有物而行有恒。

"闲有家",志未变也。

"六二之吉"，顺以巽（逊）也。

"家人嗃嗃"，未失也。"妇子嘻嘻"，失家节也。

"富家大吉"，顺在位也。

"王假有家"，交相爱也。

"威如之吉"，反身之谓也。

案：此卦下离上巽。离为火，巽为风，故曰"风自火出"。"风自火出"，指风在火上。

38. 睽

上火下泽，睽。君子以同而异。

"见恶人"，以辟（避）咎也。

"遇主于巷"，未失道也。

"见舆曳"，位不当也。"无初有终"，遇刚也。

"交孚无咎"，志行也。

"厥宗噬肤"，往有庆也。

"遇雨之吉"，群疑亡也。

案：此卦下兑上离。兑为泽，离为火，故曰"上火下泽"。

39. 蹇

山上有水，蹇。君子以反身修德。

"往蹇来誉"，宜待也。

"王臣蹇蹇"，终无尤也。

"往蹇来反"，内喜之也。

"往蹇来连"，当位实也。

"大蹇朋来"，以中节也。

"往蹇来硕"，志在内也。"利见大人"，以从贵也。

案：此卦下艮上坎。艮为山，坎为水，故曰"山上有水"。

40．解

雷雨作，解。君子以赦过宥罪。

刚柔之际，"义无咎"也。

"九二贞吉"，得中道也。

"负且乘"，亦可丑也。"自我致戎"，又谁咎也？

"解而拇"，未当位也。

"君子有解"，小人退也。

"公用射隼"，以解悖也。

案：此卦下坎上震。坎为雨（雨为水），震为雷，故曰"雷雨作"。

41．损

山下有泽，损。君子以惩忿窒欲。

"已事遄往"，尚合志也。

"九二利贞"，中以为志也。

"一人行"，三则疑也。

"损其疾"，亦可喜也。

"六五元吉"，自上祐也。

"弗损益之"，大得志也。

案：此卦下兑上艮。兑为泽，艮为山，故曰"山下有泽"。

42．益

风雷，益。君子以见善则迁，有过则改。

"元吉无咎"，下不厚事也。

"或益之"，自外来也。

"益用凶事",固有之也。

"告公从",以益志也。

"有孚惠心",勿问之矣。"惠我德",大得志也。

"莫益之",偏辞也。"或击之",自外来也。

案:此卦下震上巽。震为雷,巽为风,故曰"风雷"。

43. 夬

泽上于天,夬。君子以施禄及下,居德则忌。

"不胜而往",咎也。

"有戎勿恤",得中道也。

"君子夬夬",终无咎也。

"其行次且",位不当也。"闻言不信",聪不明也。

"中行无咎",中未光也。

"无号之凶",终不可长也。

案:此卦下乾上兑。乾为天,兑为泽,故曰"泽上于天"。

44. 姤

天下有风,姤。后以施命诰四方。

"系于金柅",柔道牵也。

"包有鱼",义不及宾也。

"其行次且",行未牵也。

"无鱼之凶",远民也。

"九五含章",中正也。"有陨自天",志不舍命也。

"姤其角",上穷吝也。

案:此卦下巽上乾。巽为风,乾为天,故曰"天下有风"。

45．萃

泽上于地，萃。君子以除戎器，戒不虞。

"乃乱乃萃"，其志乱也。

"引吉无咎"，中未变也。

"往无咎"，上巽也。

"大吉无咎"，位不当也。

"萃有位"，志未光也。

"赍咨涕洟"，未安上也。

案：此卦下坤上兑。坤为地，兑为泽，故曰"泽上于地"。

46．升

地中生木，升。君子以顺德，积小以高大。

"允升大吉"，上合志也。

"九二之孚"，有喜也。

"升虚邑"，无所疑也。

"王用亨于岐山"，顺事也。

"贞吉升阶"，大得志也。

"冥升在上"，消不富也。

案：此卦下巽上坤。巽为木，坤为地，故曰"地中生木"。"地中"指地下。

47．困

泽无水，困。君子以致命遂志。

"入于幽谷"，幽不明也。

"困于酒食"，中有庆也。

"据于蒺藜",乘刚也。"入于其宫,不见其妻",不祥也。

"来徐徐",志在下也。虽不当位,有与也。

"劓刖",志未得也。"乃徐有说",以中直也。"利用祭祀",受福也。

"困于葛藟",未当也。"动悔有悔",吉行也。

案:此卦下坎上兑。坎为水,兑为泽,故曰"泽无水"。"泽无水",是说泽下有水,泽中无水。"吉行",疑是"志行"之误。"志行",多见于初九或九四的《小象》,如《屯》卦初九、《履》卦九四、《否》卦九四、《临》卦初九、《睽》卦九四、《未济》九四,但此卦在上六。

48. 井

木上有水,井。君子以劳民劝相。

"井泥不食",下也。"旧井无禽",时舍也。

"井谷射鲋",无与也。

"井渫不食",行恻也。求"王明",受福也。

"井甃无咎",修井也。

"寒泉之食",中正也。

"元吉在上",大成也。

案:此卦下巽上坎。巽为木,坎为水,故曰"木上有水"。

49. 革

泽中有火,革。君子以治历(历)明时。

"鞏用黄牛",不可以有为也。

"巳日革之",行有嘉也。

"革言三就"，又何之矣。

"改命之吉"，信志也。

"大人虎变"，其文炳也。

"君子豹变"，其文蔚也。"小人革面"，顺以从君也。

案：此卦下离上兑。离为火，兑为泽，故曰"泽中有火"。

50. 鼎

木上有火，鼎。君子以正位凝命。

"鼎颠趾"，未悖也。"利出否"，以从贵也。

"鼎有实"，慎所之也。"我仇有疾"，终无尤也。

"鼎耳革"，失其义也。

"覆公餗"，信如何也。

"鼎黄耳"，中以为实也。

"玉铉在上"，刚柔节也。

案：此卦下巽上离。巽为木，离为火，故曰"木上有火"。

51. 震

洊雷，震。君子以恐惧修省。

"震来虩虩"，恐致福也。"笑言哑哑"，後有则也。

"震来厉"，乘刚也。

"震苏苏"，位不当也。

"震遂泥"，未光也。

"震往来厉"，危行也。"其事在中"，大无丧也。

"震索索"，中未得也。"虽凶无咎"，畏邻戒也。

案：此卦重震。震为雷，"洊雷"是重雷，重雷即重震。

52. 艮

兼山，艮。君子以思不出其位。

"艮其趾"，未失正也。

"不拯其随"，未退听也。

"艮其限"，危薰心也。

"艮其身"，止诸躬也。

"艮其辅"，以中正也。

"敦艮之吉"，以厚终也。

案：此卦重艮。艮为山，"兼山"即重山，重山即重坎。

53. 渐

山上有木，渐。君子以居贤德善俗。

"小子之厉"，义无咎也。

"饮食衎衎"，不素饱也。

"夫征不复"，离群丑也。"妇孕不育"，失其道也。"利用御寇"，顺相保也。

"或得其桷"，顺以巽也。

"终莫之胜吉"，得所愿也。

"其羽可用为仪吉"，不可乱也。

案：此卦下艮上巽。艮为山，巽为木，故曰"山上有木"。

54. 归妹

泽上有雷，归妹。君子以永终知敝。

"归妹以娣"，以恒也。"跛能履吉"，相承也。

"利幽人之贞"，未变常也。

"归妹以须"，未当也。

"愆期"之志，有待而行也。

"帝乙归妹，不如其娣之袂良"也。其位在中，以贵行也。

上六无实，承虚筐也。

案：此卦下兑上震。兑为泽，震为雷，故曰"泽上有雷"。

55. 丰

雷电皆至，丰。君子以折狱致刑。

"虽旬无咎"，过旬灾也。

"有孚发若"，信以发志也。

"丰其沛"，不可大事也。"折其右肱"，终不可用也。

"丰其蔀"，位不当也。"日中见斗"，幽不明也。"遇其夷主"，吉行也。

六五之吉，有庆也。

"丰其屋"，天际翔也。"窥其户，阗其无人"，自藏也。

案：此卦下离上震。离为电，震为雷，故曰"雷电皆至"。"吉行"，又见《困》卦上六的《小象》，疑皆"志行"之误。

56. 旅

山上有火，旅。君子以明慎用刑而不留狱。

"旅琐琐"，志穷灾也。

"得童仆贞"，终无尤也。

"旅焚其次"，亦以伤矣。以旅与下，其义丧也。

"旅于处"，未得位也。"得其资斧"，心未快也。

"终以誉命"，上逮也。

以旅在上，其义焚也。"丧牛于易"，终莫之闻也。

案：此卦下艮上离。艮为山，离为火，故曰"山上有火"。

57. 巽

随风,巽。君子以申命行事。

"进退",志疑也。"利武人之贞",志治也。

"纷若之吉",得中也。

"频巽之吝",志穷也。

"田获三品",有功也。

"九五之吉",位正中也。

"巽在床下",上穷也。"丧其资斧",正乎凶也。

案:此卦重巽。巽为风,故曰"随风"。

58. 兑

丽(俪)泽,兑。君子以朋友讲习。

"和兑之吉",行未疑也。

"孚兑之吉",信志也。

"来兑之凶",位不当也。

"九四之喜",有庆也。

"孚于剥",位正当也。

"上六引兑",未光也。

案:此卦重兑。"丽"读俪,兑为泽,俪泽即重兑。

59. 涣

风行水上,涣。先王以享于帝,立庙。

"初六之吉",顺也。

"涣奔其机",得愿也。

"涣其躬",志在外也。

"涣其群元吉",光大也。

"王居无咎"，正位也。

"涣其血"，远害也。

案：此卦下坎上巽。坎为水，巽为风，故曰"风行水上"。

60. 节

泽上有水，节。君子以制数度，议德行。

"不出户庭"，知通塞也。

"不出门庭凶"，失时极也。

"不节之嗟"，又谁咎也。

"安节之亨"，承上道也。

"甘节之吉"，居位中也。

"苦节贞凶"，其道穷也。

案：此卦下兑上坎。兑为泽，坎为水，故曰"泽上有水"。

61. 中孚

泽上有风，中孚。君子以议狱缓死。

"初九虞吉"，志未变也。

"其子和之"，中心愿也。

"或鼓或罢"，位不当也。

"马匹亡"，绝类上也。

"有孚挛如"，位正当也。

"翰音登于天"，何可长也？

案：此卦下兑上巽。兑为泽，巽为风，故曰"泽上有风"。

62. 小过

山上有雷，小过。君子以行过乎恭，丧过乎哀，用过乎俭。

"飞鸟以凶"，不可如何也。

"不及其君",臣不可过也。

"从或戕之",凶如何也?

"弗过遇之",位不当也。"往厉必戒",终不可长也。

"密云不雨",已上也。

"弗遇过之",已亢也。

案:此卦下艮上震。艮为山,震为雷,故曰"山上有雷"。

63. 既济

水在火上,既济。君子以思患而豫(预)防之。

"曳其轮",义无咎也。

"七日得",以中道也。

"三年克之",惫也。

"终日戒",有所疑也。

"东邻杀牛",不如西邻之时也。"实受其福",吉大来也。

"濡其首厉",何可久也?

案:此卦下离上坎。离为火,坎为水,故曰"水在火上"。

64. 未济

火在水上,未济。君子以慎,辨物居方。

"濡其尾",亦不知极也。

"九二贞吉",中以行正也。

"未济征凶",位不当也。

"贞吉悔亡",志行也。

"君子之光",其晖吉也。

"饮酒濡首",亦不知节也。

案:此卦下坎上离。坎为水,离为火,故曰"火在水上"。

系辞上
——《易传》之五

《系辞》，分上下篇。下面，我把这两篇各分为若干章。《系辞》的内容，主要包括：

(1) 论《乾》、《坤》。

(2) 论卦、爻、象、辞之关系，以及吉凶、悔吝。

(3) 论大衍之数（揲蓍法）和天数、地数。

(4) 论太极、两仪、四象、八卦。

(5) 论《周易》年代。

(6) 论六爻之位和阴卦、阳卦。

(7) "子曰易云"体的论述。

马王堆帛书有《系辞》，不分上下篇。其篇尾原有篇题字数，可惜残泐。篇题第一字似作"毄"。

此本与今本有不少文字差异，下文只注明今本和马王堆本的对应关系，以及个别明显可以纠正今本的地方。

1. 天尊地卑章

天尊地卑，乾坤定矣；卑高以陈，贵贱位矣；动静有常，刚柔断矣；方以类聚，物以群分，吉凶生矣；在天成象，在地成形，变化见矣。是故刚柔相摩，八卦相荡，鼓之以雷霆，润之以风雨。日月运行，一寒一暑。乾道成男，坤道成女。乾知大始，坤作成物。乾以易知，坤以简能；易则易知，简则易从；易知则有亲，易从则有功；有亲则可久，有功则可大；可久则贤人之德，可大则贤人之业。易简而天下之理得矣，天下之理得而成位乎其中矣。

案：见马王堆本。作者强调，《周易》之所以易知易从，是因为以《乾》、《坤》二卦为纲领。

2. 圣人设卦章

圣人设卦观象，系辞焉而明吉凶，刚柔相推而生变化。是故吉凶者，失得之象也；悔吝者，忧虞之象也；变化者，进退之象也；刚柔者，昼夜之象也；六爻之动，三极之道也。是故君子所居而安者，《易》之序也；所乐而玩者，爻之辞也。是故君子居则观其象而玩其辞，动则观其变而玩其占，是以自天祐之，吉无不利。

案：见马王堆本。这里涉及卦、象、辞三者的关系。"系辞"，还见于下8、19、20。此章提到吉凶、悔吝的定义。

3. 彖象爻变章

彖者，言乎象者也；爻者，言乎变者也；吉凶者，言乎其失得也；悔吝者，言乎其小疵也；无咎者，善补过也。是故列贵贱者存乎位，齐小大者存乎卦，辩吉凶者存乎辞，忧悔吝者存乎介，震无咎者存乎悔。是故卦有小大，辞有险易。辞也者，各指其所之。

案：见马王堆本。这里涉及象、彖、爻、变的关系，以及吉凶、悔吝、无咎的定义。"位"指爻位。"小大"指阴阳。"介"，《释文》引王肃、干宝、韩康伯注读为纤介之介，王弼、孔颖达以为即上"小疵"。马王堆本作"分"，字形与介相似。介可读界，也有划分之义。二者似有所混淆。

4．天地鬼神章

《易》与天地准，故能弥纶天地之道。仰以观于天文，俯以察于地理，是故知幽明之故。原始反终，故知死生之说；精气为物，游魂为变，是故知鬼神之情状；与天地相似，故不违；知（智）周乎万物，而道济天下，故不过；旁行而不流，乐天知命，故不忧；安土敦乎仁，故能爱。范围天地之化而不过，曲成万物而不遗，通乎昼夜之道而知故，神无方而《易》无体。

案：见马王堆本。"弥纶"，犹言囊括、统摄。"精气为物，游魂为变"，《说文解字·鬼部》对魂、魄二字各有定义："魂，阳气也。""魄，阴神也。"古人认为人的魂是附于气，可以游动，所以叫"游魂"；魄是固着于身，所以叫"体魄"。"通乎昼夜之道而知故"，此从张政烺于"故"下绝句。今本《周易正义》于"知"下绝句，与王弼注不合。❶王弼注："通幽明之故，则无所

❶ 张政烺《张政烺论易丛稿》，174 页。

不知也。"明显是以"知故"为说，今改。

5．阴阳为道章

一阴一阳之谓道，继之者善也，成之者性也。仁者见之谓之仁，知（智）者见之谓之知（智），百姓日用而不知，故君子之道鲜矣。显诸仁，藏诸用，鼓万物而不与圣人同忧，盛德大业至矣哉！富有之谓大业，日新之谓盛德，生生之谓易，成象之谓乾，效法之谓坤，极数知来之谓占，通变之谓事，阴阳不测之谓神。

案：见马王堆本。"一阴一阳之谓道"，《庄子·天下》说"《易》以道阴阳"。"生生之谓易"是变易之易。

6．夫易广大章

夫《易》广矣大矣，以言乎远则不御，以言乎迩则静而正，以言乎天地之间则备矣。夫乾，其静也专，其动也直，是以大生焉。夫坤，其静也翕，其动也辟，是以广生焉。广大配天地，变通配四时，阴阳之义配日月，易简之善配至德。

案：见马王堆本。此节是以乾坤配天地，变通配四时，阴阳配日月，易简配至德。

7．天地设位章

子曰："《易》其至矣乎！夫《易》，圣人所以崇德而广业也。知崇礼卑，崇效天，卑法地。天地设位，而《易》行乎其中矣。成性存存，道义之门。"

案：见马王堆本。"天地设位"，指《易》首《乾》、《坤》。

此章有"子曰",但未引《易》。

8．观象系辞章

圣人有以见天下之赜,而拟诸其形容,象其物宜,是故谓之象。圣人有以见天下之动,而观其会通,以行其典礼,系辞焉以断其吉凶,是故谓之爻。言天下之至赜而不可恶也,言天下之至动而不可乱也。拟之而後言,议之而後动,拟议以成其变化。

案:见马王堆本。这里再次涉及爻、象、辞之关系。

9．子曰易云章（之一）

"鸣鹤在阴,其子和之;我有好爵,吾与尔靡之。"子曰:"君子居其室,出其言善,则千里之外应之,况其迩者乎?居其室,出其言不善,则千里之外违之,况其迩者乎?言出乎身,加乎民;行发乎迩,见乎远。言行,君子之枢机。枢机之发,荣辱之主也。言行,君子之所以动天地也,可不慎乎!"

案:见马王堆本。9-15是"《易》曰加子曰"体。引《易》,出《中孚》九二。

10．子曰易云章（之二）

"同人先号咷而後笑。"子曰:"君子之道,或出或处,或默或语。二人同心,其利断金;同心之言,其臭如兰。"

案:见马王堆本。引《易》,出《同人》九五。

11. 子曰易云章（之三）

"初六，藉用白茅，无咎。"子曰："苟错诸地而可矣，藉之用茅，何咎之有？慎之至也。夫茅之为物薄，而用可重也。慎斯术也，以往，其无所失矣。"

案：见马王堆本。引《易》，出《大过》初六。

12. 子曰易云章（之四）

"劳谦，君子有终，吉。"子曰："劳而不伐，有功而不德，厚之至也，语以其功下人者也。德言盛，礼言恭。谦也者，致恭以存其位者也。"

案：见马王堆本。引《易》，出《谦》九三。

13. 子曰易云章（之五）

"亢龙有悔。"子曰："贵而无位，高而无民，贤人在下位而无辅，是以动而有悔也。"

案：见马王堆本。引《易》，出《乾》上九。

14. 子曰易云章（之六）

"不出户庭，无咎。"子曰："乱之所生也，则言语以为阶。君不密则失臣，臣不密则失身，几事不密则害成，是以君子慎密而不出也。"

案：见马王堆本。引《易》，出《节》初九。

15. 子曰易云章（之七）

子曰："作《易》者其知盗乎？《易》曰'负且乘，致寇至。'负也者，小人之事也。乘也者，君子之器也。小人而乘君子之器，盗思夺之矣。上慢下暴，盗思伐之矣。慢藏诲盗，冶容诲淫。《易》曰：'负且乘，致寇至。'盗之招也。"

案：见马王堆本。引《易》，出《解》六三。

16. 大衍之数章

大衍之数五十，其用四十有九。分而为二以象两，挂一以象三，揲之以四以象四时，归奇于扐以象闰，五岁再闰，故再扐而后挂。

天数五，地数五，五位相得而各有合。天数二十有五，地数三十，凡天地之数五十有五。此所以成变化而行鬼神也。

《乾》之策二百一十有六，《坤》之策百四十有四，凡三百有六十，当期之日。二篇之策，万有一千五百二十，当万物之数也。

是故四营而成易，十有八变而成卦，八卦而小成，引而伸之，触类而长之，天下之能事毕矣。显道神德行，是故可与酬酢，可与祐神矣。子曰："知变化之道者，其知神之所为乎！"

案：马王堆本无此章。这段话讲如何算卦，很重要。

（1）"大衍之数五十，其用四十有九"，筮法起于算法，"大衍"同大演，指下面的演算方法，前人多称为"揲（shé）蓍之法"。这里是说，演易只用50根蓍草（或用竹木小棍代替），每根叫一策，先把一策放在一边不用，只用49策。其法可简称为"虚一"。或说虚而不用的"一"是代表太极。这是第一步。

(2)"分而为二以象两",是说把这49策任意分为两部分,代表两。其法可简称为"分二"。或说"分而为二"的"二"是代表两仪,即天地。这是第二步。

(3)"挂一以象三",是说从这两堆蓍草中任取一策,悬置起来,与前面的"两"加起来,代表三。其法可简称为"挂一"。或说"挂一以象三"的"一"是代表立于天地之间的人,"三"是代表三才。这是第三步。

(4)"揲之以四以象四时",是说从这两堆蓍草中先挑一堆,每四策搁一块儿,分成若干组,代表四时。其法可简称为"揲四"。《说文解字·手部》:"揲,阅持也。"段玉裁《说文解字注》:"阅者,具数也。更叠数之也。"认为这里的"揲之以四以象四时","谓四四数之也"。这是第四步。

(5)"归奇(音 jī)于扐(音 lè)以象闰","奇"是余奇,即四揲之后的余数,或一或二或三或四;"扐",马融以为"指间"(《释文》引);"闰"是三年一闰,五年二闰。这里指把剩下的蓍草夹在指间,代表闰余。其法可简称为"归奇"。这是第五步。

(6)"五岁再闰,故再扐而後挂",是说把这两堆蓍草中的另一堆,用同样的方法再操作一遍,就像五岁再闰。其法可简称为"再扐"。再扐后,把所有余数相加,悬置起来,就是最后的余数。这是第六步。

(7)"天数五,地数五"等七句,是承上"五岁再闰",故以五为数,平分十位数。十位数有两种划分:一种是天数、地数,一种是生数、成数。天数是1、3、5、7、9,为十位数的奇数,五数相加是 25；地数是 2、4、6、8、10，为十位数的偶数，五数相加是 30。生数是 1、2、3、4、5，为十位数的前五位，五数相加是 15；成数是 6、7、8、9、10，为十位数的后五位，五数相加是 40。这里说的"五位相得而各有合"，可以有三种解释，一种是奇偶相合，任何奇数加一即为偶数，任何偶数减一即为奇数；一种是生成相合，即任何生数加五即为成数，任何成数减五即为生数。还有一种是 1 与 9 合，为乾/坤；2 与 8 合，为震/巽；3 与 7 合，为坎/离；4 与 6 合，为艮/兑；5 与 10 合，为中央土。如《月令》之配数即属这一种。

（8）"《乾》之策二百一十有六"等四句，是讲《乾》、《坤》二卦的策数。即《乾》卦六爻皆九，每爻 36 策，六爻共 216 策（36×6）；《坤》卦六爻皆六，每爻 24 策，六爻共 144 策（24×6）。两者相加，共 360 策（216+144），合于一年 360 日之数。"期"是期年，即一整年。

（9）"二篇之策"等三句，《易经》上下篇，共有阴阳爻各 192。阳爻，每爻 36 策，共 6912 策（36×192）；阴爻，每爻 24 策，共 4608 策（24×192）。两者相加，共 11520 策，合于万物之数。

（10）"是故四营而成易"，"四营"指求七、八、九、六的步骤，即七得自 28 策，八得自 32 策，九得自 36 策，六得自 24 策。❶ "易"是泛指，包括三易，不是某一本书。

（11）"十有八变而成卦"，一般多认为，这里的"卦"是六爻卦，六爻 18 变，则一爻为三变，但上述揲蓍法是分六步走。我理解，这里的"卦"是三爻卦，一爻为六变。

（12）"八卦而小成"，上"十有八变而成卦"只是单卦，这

❶ 另一说，指"分二"、"挂一"、"揲四"、"归奇"。

里才有八卦。八卦只是"小成","大成"是64卦。

(13)"引而伸之"等三句,应指64卦。

17. 圣人四道章

《易》有圣人之道四焉:以言者尚其辞,以动者尚其变,以制器者尚其象,以卜筮者尚其占。

是以君子将有为也,将有行也,问焉而以言,其受命也如响,无有远近幽深,遂知来物。非天下之至精,其孰能与于此。参伍以变,错综其数。通其变,遂成天下之文;极其数,遂定天下之象。非天下之至变,其孰能与于此。《易》无思也,无为也,寂然不动,感而遂通天下之故。非天下之至神,其孰能与于此。

夫《易》,圣人之所以极深而研几也。唯深也,故能通天下之志;唯几也,故能成天下之务;唯神也,故不疾而速,不行而至。子曰"《易》有圣人之道四焉"者,此之谓也。

案:见马王堆本。圣人四道,指辞、变、象、占。

18. 天数地数章

天一,地二;天三,地四;天五,地六;天七,地八;天九,地十。

子曰:"夫《易》何为者也?夫《易》开物成务,冒天下之道,如斯而已者也。"

是故圣人以通天下之志,以定天下之业,以断天下之疑。

是故蓍之德圆而神,卦之德方以知,六爻之义易以贡。圣人以此洗心,退藏于密,吉凶与民同患。神以知来,知(智)以藏往,其孰能与此哉!古之聪明睿知(智),神武而不杀者夫。

是以明于天之道，而察于民之故，是兴神物以前民用。圣人以此斋戒，以神明其德夫。

是故阖户谓之坤，辟户谓之乾，一阖一辟谓之变，往来不穷谓之通，见乃谓之象，形乃谓之器，制而用之谓之法，利用出入，民咸用之谓之神。

案："天一"至"地十"，见马王堆本。天数是奇数：1、3、5、7、9，地数是偶数：2、4、6、8、10。

19．太极八卦章

是故《易》有太极，是生两仪，两仪生四象，四象生八卦，八卦定吉凶，吉凶生大业。

是故法象莫大乎天地，变通莫大乎四时，县（悬）象著明莫大乎日月，崇高莫大乎富贵；备物致用，立成器以为天下利，莫大乎圣人；探赜索隐，钩深致远，以定天下之吉凶，成天下之亹亹者，莫大乎蓍龟。

是故天生神物，圣人则之；天地变化，圣人效之；天垂象，见吉凶，圣人象之；河出图，洛出书，圣人则之。

《易》有四象，所以示也；系辞焉，所以告也；定之以吉凶，所以断也。

案：见马王堆本。"太极"，马王堆本作"大恒"。"太极"，指道。"两仪"，指天地或阴阳。"四象"，指四时或老阳、老阴、少阳、少阴。"八卦"，指乾、坤、震、巽、坎、离、艮、兑。"亹亹（音 wěi wěi）"，旧说不一，有勉勉、娓娓、微微等训。诸说中，似以王弼注（《文选》卷五五刘孝标《广绝交论》李善注引）最切。王弼注以为微妙之义，刘瓛注同（《玄应音义》卷七八引）。

20．子曰易云章（之八）

《易》曰："自天祐之，吉无不利。"子曰："祐者，助也；天之所助者，顺也；人之所助者，信也。履信思乎顺，又以尚贤也，是以'自天祐之，吉无不利'也。"

子曰："书不尽言，言不尽意。"然则圣人之意，其不可见乎？

子曰："圣人立象以尽意，设卦以尽情伪，系辞焉以尽其言，变而通之以尽利，鼓之舞之以尽神。"

乾坤其《易》之缊邪？乾坤成列，而《易》立乎其中矣；乾坤毁，则无以见《易》。《易》不可见，则乾坤或几乎息矣。

是故形而上者谓之道，形而下者谓之器，化而裁之谓之变，推而行之谓之通，举而错之天下之民谓之事业。

是故夫象，圣人有以见天下之赜，而拟诸其形容，象其物宜，是故谓之象。圣人有以见天下之动，而观其会通，以行其典礼，系辞焉以断其吉凶，是故谓之爻。极天下之赜者存乎卦，鼓天下之动者存乎辞，化而裁之存乎变，推而行之存乎通，神而明之存乎其人，默而成之，不言而信，存乎德行。

案：见马王堆本。"乾坤，其《易》之缊邪"，马王堆本"缊"作"经"。引《易》，出《大有》上九。"书不尽言，言不尽意"、"形而上者谓之道，形而下者谓之器"是《易传》的名言。这里再次涉及卦、爻、象、辞的关系。

系辞下
——《易传》之六

1. 八卦成列章

八卦成列，象在其中矣；因而重之，爻在其中矣；刚柔相推，变在其中矣；系辞焉而命之，动在其中矣。吉凶悔吝者，生乎动者也；刚柔者，立本者也；变通者，趣时者也。吉凶者，贞胜者也；天地之道，贞观者也；日月之道，贞明者也；天下之动，贞夫一者也。夫乾，确然示人易矣；夫坤，隤然示人简矣。爻也者，效此者也。象也者，像此者也。爻象动乎内，吉凶见乎外，功业见乎变，圣人之情见乎辞。天地之大德曰生，圣人之大宝曰位。何以守位？曰仁。何以聚人？曰财。理财正辞、禁民为非曰义。

案：见马王堆本。此章是论象、爻、辞的区别，以及刚柔、吉凶、悔吝。

2. 始作八卦章

古者包牺氏之王天下也，仰则观象于天，俯则观法于地，观鸟兽之文，与地之宜，近取诸身，远取诸物，于是始作八卦，以通神明之德，以类万物之情。作结绳而为网罟，以佃以渔，盖取诸《离》。

包牺氏没，神农氏作，斫木为耜，揉木为耒，耒耨之利，以教天下，盖取诸《益》。日中为市，致天下之民，聚天下之货，交易而退，各得其所，盖取诸《噬嗑》。

神农氏没，黄帝、尧、舜氏作，通其变，使民不倦，神而化之，使民宜之。《易》穷则变，变则通，通则久，是以"自天祐之，吉无不利"。黄帝、尧、舜垂衣裳而天下治，盖取诸《乾》、《坤》。刳木为舟，剡木为楫，舟楫之利，以济不通，致远以利天下，盖取诸《涣》。服牛乘马，引重致远，以利天下，盖取诸《随》。重门击柝，以待暴客，盖取诸《豫》。断木为杵，掘地为臼，臼杵之利，万民以济，盖取诸《小过》。弦木为弧，剡木为矢，弧矢之利，以威天下，盖取诸《睽》。

上古穴居而野处，後世圣人易之以宫室，上栋下宇，以待风雨，盖取诸《大壮》。

古之葬者，厚衣之以薪，葬之中野，不封不树，丧期无数。後世圣人易之以棺椁，盖取诸《大过》。

上古结绳而治，後世圣人易之以书契，百官以治，万民以察，盖取诸《夬》。

案：见马王堆本。这是第一次讨论《周易》的年代。作者用《易》卦解释上古的发明传说，涉及包牺氏、神农氏、黄帝、尧、舜。"盖取诸《夬》",马王堆本"《夬》"作"《大过》"。

3. 易象彖爻章

是故《易》者,象也;象也者,像也;彖者,材也;爻也者,效天下之动者也。是故吉凶生而悔吝著也。

案:见马王堆本。此节是论象、彖、爻的差别,以及吉凶、悔吝。

4. 阳卦阴卦章

阳卦多阴,阴卦多阳,其故何也?阳卦奇,阴卦耦,其德行何也?阳一君而二民,君子之道也;阴二君而一民,小人之道也。

案:见马王堆本。作者说,阳卦是一阳二阴,阴卦是一阴二阳。前者是君子之道,后者是小人之道。

5. 子曰易云章（之九）

《易》曰:"憧憧往来,朋从尔思。"子曰:"天下何思何虑?天下同归而殊途,一致而百虑。天下何思何虑?日往则月来,月往则日来,日月相推而明生焉。寒往则暑来,暑往则寒来,寒暑相推而岁成焉。往者屈也,来者信（伸）也,屈信（伸）相感而利生焉。尺蠖之屈,以求信（伸）也;龙蛇之蛰,以存身也;精义入神,以致用也;利用安身,以崇德也。过此以往,未之或知也。穷神知化,德之盛也。"

案：见马王堆本。5—7是"《易》曰加子曰"体。引《易》，出《咸》九四。

6. 子曰易云章（之十）

《易》曰："困于石，据于蒺藜，入于其宫，不见其妻，凶。"子曰："非所困而困焉，名必辱；非所据而据焉，身必危。既辱且危，死期将至，妻其可得见邪！"

案：见马王堆本。引《易》，出《困》六三。

7. 子曰易云章（之十一）

《易》曰："公用射隼于高墉之上，获之，无不利。"子曰："隼者，禽也；弓矢者，器也；射之者，人也。君子藏器于身，待时而动，何不利之有？动而不括，是以出而有获，语成器而动者也。"

案：见马王堆本。引《易》，出《解》上六。

8. 子曰易云章（之十二）

子曰："小人不耻不仁，不畏不义，不见利不劝，不威不惩。小惩而大诫，此小人之福也。《易》曰：'履校灭趾，无咎。'此之谓也。善不积不足以成名，恶不积不足以灭身。小人以小善为无益而弗为也，以小恶为无伤而弗去也，故恶积而不可掩，罪大而不可解。《易》曰：'何校灭耳，凶。'"

案：见马王堆本。8—14是"子曰加《易》曰"体。引《易》，出《噬嗑》初九、上九。

9. 子曰易云章（之十三）

子曰："危者，安其位者也；亡者，保其存者也；乱者，有其治者也。是故君子安而不忘危，存而不忘亡，治而不忘乱，是以身安而国家可保也。《易》曰：'其亡其亡，系于苞桑。'"

案：马王堆本无，但见于马王堆帛书《要》篇。引《易》，出《否》九五。

10. 子曰易云章（之十四）

子曰："德薄而位尊，知小而谋大，力小而任重，鲜不及矣。《易》曰：'鼎折足，覆公餗，其形渥，凶。'言不胜其任也。"

案：马王堆本无，但见于马王堆帛书《要》篇。引《易》，出《鼎》九四。

11. 子曰易云章（之十五）

子曰："知几其神乎！君子上交不谄，下交不渎，其知几乎？几者，动之微，吉之先见者也。君子见几而作，不俟终日。《易》曰：'介于石，不终日，贞吉。'介如石焉，宁用终日？断可识矣。君子知微知彰，知柔知刚，万夫之望。"

案：见马王堆本，但"子曰"至"吉之先见者也"，马王堆本未见。引《易》，出《豫》六二。

12. 子曰易云章（之十六）

子曰："颜氏之子，其殆庶几乎？有不善未尝不知，知之未尝复行也。《易》曰：'不远复，无祗悔，元吉。'"天地絪缊，万物化醇。男女构精，万物化生。《易》曰：'三人行则损一人，一人行则得其友。'言致一也。"

案：马王堆本无，但见于马王堆帛书《要》篇。引《易》，出《复》初九、《损》六三。

13. 子曰易云章（之十七）

子曰："君子安其身而後动，易其心而後语，定其交而後求。君子脩此三者，故全也。危以动，则民不与也；惧以语，则民不应也；无交而求，则民不与也；莫之与，则伤之者至矣。《易》曰：'莫益之，或击之，立心勿恒，凶。'"

案：马王堆本无，但见于马王堆帛书《要》篇。引《易》，出《益》上九。

14. 子曰易云章（之十八）

子曰："乾坤，其《易》之门邪？"乾，阳物也；坤，阴物也。阴阳合德，而刚柔有体，以体天地之撰，以通神明之德。其称名也，杂而不越，于稽其类，其衰世之意邪？夫《易》，彰往而察来，而微显阐幽，开而当名辨物，正言断辞，则备矣。其称名也小，其取类也大。其旨远，其辞文，其言曲而中，其事肆而隐。因贰以济民行，以明失得之报。

案：马王堆本无，但"子曰"至"以体天地之撰"见于马王堆帛书《衷》篇，"以通神明之德"至"以明失得之报"也见于马王堆帛书《衷》篇。"其称名也，杂而不越，于稽其类，其衰世之意邪"，亦与年代有关。

15．易兴中古章

《易》之兴也，其于中古乎？作《易》者，其有忧患乎？是故《履》，德之基也；《谦》，德之柄也；《复》，德之本也；《恒》，德之固也；《损》，德之修也；《益》，德之裕也；《困》，德之辨也；《井》，德之地也；《巽》，德之制也。《履》，和而至；《谦》，尊而光；《复》，小而辨于物；《恒》，杂而不厌；《损》，先难而後易；《益》，长裕而不设；《困》，穷而通；《井》，居其所而迁；《巽》，称而隐。《履》以和行，《谦》以制礼，《复》以自知，《恒》以一德，《损》以远害，《益》以兴利，《困》以寡怨，《井》以辨义，《巽》以行权。

案：马王堆本无，但见于马王堆帛书《衷》篇。这是第二次讨论《周易》的年代。作者说，"《易》之兴也，其于中古乎？作《易》者，其有忧患乎"。"中古"指商周之际。

16．易之为书章

《易》之为书也不可远，为道也屡迁，变动不居，周流六虚，上下无常，刚柔相易，不可为典要。唯变所适，其出入以度，外内使知惧。又明于忧患与故，无有师保，如临父母。初率其辞而揆其方，既有典常，苟非其人，道不虚行。

《易》之为书也，原始要终，以为质也。六爻相杂，唯其时物也。其初难知，其上易知，本〔难知〕，末〔易知〕也。初辞（始）拟（疑）之，卒成之终。若夫杂物撰德，辨是与非，则非其中爻不备。噫！亦要存亡吉凶，则居（处）可知矣。知（智）者观其彖辞，则思过半矣。二与四同功而异位，其善不同，二多誉，四多惧，近也。柔之为道，不利远者，其要无咎，其用柔中也。三与五同功而异位，三多凶，五多功，贵贱之等也。其柔危，其刚胜邪？

《易》之为书也，广大悉备。有天道焉，有人道焉，有地道焉。兼三才而两之，故六。六者非它也，三才之道也。道有变动，故曰爻；爻有等，故曰物；物相杂，故曰文；文不当，故吉凶生焉。

案：这三段话，第一段见马王堆帛书《衷》篇；第二段，"《易》之为书也"至"卒成之终"见马王堆帛书《衷》篇，"若夫杂物撰德"至"则居（处）可知矣"见马王堆本，"知（智）者观其彖辞"至"其刚胜邪"见马王堆帛书《衷》篇；第三段见马王堆帛书《要》篇第一部分。此章三论《易》之为书，第二部分最重要。今本"其初难知，其上易知，本末也。初辞拟之，卒成之终"，文有脱误，可据马王堆帛书《衷》篇改正。❶ 六爻，"初"、"本"指第一爻，"上"、"末"指第六爻。下面的话是指其他四爻。这四爻，第二、第四爻是阴爻，属"同功而异位"；第三、第五爻是阳爻，也属"同功而异位"。阴爻，离下越近越好，越往上走越不好；阳爻，离上越近越好，越往下走越不好。如六二就比六四好，九五就比九三好。六二居下卦之中，属于"柔中"，在阴爻中最好。九五居上卦之中，属于"刚中"，在阳爻中最好。

❶ 张政烺《张政烺论易丛稿》，237页。

17. 易兴殷末章

《易》之兴也，其当殷之末世，周之盛德邪？当文王与纣之事邪？是故其辞危。危者使平，易者使倾。其道甚大，百物不废。惧以终始，其要无咎，此之谓《易》之道也。

案：马王堆本无，但见于马王堆帛书《要》篇。这是第三次讨论《周易》的年代。作者推测，《易》兴当在殷末。

18．乾健坤顺章

夫乾，天下之至健也，德行恒易以知险。夫坤，天下之至顺也，德行恒简以知阻。能说（悦）诸心，能研诸侯之虑，定天下之吉凶，成天下之亹亹者。是故变化云为，吉事有祥。象事知器，占事知来。天地设位，圣人成能。人谋鬼谋，百姓与能。八卦以象告，爻彖以情言。刚柔杂居（处），而吉凶可见矣。变动以利言，吉凶以情迁。是故爱恶相攻而吉凶生，远近相取而悔吝生，情伪相感而利害生。凡《易》之情，近而不相得则凶，或害之，悔且吝。将叛者其辞惭，中心疑者其辞枝，吉人之辞寡，躁人之辞多，诬善之人其辞游，失其守者其辞屈。

案：见马王堆本。

文言
——《易传》之七

前人释"文言",主要有三种说法:

一种是"文王"说,见《释文》引梁武帝说:"《文言》是文王所制。"这种说法,很明显是附会,根本不可信。

一种是"文饰"说,见《释文》:"文言,文饰卦下之言也,夫子之十翼。"孔颖达疏引庄氏说:"文谓文饰,以乾坤德大,故特文饰以为《文言》。"前说以"文言"为十翼普遍采用的文体,后说以"文言"为专说《乾》、《坤》。

一种是"释经"说,见孔颖达疏,与前者相似,但不同意"文"是"文饰"。他说:"今谓夫子但赞明易道,申说易理,非是文饰华采,当谓释二卦之经文,故称《文言》。"

上述三说,我认为,孔疏最为近是。"文言"的含义并不复杂,只是"引经之文以言其义"。这种文体,十翼多有,并不限于《文言》,但《乾》、《坤》是读《易》之门户,此篇专论《乾》、《坤》,不及其他,则与他篇不同。

此篇有下述辞例：

（1）"潜"之为言也，隐而未见，行而未成，是以君子"弗用"也。

（2）"亢"之为言也，知进而不知退，知存而不知亡，知得而不知丧。

（3）《易》曰："履霜，坚冰至"，盖言顺也。

（4）《易》曰："括囊，无咎无誉"，盖言谨也。

我理解，"文言"就是指这种体例。

一、乾

1：1 论卦（之一）

"元"者，善之长也；"亨"者，嘉之会也；"利"者，义之和也；"贞"者，事之干也。君子体仁足以长人，嘉会足以合礼，利物足以和义，贞固足以干事。君子行此四德者，故曰"乾：元、亨、利、贞"。

案：注意，古人把"元亨"、"利贞"拆作四字读，不是文字训诂，而是道德发挥，属于古人常说的"断章取义"。《左传》襄公九年："元，体之长也；亨，嘉之会也；利，义之和也；贞，事之干也。体仁足以长人，嘉德足以合礼，利物足以和义，贞固足以干事。"即《文言》所本。

1：2 论爻（之一）

初九曰"潜龙勿用"，何谓也？子曰："龙，德而隐者也。不易乎世,不成乎名,遯世无闷,不见是而无闷。乐则行之,忧则违之,确乎其不可拔,潜龙也。"

九二曰"见龙在田,利见大人",何谓也?子曰:"龙,德而正中者也。庸言之信,庸行之谨,闲邪存其诚,善世而不伐,德博而化。《易》曰:'见龙在田,利见大人',君德也。"

九三曰"君子终日乾乾,夕惕若,厉,无咎",何谓也?子曰:"君子进德修业,忠信所以进德也;修辞立其诚,所以居业也。知至至之,可与几也。知终终之,可与存义也。是故居上位而不骄,在下位而不忧,故乾乾,因其时而惕,虽危无咎矣。"

九四曰"或跃在渊,无咎",何谓也?子曰:"上下无常,非为邪也;进退无恒,非离群也。君子进德修业,欲及时也,故无咎。"

九五曰"飞龙在天,利见大人",何谓也?子曰:"同声相应,同气相求。水流湿,火就燥,云从龙,风从虎,圣人作而万物覩。本乎天者亲上,本乎地者亲下,则各从其类也。"

上九曰"亢龙有悔",何谓也?子曰:"贵而无位,高而无民,贤人在下位而无辅,是以动而有悔也。"

案:此节分爻而释,每段话对应于一爻,不包括用九。其体例是先引《易经》,后附"子曰",属于"子曰易云"体,与下不同。

1:3 论爻(之二)

"潜龙勿用",下也。

"见龙在田",时舍也。

"终日乾乾",行事也。

"或跃在渊",自试也。

"飞龙在天",上治也。

"亢龙有悔",穷之灾也。

乾元"用九",天下治也。

案：此节分爻而释，每段话对应一爻，并附用九之释。

1：4 论爻（之三）

"潜龙勿用"，阳气潜藏。

"见龙在田"，天下文明。

"终日乾乾"，与时偕行。

"或跃在渊"，乾道乃革。

"飞龙在天"，乃位乎天德。

"亢龙有悔"，与时偕极。

乾元"用九"，乃见天则。

案：此节分爻而释，每段话对应一爻，并附用九之释。

1：5 论卦（之二），兼及象

乾元者，始而亨者也。利贞者，性情也。乾始能以美利利天下，不言所利，大矣哉！大哉乾乎，刚健中正，纯粹精也。六爻发挥，旁通情也。时乘六龙，以御天也。云行雨施，天下平也。

案：此节先释卦，后释象。"元亨利贞"不作四字读，与上不同。"大哉乾乎"即《象辞上》1 的"大哉乾元"。"六爻发挥"即《象辞上》1 的"六位时成"。"时乘六龙，以御天也"即《象辞上》1 的"时乘六龙以御天"。"云行雨施"即《象辞上》1 的

"云行雨施"。

1:6 论爻（之四）

君子以成德为行，日可见之行也。"潜"之为言也，隐而未见，行而未成，是以君子"弗用"也。

君子学以聚之，问以辩之，宽以居之，仁以行之。《易》曰："见龙在田，利见大人"，君德也。

九三重刚而不中，上不在天，下不在田，故乾乾，因其时而惕，虽危无咎矣。

九四重刚而不中，上不在天，下不在田，中不在人，故"或"之。"或"之者，疑之也，故"无咎"。

夫"大人"者，与天地合其德，与日月合其明，与四时合其序，与鬼神合其吉凶，先天而天弗违，後天而奉天时。天且弗违，而况于人乎？况于鬼神乎？

"亢"之为言也，知进而不知退，知存而不知亡，知得而不知丧。其唯圣人乎！知进退存亡而不失其正者，其唯圣人乎！

案：此节分爻而释，每段话对应一爻。

二、坤

2:1 论卦

坤至柔而动也刚，至静而德方，後得主而有常，含万物而化光。坤道其顺乎，承天而时行。积善之家必有馀庆，积不善之家必有馀殃。臣弑其君，子弑其父，非一朝一夕之故，其所由来者渐矣，由辩之不早辩也。

案：坤为柔，为静，为顺。

2：2　论爻

《易》曰："履霜，坚冰至"，盖言顺也。

"直"其正也，"方"其义也。君子敬以直内，义以方外，敬义立而德不孤。"直、方、大，不习无不利"，则不疑其所行也。

阴虽有美，"含"之以从王事，弗敢成也。地道也，妻道也，臣道也，地道无成而代有终也。

天地变化，草木蕃。天地闭，贤人隐。《易》曰："括囊，无咎无誉"，盖言谨也。

君子黄中通理，正位居体，美在其中而畅于四支（肢），发于事业，美之至也。

阴疑于阳必战，为其嫌于无阳也，故称"龙"焉。犹未离其类也，故称"血"焉。夫玄黄者，天地之杂也，天玄而地黄。

案：此节分爻而释，每段话对应一爻。

说卦
——《易传》之八

《易传》以八卦配天地万物、四方八位、阴阳四时，需要一套代码。《说卦》就是《易经》的"密码本"，八卦的每个卦代指什么，主要见于此篇，特别是它的最后八章。❶古人有了它，就可以给老天爷发电报，收电报。

《说卦》的"卦"主要是八卦。卦有经、别之分（《周礼·春官·大卜》），经卦八是三爻卦，别卦六十四是六爻卦。六十四卦中，八经卦的重卦，也是六爻卦，前人叫纯卦。纯卦也是八个。

我把此篇分成三部分：第一部分讲易卦的构成原理，只有两章；第二、第三部分讲八卦的代指意义，综述占八章，分说占八章。

《易传》把《易经》阴阳五行化，此篇是代表。

❶ 前人把汉易所论不见于此篇的"象"叫"逸象"。如尚秉和的书就是以讲"逸象"为特点。

一、易卦的原理

1:1 蓍数卦爻章

昔者圣人之作《易》也,幽赞于神明而生蓍,参(三)天两地而倚数,观变于阴阳而立卦,发挥于刚柔而生爻,和顺于道德而理于义,穷理尽性以至于命。

案:见马王堆帛书《衷》篇,"生蓍"作"生占"。八卦构成,蓍、数、卦、爻是四大要素。"生蓍"句,是说为了沟通神人,才发明用蓍草占卜;"倚数"句,是说揲蓍成数,模仿天地,才有天数(奇数)、地数(偶数);"立卦"句,是说观数之变,以奇偶定阴阳,才有卦形;"生爻"句,是说阳爻为刚,阴爻为柔,以阴阳推刚柔,才有爻变。最后两句,即下文的"顺性命之理"和"立人之道,曰仁与义"。这里有两点要讨论一下,第一,"参(三)天两地而倚数"是什么意思?旧说纷纭,❶我理解,它既不是指《系辞上》16的"分而为二以象两,挂一以象三",也不是指下节的"兼三才而两之",而是指天数、地数,即"参(三)天"指天数,"两地"指地数。第二,"卦"为什么叙在"爻"前?我理解,这里的"立卦"是指立卦形,"生爻"是生爻变,并不是说先有卦,后有爻。

1:2 六画成卦章

昔者圣人之作《易》也,将以顺性命之理。是以立天之道,曰阴与阳;立地之道,曰柔与刚;立人之道,曰仁与义。兼三才而两之,故《易》六画而成卦。分阴分阳,迭用柔刚,故《易》

❶ 马融、郑玄、王肃主"天数地数"说,谓"参"是天数,指一、三、五,"两"是地数,指二、四(孔颖达疏引)。韩康伯主"大衍之数"说,谓"参"是七、九,"两"是六、八。二说都以"参"、"两"指奇偶,不同只是在于,前者是以"参"、"两"为泛指的天数、地数,而后者是以"参"、"两"为揲蓍所得,专指七、八、九、六。孔颖达说,此句所述,"在生蓍之后,立卦之前",当以韩说为是。韩氏所说,其实属于生数、成数(详下《成言乎艮》章),与天地无关。

易传·说卦 385

六位而成章。

案：见马王堆帛书《衷》篇。上节讲卦，主要讲经卦；此节讲卦，主要讲别卦。"《易》六画而成卦"、"《易》六位而成章"，都是讲别卦。经卦只有三爻，别卦才有六爻。别卦的构成原理很简单："兼三才而两之。""三"是单卦，只有三爻；"两"是重卦，含六爻。《系辞下》18 也有此句，作"《易》之为书也，广大悉备。有天道焉，有人道焉，有地道焉。兼三才而两之，故六。六者非它也，三材之道也"。

二、综述八卦

2：1　天地定位章（《周易》卦序）

天地定位，山泽通气，雷风相薄（迫），水火（不）相射，八卦相错。数往者顺，知来者逆，是故《易》逆数也。

案：2：1、2：2、2：3是讲《周易》、《归藏》、《连山》的卦序。《周礼·春官·大卜》："（大卜）掌三易之法，一曰《连山》，二曰《归藏》，三曰《周易》，其经卦皆八，其别六十有四。"这里先讲《周易》。"天地定位"，是以乾、坤先定南、北。南北之位定，其他六位可类推而定。"山泽通气"，是以艮、兑定西北、东南。"雷风相薄"，是以震、巽定东北、西南。"水火不相射"，据马王堆帛书《衷》，"不"是衍文。"水火相射"，是以离、坎定东、西。这种卦序，以"天"为首，宋儒叫"先天卦序"，并以之为《洛书》（见《系辞上》19）。它是以天数、地数分居五位，二八易位，交午而成，是一种数字幻方（横、竖、斜三数相加皆

① 参看：李零《中国方术正考》，北京：中华书局，2006年，120–121页。案：十位数是由五个二组成，二五一十，它更强调二。

为15）。❶二五一十，它强调的是二，即两两相对，分为五组。下文所述八卦，多半以乾/坤（二正相对）、震/巽（二隅斜对）、坎/离（二正相对）、艮/兑（二隅斜对）排序，与此稍异。今本《周易》以乾/坤（二正相对）、坎/离（二正相对）、震/艮（二隅横连）、巽/兑（二隅横连）排序，也不同，但它们属于同一大类。《周易》以乾卦为首卦。

2 : 2　坤以藏之章（《归藏》卦序）

雷以动之，风以散之，雨以润之，日以烜之，艮以止之，兑以说（悦）之，乾以君之，坤以藏之。

② 参看：马国翰《玉函山房辑佚书》，上海：上海古籍出版社，1980年，第一册，31–43页。

案：这是讲《归藏》。❷"雷以动之"，雷为震象，动指震动。"风以散之"，风为巽象，散指播散。"雨以润之"，雨者水也，水为坎象，润指润泽。"日以烜（音 xuān）之"，日为离象，烜指晒干。"艮以止之"，限字从艮，艮有止义。"兑以说之"，兑即说所从，说读悦。"乾以君之"，下3 : 1："（乾）为君。"君为乾象。"坤以藏之"，坤为地，乃万物归藏之所。这里以震/巽、坎/离、艮/兑、乾/坤排序，是倒叙，最后归总于坤，正合"归藏"之义。《归藏》以坤卦为首卦。

2 : 3　成言乎艮章（《连山》卦序）

帝出乎震，齐乎巽，相见乎离，致役乎坤，说（悦）言乎兑，战乎乾，劳（牢）乎坎，成言乎艮。万物出乎震，震，东方也。齐乎巽，巽，东南也。齐也者，言万物之絜齐也。离也者，

易传·说卦 | 387

明也，万物皆相见，南方之卦也。圣人南面而听天下，向明而治，盖取诸此也。坤也者，地也，万物皆致养焉，故曰致役乎坤。兑，正秋也，万物之所说也，故曰说言乎兑。战乎乾，乾，西北之卦也，言阴阳相薄也。坎者水也，正北方之卦也，劳（牢）卦也，万物之所归也，故曰劳（牢）乎坎。艮，东北之卦也。万物之所成终而所成始也，故曰成言乎艮。

案：这是讲《连山》。❶ "连山"即重艮。《连山》和《周易》、《归藏》不同，《周易》、《归藏》是以天地定位，《连山》是以五行定位。它是以八卦配四方八位，即震配东方，巽配东南，离配南方，坤配西南，兑配西方，乾配西北，坎配北方，艮配东北。原文没有全面讲四时十二月，但我们从"兑，正秋也"可以看出，它与四时十二月有对应关系。这种关系应该是，震配仲春，巽配季春、孟夏之间，离配仲夏，坤配季夏、孟秋之间，兑配仲秋，乾配季秋、孟冬之间，坎配仲冬，艮配季冬、孟春之间。这种卦序，即汉易卦气说所本，宋儒叫"后天卦序"，并以之为《河图》（见《系辞上》19）。《连山》是以生数、成数分居五位，交午而成。❷ 二五一十，它强调的是五。中国古代的十位数有两种划分，一种按奇偶分，为天数、地数，一种按前后分，为生数、成数。天数、地数见《系辞上》16、18，前面已有解释。生数、成数是配五行。《礼记·月令》以春配木，其数为八；夏配火，其数为七；中央配土，其数为五，秋配金，其数为七，冬配水，其数为九。郑玄注说，这种配数是"五行佐天地生物成物之次也"。孔颖达疏说，一、二、三、四、五是生数，六、七、八、九、十是成数。五行配八卦，即震、巽配木，离配火，坤配

❶ 参看：马国翰《玉函山房辑佚书》，第一册，23–31页。案："帝出乎震"八句，马氏据干宝《周礼注》、罗泌《路史·发挥》定为《连山》佚文。尚秉和亦主此说，见氏著《周易尚氏学》，北京：中华书局，1980年，324页。

❷ 参看：李零《中国方术正考》，121–123页。

土，乾、兑配金，坎配水，艮配土。"帝出乎震"，指天帝之行始于震。"齐乎巽"，指万物具备于巽。"齐"，原文的解释是"絜（音jié）齐"，"絜齐"是整齐之义。"相见乎离"，指阳盛于离。离为明，故曰相见。"致役乎坤"，指万物顺从于坤。坤为地为顺，地养万物，故万物顺之。"说言乎兑"，兑为说，说读悦。"战乎乾"，指阴阳交战。"劳乎坎"，"劳"读牢，指深陷为坑，水流归之，万物藏之。"成言乎艮"，指五行循环终于艮。艮为止，止有终义。古人说，天地生万物、成万物。《连山》强调的是万物生成。

2:4 神妙万物章

神也者，妙万物而为言者也。动万物者莫疾乎雷，桡万物者莫疾乎风，燥万物者莫熯乎火，说（悦）万物者莫说（悦）乎泽，润万物者莫润乎水，终万物始万物者莫盛乎艮。故水火相逮，雷风（不）相悖，山泽通气，然後能变化，既成万物也。

案：这里只讲六卦，离下缺坤，兑下缺乾，馀同2:3，应属后天卦序。"神也者，妙万物而为言者也"，这里只讲万物，不讲天地，下面每句话都有"万物"二字。"动万物者莫疾乎雷"，雷为震象，震训动。"桡（音náo）万物者莫疾乎风"，风为巽象，桡是使物弯曲。"燥万物者莫熯（音hàn）乎火"，火为离象，熯指火能使物干燥。"说万物者莫说乎泽"，泽为兑象，说读悦。"润万物者莫润乎水"，水为坎象。"终万物始万物者莫盛乎艮"，艮训止，既是旧之终，又是新之始。

2:5 八卦之义章

乾,健也。坤,顺也。震,动也。巽,入也。坎,陷也。离,丽也。艮,止也。兑,说也。

案:2:5、2:6、2:7、2:8 都是以乾/坤、震/巽、坎/离、艮/兑为序。这种卦序是以四阳卦配四阴卦,属于先天卦序。下第三部分也是按这种卦序讲。这里的解释多同于《象》,唯巽、坎稍异。《象辞》的训诂体例是:乾训健,坤训顺,震训动,巽训巽(读逊),坎训险,离训明或丽,艮训止,兑训说(读悦)。这里,"巽,入也","巽"读逊,逊有退避之义,入也有退的意思。《周礼·夏官·大司马》"乃鼓退",郑玄注:"习战之礼,出入一也。"孙诒让《周礼正义》谓"出谓进,入谓退"。"坎,陷也",坎是深坑,固有陷义。

2:6 六畜配卦章

乾为马,坤为牛,震为龙,巽为鸡,坎为豕,离为雉,艮为狗,兑为羊。

案:此节以六畜配八卦。六畜不足八数,又加了龙、雉两种。"震为龙",震为春,为龙星初见,俗称"龙抬头"。震为龙,又见下3:3。"雉",野鸡。

2:7 人体配卦章

乾为首,坤为腹,震为足,巽为股,坎为耳,离为目,艮为手,兑为口。

案:此节以人体配八卦。

2:8 乾坤六子章

乾，天也，故称乎父。坤，地也，故称乎母。震一索而得男，故谓之长男。巽一索而得女，故谓之长女。坎再索而得男，故谓之中男。离再索而得女，故谓之中女。艮三索而得男，故谓之少男。兑三索而得女，故谓之少女。

案：乾为父，坤为母，震为长男，巽为长女，坎为中男，离为中女，艮为少男，兑为少女。此即"乾坤六子"说。"索"，马融训数（《释文》引），王肃训求（《释文》引），皆不够合理。这里应指主爻所在的位置。这里的八卦是阳四卦配阴四卦。阳卦以阳爻为主，阴卦以阴爻为主。"震一索而得男"指震卦第一爻为阳，"巽一索而得女"指巽卦第一爻为阴；"坎再索而得男"指坎卦第二爻为阳，"离再索而得女"指离卦第二爻为阴；"艮三索而得男"指艮卦第三爻为阳，"兑三索而得女"指兑卦第三爻为阴。

三、分说八卦

3:1 乾为天章

乾为天，为圜，为君，为父，为玉，为金，为寒，为冰，为大赤，为良马，为老马，为瘠马，为驳马，为木果。

案：这里的卦序也属于先天卦序，下同。"圜（音 huán）"，古人认为，天圆地方，这里指天为圆形。"君"、"父"，一国之主和一家之主，都是男性。"玉"、"金"，石之贵者，其性刚。"大赤"，虞翻以为太阳（《周易集解》引）。上2:6："乾为马。"这里提到四种马，不包括牝马。"瘠马"是瘦马。"驳马"是花马（杂色马）。"木果"，是木本植物的果实，有核。

3：2　坤为地章

坤为地，为母，为布，为釜，为吝啬，为均，为子母牛，为大舆，为文，为众，为柄。其于地也，为黑。

案："布"，有两种解释，一种是布帛之布，布是麻织品，有别于丝织品；一种是泉布之布，则指布币。中国古代的布币是模仿钱、鎛（两种农具）。这里取后说。❶ "釜"，也有两种解释，一种是炊具，流行于汉代，早期未闻；一种读"斧"，亦指货币，即《旅》卦九四的"资斧"。"吝啬"、"均"，亦与商业有关。"子母牛"，小牛和母牛。上2：6："坤为牛。""大舆"，古人认为，天圆有如车盖（车厢上的伞盖），地方有如车舆（伞盖下的车厢）。古人常以车舆比地，因而有"舆地"、"舆图"之称，原因是车舆为方形。如《淮南子·原道》就以天为车盖（车舆上的伞盖），地为车舆，四时为马，阴阳为御。"文"是相对于质。"众"是民，相对于君。"柄"，疑指植物的茎部。"其于地也，为黑"，指黑土地。

❶ 黄锡全《先秦货币通论》，北京：紫禁城出版社，2001年，81页。

3：3　震为雷章

震为雷，为龙，为玄黄，为旉（花），为大塗，为长子，为决（趹）躁，为苍筤竹，为萑苇。其于马也，为善鸣，为馵足，为作足，为的颡。其于稼也，为反生。其究为健，为蕃鲜。

案："龙"，古代从龍的字与从龙的字往往相通，简体字的龙字就是从龙字而来。震为"龙"，与上2：6同。上2：6的"龙"肯定是动物，而非颜色，这里应一致，但郑玄、虞翻改读，以颜色为说。郑玄注："龙，读为尨（音 máng），取日出时色杂也。"（《汉上易传》引）以杂色为说。虞翻注："駹（音 máng），苍色，震东方，故为駹，旧读作龙，上已为龙，非也。"（《周易集解》引）以苍色为说。❶盖因下文讲颜色，连类而及。"玄黄"，上2：3以震卦配东方，东方之色为苍色。黑、黄相杂，正是苍色。"旉（音 fú）"，指花。干宝注："花之通名，铺为花（荂）〔皃〕，谓之敷。"（《释文》引）旉是滂母鱼部字，花是匣母鱼部字，古音相近。❷"大塗"，塗同途，指大路，与下3：7的"径路"相反。"长子"，即上2：8的"长男"。"决躁"，二字皆有疾义。"决"同駃（音 kuài），意思是马行疾，即今语快字，字亦作趹、跅（音 jué）；"躁"也是疾走之义。震是迅雷，故有此义。"苍筤（音 láng）竹"，《九家易》："苍筤，青也。"（《周易集解》引）"萑（音 huán）苇"，是两种样子相似但并不相同的植物。萑，今名荻（*Triarrhena sacchariflora*），初生叫菼（音 tǎn），未开花秀实前叫薍（音 luàn），开花秀实后叫萑或荻。苇，今名芦苇（*Phragmites communis*），初生叫葭（音 jiā），未开花秀实前叫蒹（音 jiān）或芦，开花秀实后叫苇。"其于马也"，是讲相马。下面提到四种马，除"善鸣"，多与白色有关。"馵（音 zhù）足"是白腿的马。《尔雅·释畜》提到八种白腿的马，一种膝以上皆白，一种膝以下皆白；一种前两足白，一种后两足白；一种前右足白，一种前左足白；一种后右足白，一种后左足白。其中第一种，"膝上皆白"，叫

❶ 龙是杂色犬，或苍色犬。駹是杂色马，或苍色马。

❷ 旉与专，古人每混用。"旉"，郑玄、虞翻、姚绩本作"专"（《释文》引），《周易集解》同。

"骠";最后一种,"左白(指后左足白)",也叫"骠"。"作足","作"有起始之义,或即这八种白腿马的第五种,即"前右足白,启"。"的颡(音sǎng)",是白额头的马。"其于稼也",是相农作物。"反生",指以根茎为果实,果实长在地下的植物。"其究为健","究"训极,"健"是卦名,例同下"其究为躁卦"。乾、震、坎、兑四阳卦,乾为纯阳,是阳卦之极,故曰"其究为健"。"蕃鲜",春雷惊蛰,万物复苏,故曰"蕃鲜"。先天图,震属东方之卦,东方以苍色或青色为正色,白色是相反方向的色。

3:4 巽为木章

巽为木,为风,为长女,为绳直,为工,为白,为长,为高,为进退,为不果,为臭。其于人也,为寡发,为广颡,为多白眼,为近利市三倍,其究为躁卦。

案:"巽为木,为风",与《象辞》的训诂体例同。"长女",见上2:8。"绳直",与木工活有关。"工",疑指木匠。"白",是西方之色或西南之色。先天图,巽属东南之卦,东南之卦是以苍色或青色为正色,白色是相反方向的色。"进退",《巽》卦初六:"进退,利武人之贞。"与军事有关。"不果",犹豫不决,也与军事有关。巽可读逊,有逊退之义。"臭(音xiù)",气味。气味会随风播散。"其于人也",是讲相面。"寡发",头发稀疏。"广颡",额头宽阔。"多白眼",眼睛白多黑少。《说文解字·目部》:"䀹(音pān),多白眼也。""近利市三倍",做买卖,有近三倍的赢利。"其究为躁卦",躁训疾,巽为风,上2:4:"桡万物者莫疾乎风。"《孙子·军争》:"其疾如风。"

3:5 坎为水章

坎为水,为沟渎,为隐伏。为矫輮,为弓轮。其于人也,为加忧,为心病,为耳痛。为血卦,为赤。其于马也,为美脊,为亟心,为下首,为薄蹄,为曳。其于舆也,为多眚,为通。为月,为盗。其于木也,为坚多心。

案:"沟渎",坎为水,水性至柔,可随沟渎而流。"隐伏",坎为坑,可以隐匿伏藏。"矫輮",是把直的东西变成弯的。"弓轮",弓矢的弓,车轮的轮,都是用矫輮的方法制作。"其于人也",是讲诊病。"加忧"、"心病"、"耳痛",都是病。"血卦",血流如水,其色赤,故坎卦为血卦。"赤",南方之色或西南之色。坎卦以黑色为正色。赤色是相反方向的色。"其于马也",讲相马。"美脊",脊梁漂亮。"亟心",不详。"下首",低首。"曳",拉车。"其于舆也",讲相车。"多眚",多灾。"通",畅通无阻。"月",离为日,坎为月。"盗",与"隐伏"有关。"其于木也",是讲相木。"坚多心",疑指木材坚硬,年轮多。

3:6 离为火章

离为火,为日,为电,为中女,为甲胄,为戈兵。其于人也,为大腹。为乾卦。为鳖,为蟹,为蠃(螺),为蚌,为龟。其于木也,为科(棵)上槁。

案:"火"、"日"、"电",共同特点是明亮。"中女",见上2:8。离卦与坎卦相反,是二阳夹一阴,外刚内柔,外实内虚。

"甲胄"、"戈兵"皆护身之物，就是取于此。"大腹"，也是内虚。"乾（音 gān）卦"，离为火，是以干燥为特点的卦。上2：4："燥万物者莫熯乎火。""鳖"、"蟹"、"蠃（音 luó）"、"蚌"、"龟"，都是有硬壳的动物，古人叫介虫。"科上槁"，"科"读棵，指因炎热而树冠干枯。

3：7 艮为山章

艮为山，为径路，为小石，为门阙，为果蓏，为阍寺，为指，为狗，为鼠，为黔喙之属。其于木也，为坚多节。

案："径路"，小路，有别于"大塗（途）"（上3：3）。郑玄注："田间之道曰径路。艮为之者，取山间鹿兔之蹊。"虞翻注："艮为山间径路。震阳在初，则为大塗。艮阳小，故为径路也。"皆以山路为解。"小石"，也与山有关。王弼注以"阳卦之小者"为解，陆绩注以"刚卦之小"为解（《周易集解》引）。"门阙"，艮卦一阳在上，二阴在下，上实下缺，象门，重卦为两小山，象阙。❶ "果蓏（音 luǒ）"，上3：1有"木果"，与此不同。木果，如桃、李之类，长在树上；果蓏，则主要指葫芦科的各种瓜，长在地上。❷ "阍（音 hūn）寺"，阍人和寺人的简称，两者都是掌守门禁的人，与上"门阙"有关。"指"，《易经》称"拇"，见《咸》卦初六、《解》卦九四。艮训止，止即古趾字，兼指脚和脚趾。"狗"，上2：6："艮为狗。"❸ "黔喙"，鸟兽之口皆可称喙，这里指黑嘴的鸟兽。马融以为豺狼（《周易集解》引），郑玄以为虎豹（《释文》引），都是因为豺狼虎豹栖于山林。其实，黔

❶ 虞翻注："乾为门，艮阳在门外，故为门阙。两小山，阙之象也。"（《周易集解》引）

❷ 王弼注："木实为果，草实为蓏。"宋衷注："木实谓之果，草实谓之蓏。"（《周易集解》引）

❸ 《周易集解》据虞翻注改"狗"为"拘"，认为上文已有"狗"，这里就不应作"狗"，没道理。这里仍作"狗"。

喙也可能是鸟类。"坚多节"，指类似手指或脚趾，坚而多节的树木，不是竹子。艮可训艰，与坚谐音，又有限义，正合"坚多节"。《尔雅·释草》以竹为草，竹不称木。

3:8 兑为泽章

兑为泽，为少女，为巫，为口舌，为毁折，为附（仆）决。其于地也，为刚卤。为妾，为羊。

案："少女"，见上2:8。"巫"，女巫。男巫、女巫都可叫巫，但若以性别分，则女巫叫巫，男巫叫觋（音xí）。"口舌"，上2:7有"兑为口"。兑可读说，故为口舌。"毁折"，兑可读锐，锐者坚利，易毁易折。"附决"，疑读"仆决"，仆是倾倒，决是开裂，与"毁折"类似。❶ "其于地也"，是讲相土。"刚卤"，刚是土地板结，卤是土地盐碱化。"妾"，是身份较低的女性。"羊"，上2:6有"兑为羊"。

❶ 孔颖达疏："兑主秋也，取秋物成熟，稾稈之属则毁折也，果蓏之属则附决也。"则以"毁折"为庄稼的秸秆断折，"附决"为瓜熟蒂落。

附：卦象分类表

分类	乾	坤	震	巽	坎	离	艮	兑
八卦之象	天、寒、冰、玉、金	地;地:黑	雷	木、风	雨、水、沟渎、月	火、日、电	山、小石	泽;地:刚卤
八卦异名			躁卦		血卦	乾卦		
草木	木果	柄	勇、苍筤竹、萑苇		木:坚多心	木:科上槁	果蓏;木:坚多节	
鸟兽虫鱼			龙			雉、鳖、蟹、蠃、蚌、龟		鼠、黔喙
六畜	马、良马、老马、瘠马、驳马	牛、子母牛	马;善鸣、馵足、作足、的颡	鸡	豕;马:美脊、亟心、下首、薄蹄、曳		狗	羊
身	首	腹	足	股;人:寡发、广颡、多白眼	耳;人:加忧、心病、耳痛	目;人:大腹	手、指	口、舌
家	父	母	长子或长男	长女	中男	中女	少男	少女
国	君	众		工	盗		阍寺	巫、妾
稼穑		藏	稼:反生、健、蕃鲜					
工巧	圜、大赤	大舆、文	玄黄	绳直、白、长、高	弓轮、矫揉、赤	甲胄、戈兵	门阙	
货殖		布、釜、吝啬、均			近利市三倍			
交通			大涂		多眚、通		径路	
军事					进退、不果			
其他			决躁	臭	隐伏			毁折、附决

序卦
——《易传》之九

《易传》的最后两篇是《易经》六十四卦的目录，每卦都由卦名和简释构成。

《易经》六十四卦，今本是一对一对排列。这里，每一对的两卦为什么相近或相反，又怎么由上一对过渡到下一对，《序卦》有它自己的一套逻辑。但这些解释不一定都合理。

下分32节，1–15 为上经，16–32 是下经。

上经

1. 有天地，然後万物生焉。

案："有天地"，指《乾》、《坤》二卦。这两卦属于八纯卦，而且是八纯卦的第一对。"然後万物生焉"，指天地生万物。下面两卦就是讲万物之始。

2. 盈天地之间者唯万物，故受之以《屯》。屯者，盈也。屯者，物之始生也。物生必蒙，故受之以《蒙》。蒙者，蒙也，物之稚也。

案："盈天地之间者唯万物"，指万物充斥天地之间。"受"，犹言承，是承续的意思，指一卦接一卦。这是讲前后过渡的话，下同。"屯者，盈也"，"屯"有三义（详经注），这是其中之一。"盈"训满，是以"屯"为囤。《屯》、《蒙》二卦都是讲万物之始。"屯"是"物之始生"，"蒙"是"物之稚也"。"蒙者，蒙也"，这叫"本字为训"。"本字为训"是有别于"易字为训"，[1]即读如本字，不靠通假字和同义字来解释。当然，所谓"本字"，只是作训者当时理解的"本字"，即以当时的书写习惯和阅读习惯看，最通用也最标准的用法，并不一定是古文字学家理解的古文字最初的写法和读法。这种例子比较少。古代训诂，主要还是"易字为训"，既包括读音相同或相近的字（通假字或音训字），也包括意义相同或相近的字（同义换读字或义训字）。如《尔雅》、《小尔雅》、《释名》、《广雅》，以及历代传注都是以"易字为训"最多。但"本字为训"也很重要。下《蒙》、《比》、《剥》三卦，《序卦》也用这种方式解释，可参看。

[1] 顾广圻《释名略例》把《释名》之例分为十种，其中第四种叫"本字而易字"，即属这一种。杨树达《释名新略例》把《释名》音训之例归纳为三类九种，其中第一种叫"本字为训"，也是指这一种。参看顾广圻《顾千里集》，王欣夫辑，北京：中华书局，2007年，84–85页；杨树达《积微居小学金石论丛》，北京：科学出版社，1955年，233–234页。这样的例子还有很多，如《孟子·滕文公上》"彻者，彻也"就是较早的例子。

3. 物稚不可不养也，故受之以《需》。需者，饮食之道也。饮食必有讼，故受之以《讼》。

案：上文是说，万物始生，还很稚嫩，像嗷嗷待哺的小孩，必须有所养。"需者，饮食之道也"，是以"需"为"乳"（详经注）。《需》、《讼》是什么关系，从原文看不出，这里提供了一种解读。"饮食必有讼",是说人类出于生存需要,为了抢饭吃,难免起冲突,经常吵架打官司。

4. 讼必有众起,故受之以《师》。师者,众也。众必有所比,故受之以《比》。比者,比也。

案:这是说,冲突扩大,从动口发展到动手,兴师动众,引发战争,因而《师》卦是接上面的《讼》卦。"师"是军队。作者说,军队是"众",组织"众",要靠"比"。"比"是亲附,上下同心协力。这样解释,似乎很合理,但《比》卦的"比"是讲内政外交,不是讲军事。这里,"比者,比也",属于"同字为训"。下文"剥者,剥也"是同样的例子。

5. 比必有所畜,故受之以《小畜》。物畜然後有礼,故受之以《履》。

案:比者亲附,亲附在于惠民。《小畜》就是讲惠民。国必有所畜,才能惠民。这是讲前两句。后两句是说衣食足才能讲礼仪。《说文解字·示部》:"礼,履也。"古人经常以履训礼,强调践行。

6. 履而泰,然後安,故受之以《泰》。泰者,通也。物不可以终通,故受之以《否》。

案:"履"是脚踏实地,故能安。"泰"有安义,又可训通训达。《否》是闭而不通,正好相反。

7. 物不可以终否，故受之以《同人》。与人同者，物必归焉，故受之以《大有》。

案："物不可以终否"，上文说"物不可以终通，故受之以《否》"，这里是反过来说，意思是物不能始终相反，还要讲同。《杂卦》："《大有》众也，《同人》亲也。"是以《大有》为得众，《同人》为得亲。这里，作者的解释似乎是，得人得众才能得物得利，与人同利才能众物归焉。但"同人"的意思，按之经义，并非"与人同"，而是合军聚众。此与经义不合。

8. 有大者，不可以盈，故受之以《谦》。有大而能谦必豫，故受之以《豫》。

案：《豫》卦的"豫"是逸豫之豫，有负面含义。下文说"以喜随人者必有事"，以"豫"为喜，也与经义不符。

9. 豫必有随，故受之以《随》。以喜随人者必有事，故受之以《蛊》。蛊者，事也。

案：《杂卦》说"《随》无故也"，强调的是"无故"；《蛊》卦和它相反，"以喜随人者必有事"，强调的是"有事"。"蛊者，事也"的"蛊"，王引之《经义述闻·周易上》读为事故之故。❶

❶ 清阮元编《清经解》，第六册，771页。

10. 有事而後可大，故受之以《临》。临者，大也。物大然後可观，故受之以《观》。

案："临"可训大，作者说，"临"是物大，"观"是可观，也与经义不符。

11. 可观而後有所合，故受之以《噬嗑》。嗑者，合也。物不可以苟合而已，故受之以《贲》。贲者，饰也。

案："嗑"可读合，这里当苟合讲，是作者的发挥，与经义不符。

12. 致饰，然後亨则尽矣，故受之以《剥》。剥者，剥也。物不可以终尽剥，穷上反下，故受之以《复》。

案：这里两用"尽"字。作者是以"尽"释"剥"。"剥者，剥也"，也是"同字为训"。

13. 复则不妄矣，故受之以《无妄》。有无妄，物然後可畜，故受之以《大畜》。

案：这是以"不妄"为"无妄"。什么是"妄"，作者没有解释，似乎是读如本字。

14. 物畜然後可养，故受之以《颐》。颐者，养也。不养则不可动，故受之以《大过》。

案：《杂卦》："《颐》养正也。""颐"是腮帮子，用来吃东西，吃东西叫"养"，一是养活自己，二是养活别人。作者说，"物畜然後可养"，意思是财富多了才能养人。"不养"，是民无所养。民无所养，则上不可以劳之动之。民无所养，在于财富不足，不足的反面是"大过"。"大过"是太过分。

15. 物不可以终过，故受之以《坎》。坎者，陷也。陷必有所丽，故受之以《离》。离者，丽也。

案:"物不可以终过,故受之以《坎》",意思是太过分就会倒霉,好像掉进深坑。作者说,《坎》是深坑,掉进深坑,要有所依赖。"丽"是附丽,就是有所依赖。这两卦也属于八经卦。《坎》是水,《离》是火,水火对立,是二者的基本对立。但这里采用的是另一种解释。

下经

16. 有天地然後有万物,有万物然後有男女,有男女然後有夫妇,有夫妇然後有父子,有父子然後有君臣,有君臣然後有上下,有上下然後礼义有所错。夫妇之道不可以不久也,故受之以《恒》。恒者,久也。

案:此节与上15节断然分开,没有讲前后过渡的话,可见是上下经分开讲。《易》分上下经,上经始于讲天地的《乾》、《坤》二卦,下经始于讲男女的《咸》、《恒》二卦,此节相当《咸》、《恒》二卦,但《咸》卦之名未见,它只提到《恒》卦。《杂卦》:"《恒》久也。"与此同。

17. 物不可以久居其所,故受之以《遯》。遯者,退也。物不可以终遯,故受之以《大壮》。

案:《杂卦》:"《遯》则退也。"同此。"遯"同遁,有退避之义。

18. 物不可以终壮，故受之以《晋》。晋者，进也。进必有所伤，故受之以《明夷》。夷者，伤也。

案："晋"讲日出，"进"指日头越升越高。《明夷》讲日落，"夷"指日光越来越暗。"夷"是毁伤之义。

19. 伤于外者必反于家，故受之以《家人》。家道穷必乖，故受之以《睽》。睽者，乖也。

案："伤于外者必反于家"，是以家为内，但上文所谓"伤"是落日伤明，与人无关，这里的过渡很勉强。《杂卦》："《睽》外也，《家人》内也。"也以"家"为内，但"外"不是《明夷》，而是《睽》。

20. 乖必有难，故受之以《蹇》。蹇者，难也。物不可以终难，故受之以《解》。解者，缓也。

案：《杂卦》："《解》缓也，《蹇》难也。"同此。

21. 缓必有所失，故受之以《损》。损而不已必益，故受之以《益》。

案：《损》是损下益上，《益》是损上益下。

22. 益而不已必决，故受之以《夬》。夬者，决也。决必有遇，故受之以《姤》。姤者，遇也。

案：《杂卦》："《夬》决也，刚决柔也。""姤者，遇也。"同此。"夬"同决，指断绝。"姤"同遘，指遭遇。

23．物相遇而後聚，故受之以《萃》。萃者，聚也。聚而上者谓之升，故受之以《升》。

案：《杂卦》："《萃》聚而《升》不来也。""萃"是聚敛，"升"是攀登。聚敛无已，如同攀登。

24．升而不已必困，故受之以《困》。困乎上者必反下，故受之以《井》。

案："困"是困于上，"井"是通于下。

25．井道不可不革，故受之以《革》。革物者莫若鼎，故受之以《鼎》。

案："革"，革除。"井道不可不革"，指浚井。"革物者"，革与勒、刻，古书经常用作通假字。这里疑读"勒物者"或"刻物者"，指勒铭于鼎，刻铭于鼎。

26．主器者莫若长子，故受之以《震》。震者，动也。物不可以终动，止之，故受之以《艮》。艮者，止也。

案：《杂卦》："《震》起也，《艮》止也。"《说卦》2∶1有"乾坤六子"说，震为长男。震为动，艮为止，义相对。

27．物不可以终止，故受之以《渐》。渐者，进也。进必有所归，故受之以《归妹》。

案："渐"是进抵，"归"是归宿。《归妹》之"归"本指嫁女，这里却当一般意义的归字。

28. 得其所归者必大，故受之以《丰》。丰者，大也。穷大者必失其居（处），故受之以《旅》。

案："丰"是大的意思。太大，反而无所容身，只能到处旅行。

29. 旅而无所容，故受之以《巽》。巽（逊）者，入（纳）也。入（纳）而後说（脱）之，故受之以《兑》。兑者，说（脱）也。

案："旅而无所容"，"容"是容纳之容。"入"读容纳之纳，"巽"有伏藏之义，与容纳之义相近。"说"，见于《易传》，多读悦，但从下文"说（脱）而後散之"看，似应读脱，与"入"相反。

30. 说（脱）而後散之，故受之以《涣》。涣者，离也。物不可以终离，故受之以《节》。

案：《杂卦》："《涣》离也。""离"是离散。"节"是控制和防止离散。

31. 节而信之，故受之以《中孚》。有其信者必行之，故受之以《小过》。

案：《杂卦》："《中孚》信也。"

32. 有过物者必济，故受之以《既济》。物不可穷也，故受之以《未济》，终焉。

案："有过物者"指上《小过》。六十四卦以《未济》终。

杂卦
——《易传》之十

《杂卦》与《序卦》都讲六十四卦，但讲法不一样。"序"是遵照原序，"杂"是错杂为序。此篇也讲卦序，但不是按《易经》原来的顺序，环环相扣，一条龙讲下来，而是两两相偶，按韵脚重新编排。

《杂卦》是六十四卦的口诀，每卦一句或两卦一句，用以提示卦名卦义。它的句子一般很短：每卦一句者，多为四字句或三字句；❶两卦一句者，多为七字句或六字句。❷

《杂卦》是个顺口溜。为了便于习者记诵，它把六十四卦，打乱顺序，编成韵文。这些卦，前56卦皆两两相偶，但最后8卦是单卦。今按韵部不同，分为16组，❸后面附有按六十四卦原序排列的对照表，可与《序卦》比较。

1. 《乾》刚《坤》柔，《比》乐《师》忧。《临》、《观》之义，或与或求。

❶ 两字句2例，三字句13例，四字句25例，六字句2例，七字句4例。

❷ 六字句4例，七字句3例，八字句1例。

❸ 单卦者1组，两卦者6组，三卦者1组，四卦者2组，六卦者5组，十卦者1组。

案：柔、忧、求，谐幽部韵。"《乾》刚《坤》柔"，"刚"是刚健，"柔"是柔顺。"《比》乐《师》忧"，《比》讲内政外交，强调亲和，故曰"乐"；《师》讲行师用兵，兵者凶事，故曰"忧"。《临》、《观》二卦讲治民，或求之于民，或与之于民，故曰"或与或求"。

2. 《屯》见（现）而不失其居（处），《蒙》杂而著。

案：居、著，换鱼部韵。"《屯》见而不失其居"，"见"读现，指万物初萌；"不失其居"读"不失其处"，指宜处（在家）不宜出（出门），详《屯》卦初九"利居（处）贞"注。"《蒙》杂而著"，虞翻说"杂"指九二、九六在阴位（《周易集解》引），韩康伯注说"著"是定的意思。

3. 《震》起也，《艮》止也，《损》、《益》盛衰之始也。《大畜》时也，《无妄》灾也。《萃》聚而《升》不来也，《谦》轻而《豫》怠也。

案：起、止、始、时、灾、来、怠，换之部韵。"《震》起也，《艮》止也"，八卦排序有所谓"先天八卦"和"后天八卦"。"后天八卦"以《震》为起，以《艮》为止，见《说卦》第五章。"《损》、《益》盛衰之始也"，《损》是损下一阳以益上卦，《益》是损上一阳以益下卦。这一卦的升降刚好打破了原来的平衡，所以说"《损》、《益》盛衰之始也"。"《大畜》时也"，"时"是合于天时，指《大畜》上九"何（荷）天之衢"。"《无妄》灾也","灾"是不合天时,指《无妄》六三"无妄(望)之灾"。"《萃》聚而《升》不来也",《萃》讲聚,《升》讲登,似乎无关,但攀登,只知上,不知下,和聚敛无已、贪得无厌是一个道理。"《谦》轻而《豫》怠也","轻"是轻功名,"怠"是淫于乐,荒于事。

4. 《噬嗑》食也,《贲》无色也。《兑》见而《巽》伏也。《随》无故也,《蛊》则饬也。

案:食、色、伏、饬,换职部韵。《噬嗑》讲吃肉,故曰"食也"。《贲》卦尚白,见《贲》卦九四、上九。白色即"无色"。"兑"可读脱,训出。"见"读现,指显露,含义相近。"巽"可读逊,指伏藏,与"见"相反。《随》卦讲抓逃犯,很顺利,没有意外事故。"无故"是不出事故。《蛊》卦,"蛊"可读故,与"无故"相反。"饬"有修整之义。《蛊》卦数见"幹"字,幹有纠正之义,含义相近。

5. 《剥》烂(阑)也,《复》反也。

案:烂、反,换元部韵。"烂",韩康伯注:"物熟则剥落也。"以为烂熟之烂。其实烂熟之烂是从阑字引申。此从陈鼓应、赵建伟说,读阑训尽。❶《序卦》:"致饰,然后亨则尽矣,故受之以《剥》。剥者,剥也。物不可以终尽剥,穷上反下,故受之以《复》。"其中正有"尽"字。"反",是物极必反,《剥》卦讲尽,物极就是尽,故承之以"反"。

❶ 陈鼓应、赵建伟《周易今注今译》,759页。

6.《晋》昼也,《明夷》诛也。《井》通而《困》相遇也。

案:昼、诛、遇,换侯部韵。《序卦》:"晋者,进也……夷者,伤也。"《晋》讲旭日东升,故曰"昼"。"昼"是白天。《明夷》讲日落西山,故曰"诛"。"诛"指日光熄灭。《井》卦是上井下绳三象,"通"指井道上下相通。《困》卦是下险上断之象,"遇"可训逆,指上下不通。

7.《咸》速也,《恒》久也。《涣》离也,《节》止也。

案:久、止,换之部韵。《咸》九四有"憧憧往来"句,是形容往来不定。这里似读"憧憧"为"怱怱",意思是来去怱怱。"怱怱"是急遽貌,《广韵·东韵》正是训为速。《恒》正好相反,是讲恒久。《涣》是涣散,故曰"离"。《节》是节制,故曰"止"。

8.《解》缓也,《蹇》难也。

案:缓、难,换元部韵。"缓"指缓解,"难"指行路难。

9.《睽》外也,《家人》内也。《否》、《泰》反其类也。《大壮》则止,《遯》则退也。

案:内、类、退,换物部韵。《睽》有违离之义,故曰"外也"。《家人》讲家里事,故曰"内也"。《否》、《泰》,一为通,一为闭,正好相反,故曰"反其类"。《大壮》讲物壮则老,不复能进,故曰"止"。"遯"同遁,有退避之义。

易传·杂卦

10.《大有》众也,《同人》亲也。《革》去故也,《鼎》取新也。《小过》过也,《中孚》信也。

案:亲、新、信,换真部韵。"众也"指得众,"亲也"指得亲,"去故"指除旧,"取新"指得新。《中孚》,孚训信。

11.《丰》多故也,亲寡《旅》也。《离》上而《坎》下也。《小畜》寡也,《履》不处也。

案:故、旅、下、寡、处,换鱼部韵。"多故",多灾多难。"亲寡",出门在外,举目无亲。"离"是日,高悬在天,故曰"上";"坎"是坑,深陷于地,故曰"下"。"寡"是所畜不多,"不处"是出门在外。

12.《需》不进也,《讼》不亲也。《大过》颠也。

案:进、亲、颠,换真部韵。"需"可读懦,指畏懦不进。"不亲",争讼难免翻脸,当然也就不亲。"颠也",连卦名读,犹言"《大过》,过颠也",指该卦上六"过涉灭顶"。

13.《姤》遇也,柔遇刚也。《渐》女归,待男行也。

案:刚、行,换阳部韵。"姤"同遘,训遇。"女归",是说女大当嫁。"待男行也",是说待男来娶。参看《归妹》九四"归妹愆期,迟归有时(待)"。

14.《颐》养正也。《既济》定也。

案：正、定，换耕部韵。定从正声。定与正，音义相近。"养正"，见《蒙》、《颐》二卦的《象辞》。

15.《归妹》女之终也。《未济》男之穷也。

案：终、穷，换冬部韵。《归妹》讲嫁女，最后以上六结束，故曰"女之终也"。《未济》讲渡河，最后以上九结束，故曰"男之穷也"。

16.《夬》决也，刚决柔也。君子道长，小人道忧也。

案：柔、忧，换幽部韵。"《夬》决也，刚决柔也"，与此卦《象辞》说法一样。此卦一阴在上，五阳在下，是为"刚决柔也"。"君子道长，小人道忧也"，《泰》卦《象辞》有"君子道长，小人道消"，《周易集解》"忧"作"消"。消是宵部字。

附：对照表（按一左一右读）

《序卦》的顺序	《杂卦》的解释	《序卦》的顺序	《杂卦》的解释
《乾》	《乾》刚	《坤》	《坤》柔
《屯》	《屯》见（现）而不失其居（处）	《蒙》	《蒙》杂而著
《需》	《需》不进也	《讼》	《讼》不亲也
《师》	《师》忧	《比》	《比》乐
《小畜》	《小畜》寡也	《履》	《履》不处也
《泰》	《否》、《泰》反其类也	《否》	《否》、《泰》反其类也
《同人》	《同人》亲也	《大有》	《大有》众也
《谦》	《谦》轻而《豫》怠也	《豫》	《谦》轻而《豫》怠也
《随》	《随》无故也	《蛊》	《蛊》则饬也
《临》	《临》、《观》之义，或与或求	《观》	《临》、《观》之义，或与或求
《噬嗑》	《噬嗑》食也	《贲》	《贲》无色也
《剥》	《剥》烂（阑）也	《复》	《复》反也
《无妄》	《无妄》灾也	《大畜》	《大畜》时也
《颐》	《颐》养正也	《大过》	《大过》颠也
《坎》	《离》上而《坎》下也	《离》	《离》上而《坎》下也
《咸》	《咸》速也	《恒》	《恒》久也
《遯》	《遯》则退也	《大壮》	《大壮》则止
《晋》	《晋》昼也	《明夷》	《明夷》诛也
《家人》	《家人》内也	《睽》	《睽》外也
《蹇》	《蹇》难也	《解》	《解》缓也
《损》	《损》、《益》，盛衰之始也	《益》	《损》、《益》，盛衰之始也
《夬》	《夬》决也，刚决柔也。君子道长，小人道忧也	《姤》	《姤》遇也，柔遇刚也
《萃》	《萃》聚而《升》不来也	《升》	《萃》聚而《升》不来也

（续表）

《序卦》的顺序	《杂卦》的解释	《序卦》的顺序	《杂卦》的解释
《困》	《井》通而《困》相遇也	《井》	《井》通而《困》相遇也
《革》	《革》去故也	《鼎》	《鼎》取新也
《震》	《震》起也	《艮》	《艮》止也
《渐》	《渐》女归，待男行也	《归妹》	《归妹》女之终也
《丰》	《丰》多故也	《旅》	亲寡《旅》也
《巽》	《兑》见（现）而《巽》伏也	《兑》	《兑》见（现）而《巽》伏也
《涣》	《涣》离也	《节》	《节》止也
《中孚》	《中孚》信也	《小过》	《小过》过也
《既济》	《既济》定也	《未济》	《未济》男之穷也

参考书目

一、汉魏唐宋旧注

〔西汉〕京房《京氏易传》，郭彧校点，《儒藏》（精华编一），北京：北京大学出版社，2009年，1—52页

〔东汉〕郑玄《周易郑氏注》，林忠军校点，《儒藏》（精华编一），53—174页

〔清〕孙堂辑《汉魏二十一家易注》，陈居渊校点，《儒藏》（精华编一），175—688页

〔魏〕王弼、韩康伯《周易注》，包括王弼《周易略例》，陈绍燕、王同印校点，《儒藏》（精华编一），689—828页

〔唐〕孔颖达《周易正义》，收入清阮元校刻《十三经注疏》，附唐陆德明《经典释文·周易音义》，见中华书局影印本（北京：中华书局，2009年，以清嘉庆二十年江西南昌府学刊本为底本），第一册，1—228页

〔唐〕李鼎祚《周易集解》，见清李道平《周易集解纂述》，潘雨

廷点校，北京：中华书局，1994 年

〔宋〕程颐《周易程氏传》，收入程颢、程颐《二程集》，王孝鱼点校，北京：中华书局，1981 年，下册，689–1026 页（此本亦可参见《儒藏》（精华编）212–213 册《二程全书》，姜海军校点，北京大学出版社，2009 年）

〔宋〕朱熹《周易本义》，廖名春点校，北京：中华书局，2009 年

二、清人著述

惠栋《周易述》（附：《易汉学》、《易例》），郑万耕点校，北京：中华书局，2007 年

朱骏声《六十四卦经解》，北京：中华书局，2009 年（初版于 1953 年）

王引之《经义述闻》，收入阮元编《皇清经解》，有《清经解》本，上海：上海书店，1988 年，第六册，766–786 页

李富孙《易经异文释》，收入王先谦《清经解续编》，上海：上海书店，1988 年，第二册，1309–1332 页

俞樾《群经平议·周易》，收入王先谦《清经解续编》，上海：上海书店，1988 年，第五册，1025–1037 页

三、近人著述

杨树达《周易古义》，上海：上海古籍出版社，2006 年

闻一多《周易义证类纂》，收入朱自清编《闻一多全集》，北京：

三联书店，1982 年（据上海开明书店 1948 年版重印），第二册，1–65 页

于省吾《双剑誃易经新证》，收入《于省吾著作集》，北京：中华书局，2009 年，581–781 页

尚秉和《周易尚氏学》，北京：中华书局，1980 年

尚秉和《焦氏易林注》，北京：九州出版社，2010 年

尚秉和《焦氏易诂》，北京：九州出版社，2010 年

高亨《周易古经今注》（重订本），有中华书局本（北京：中华书局，1984 年）和清华大学出版社本（收入《高亨著作集林》，北京：清华大学出版社，2004 年，第一卷，1–424 页）

高亨《周易大传今注》，有齐鲁书社本（济南：齐鲁书社，1979 年）和清华大学出版社本（收入《高亨著作集林》，第二卷）

高亨《周易杂论》，有齐鲁书社本（济南：齐鲁书社，1979 年）和清华大学出版社本（收入《高亨著作集林》，第一卷，425–529 页）

李镜池《周易探源》，北京：中华书局，1978 年

李镜池《周易通义》，曹础基整理，北京：中华书局，1981 年

金景芳《周易讲座》，吕绍纲整理，桂林：广西师范大学出版社，2005 年

陈鼓应、赵建伟《周易注译与研究》，台北：台湾商务印书馆，1999 年；陈鼓应、赵建伟《周易今注今译》，北京：商务印书馆，2005 年

四、出土文本研究

马承源主编《上海博物馆藏战国楚竹书》,上海:上海古籍出版社,2003 年,图版:11–70 页,释文考释:131–260 页,濮茅左整理

张政烺《马王堆帛书〈周易〉经传校读》,李零等整理,北京:中华书局,2008 年

张政烺《张政烺论易丛稿》,李零等整理,北京:中华书局,2011 年

韩自强《阜阳汉简〈周易〉研究》,上海:上海古籍出版社,2004 年

濮茅左《楚竹书周易研究——兼述先秦两汉出土与传世易学文献资料》,上海:上海古籍出版社,2006 年

廖名春《帛书〈易传〉初探》,台北:文史哲出版社,1998 年

廖名春《帛书〈周易〉论集》,上海:上海古籍出版社,2008 年

丁四新《楚竹书与汉帛书周易校注》,上海:上海古籍出版社,2011 年

李学勤《周易溯源》,巴蜀书社,2006 年

屈万里《汉石经周易残字集释》,台北:中央研究院历史语言研究所,1960 年

五、易学史及其他

朱伯崑《易学哲学史》，北京：华夏出版社，1995 年

刘玉建《两汉象数易学研究》，南宁：广西教育出版社，1996 年

潘雨廷《读易提要》、《易学史论丛》、《易学三种》，上海：上海古籍出版社，2007 年

吕绍纲主编《周易辞典》，长春：吉林大学出版社，1992 年